Générer du cash

La boîte à outils financière du non-financier

Éditions Eyrolles
61, bd Saint-Germain
75240 Paris Cedex 05

www.editions-eyrolles.com

La collection « DFCG » est dirigée par François-Xavier Simon

ISBN : 978-2-212-55650-6

Florence Farriaux et Luc Farriaux

Générer du cash

La boîte à outils financière du non-financier

DFCG

EYROLLES

Sommaire

PARTIE 3. DES OUTILS POUR LA STRATÉGIE DE L'ENTREPRISE

Présentation de l'ouvrage

Nous avons voulu, dans cet ouvrage de finance d'entreprise, montrer à des managers en entreprise à quel point il était vital aujourd'hui de bien comprendre les implications cash de leurs décisions opérationnelles.

Contrairement à une idée très répandue en France, il n'est vraiment pas indispensable d'être un spécialiste de la comptabilité ou de la finance pour être à l'aise avec les notions et concepts qui vont être énoncés. Nous avons voulu un ouvrage très didactique, ce qui ne veut pas dire simpliste. Les notions vont être abordées de manière très progressive, de la plus simple vers la plus sophistiquée. Nous aiderons les managers à bien faire le lien entre rentabilité, cash, patrimoine et risques. Nous insisterons tout particulièrement sur les impacts cash des décisions.

La première partie de l'ouvrage aborde la problématique globale du cash par les données comptables annuelles. Nous avons choisi de démarrer par le compte de résultat, car c'est l'outil le plus intuitif et le mieux maîtrisé par le plus grand nombre. Nous travaillerons ensuite sur le bilan puis les différentes formes de tableaux de flux. Enfin, nous aborderons la problématique de la valeur des titres de l'entreprise et de l'impact sur cette dernière de la rentabilité et du cash.

Dans une deuxième partie, nous nous placerons résolument du point de vue des managers, responsables d'un site, responsables de la négociation des contrats clients ou fournisseurs, qui doivent prendre des décisions opérationnelles au quotidien. Assez souvent, les managers ne disposent pas de comptes de leur entité, mais d'un *reporting*. Nous aborderons donc cet aspect, et nous réfléchirons sur les problématiques d'arbitrage (entre marges et cash par exemple), et sur les leviers possibles pour améliorer la génération de cash.

Dans une troisième partie, nous aborderons des décisions plus stratégiques, en ce sens qu'elles sont prises par la direction générale plus que par les managers opérationnels. Certaines sont toutefois des décisions qui peuvent se poser à moindre échelle dans une entité (acheter ou louer est stratégique quand Accor externalise ses murs, c'est opérationnel quand il s'agit d'une machine à 300 k€). Cette partie permet à chacun de comprendre pourquoi des décisions sont prises au plus haut niveau sur des critères de développement de valeur et de cash. Ces chapitres concernent la décision d'acheter ou de louer des murs et l'évolution du *business model* de l'entreprise. Ces évolutions génèrent des changements de comportement nécessaires à tous les niveaux de l'entreprise, et doivent être bien comprises pour être bien appliquées. Vendre les murs, ce n'est ainsi que rarement se séparer des bijoux de famille ; sous-traiter, ce n'est pas réduire les effectifs, c'est se concentrer sur ce qui apporte de la valeur au client et donc pérennise l'entreprise. Nous y avons adjoint un chapitre sur les LBO (*leverage buy-out*) qui sera utile à la compréhension de ce qui change quand l'entreprise accueille dans son capital un partenaire financier et qui va conduire à un focus précis sur le cash en parallèle à l'amélioration des marges.

Qui est concerné par quoi dans les deux dernières parties ?

- Si vous êtes commercial ou responsable de production, le chapitre 8 est pour vous.
- Si vous êtes responsable du développement ou de la stratégie, allez au chapitre 11.
- Responsable de *business units*, contrôleurs de gestion… le chapitre 7 est pour vous.
- Votre entreprise fait beaucoup de croissance externe, allez au chapitre 10.
- Les ressources financières sont rares, la rentabilité est faible… Dans toutes les situations où il est préférable de faire plus avec moins, reportez-vous au chapitre 9.

À chaque étape, nous proposons des exemples ou exercices qui clôturent le chapitre (les réponses sont fournies en fin de chapitres). Les points importants à mémoriser sont mis en avant dans des encarts grisés.

Nous proposons par ailleurs à notre lecteur de travailler sa compréhension sur la base de deux « cas fil rouge ».

- PommeDistrib, qui relève d'une approche très intuitive des concepts ;
- IndusPME, société de fabrication et de distribution de produits carnés et dont les données sont extraites d'une liasse fiscale.

Dans l'introduction et le premier chapitre, nous démarrons la présentation sur la base des normes françaises. Nous faisons ensuite un point sur les IFRS (*International financial reporting standards*), de manière à ce que tous nos lecteurs, quelle que soit l'entreprise dans laquelle ils travaillent, puissent s'y retrouver.

Introduction

Les principes de l'information financière

UN PEU DE VOCABULAIRE

Qu'est-ce que le cash ?

Cash, profit, rentabilité, résultat d'exploitation, chiffre d'affaires, besoin en fonds de roulement, fonds propres, investissements... Tous ces mots font partie du vocabulaire quotidien en entreprise et s'entrechoquent chez beaucoup de cadres, managers, commerciaux, acheteurs... Très souvent, ils n'ont pas été précisément définis et sont considérés comme relevant du « financier ». Le « financier » est souvent « celui qui ne s'occupe pas de l'opérationnel et des vrais problèmes », celui « qui prépare les comptes » parce que « c'est obligatoire », celui qui produit des tableaux de bord que peu comprennent... Pire, l'internationalisation des entreprises a souvent conduit à utiliser un vocabulaire anglo-saxon et les termes EBIT, EBITDA, *working capital*, *free cash flow* deviennent de plus en plus courants... mais pas pour autant plus clairs !

En introduction, il nous a donc semblé utile de clarifier un certain nombre de points, car on ne construit pas sur du sable et seule une bonne compréhension du vocabulaire permettra d'avoir de solides fondations.

Qu'est-ce que la comptabilité ?

Pour aller plus loin

La compta : c'est pour tous

En grande majorité, les utilisateurs ne sont pas des professionnels de la comptabilité ou de la finance ni de l'analyse financière. Ce sont des individus qui doivent comprendre l'information puis prendre une décision, en général faire ou ne pas faire quelque chose comme :

– accepter un délai de paiement ;

– décider d'un investissement ;

– céder ou développer une activité...

Le comptable est comme un auteur : s'il n'est pas lu et compris, il ne sert à rien.

La comptabilité est un langage, constitué de chiffres et de mots, qui permet d'appréhender la performance économique d'une entreprise (et aussi d'une association, d'une ONG ou d'un État...). Comme tout langage, il a ses règles de grammaire, son vocabulaire. Ces règles sont censées être communes à tous, c'est-à-dire interprétables quelle que soit la langue utilisée (le français, l'anglais, l'allemand, le chinois...).

Qui utilise la comptabilité ?

Les utilisateurs sont nombreux, en premier lieu les actionnaires et les banquiers, c'est-à-dire ceux qui financent l'entreprise. Il y a ensuite les clients et les fournisseurs, c'est-à-dire ceux qui ont des échanges économiques avec elle et souhaitent s'assurer de sa solvabilité et/ou de sa pérennité. Il y a aussi l'État, au minimum pour calculer les impôts. Il y a encore les salariés, qui peuvent être intéressés au résultat, et sont concernés au premier chef par la pérennité de l'entreprise. Il y a enfin les managers qui ont besoin de mesurer l'efficacité des opérations et de leurs décisions.

Pourquoi le cash est-il important ?

Le cash est à l'entreprise ce que l'essence est à la voiture et le sang au corps humain : le liquide (sans jeu de mot) dont la circulation permet à l'entreprise de fonctionner.

Ce cash est principalement apporté par les actionnaires et les banquiers et, avec lui, l'entreprise achète des produits, rémunère des salariés pour transformer les produits puis les vendre à ses clients. On voit ici que l'argent apporté par les financeurs sort d'abord de l'entreprise (par les achats et les salaires) avant de revenir (par les ventes). Pour que l'entreprise fonctionne durablement, il faut, sur un horizon à déterminer, qu'il rentre plus de cash qu'il n'en sort. La différence entre le cash rentré et le cash sorti permet de payer les intérêts aux banquiers et de rembourser les crédits, puis de financer la croissance et rémunérer les actionnaires.

Mais au fait, de quel cash parle-t-on ?

Tout ceci est parfait et s'entend bien, jusqu'au moment où l'on devient précis et que l'on discute avec des interlocuteurs aguerris. De quel cash parle-t-on ? En réalité, il faut savoir qu'il y a plusieurs types de cash, et que le même concept peut être affublé de plusieurs noms. Selon le métier et l'établissement de son interlocuteur, il faudra utiliser tel ou tel vocabulaire. Dès lors, la première étape pour un néophyte consiste à repérer les différentes familles de cash :

- le cash statique, instantané : c'est le cash que l'on va retrouver au bilan (photo instantanée à une date donnée, tous les ans la même, généralement le 31 décembre). On parlera de trésorerie, de trésorerie active. Comptablement, il s'agira de regrouper les « disponibilités[1] et les VMP[2] ». On parlera également de trésorerie négative[3] (dettes court terme dont découvert bancaire...), de trésorerie nette[4] ;
- le cash dynamique : c'est le cash généré pendant douze mois, issu du compte de résultat. On parlera alors plus volontiers de *cash flow*, de *free cash flow*, de *cash flow* disponible, de flux, de CAF (capacité d'autofinancement), de MBA (marge brute d'autofinancement). Ce cash dynamique apparaîtra dans les tableaux de flux ou tableaux de financement (même outil mais deux présentions décalées). On parlera de *cash flow* généré et d'affectation du *cash flow*. Ces notions seront détaillées au chapitre 4.

Puis il faudra s'approprier les concepts et connaître la palette des vocabulaires associés à chacun d'eux.

1. Disponibilités : cash à vue sur les comptes bancaires, non placé (actif du bilan).
2. VMP : valeurs mobilières de placement, c'est-à-dire les placements de type SICAV...
3. Trésorerie négative : dettes bancaires et financières à court terme, dont effets escomptés, découvert, affacturage, Dailly...
4. Trésorerie nette : trésorerie active (disponibilités + VMP) moins trésorerie passive.

Cas pratique : PommeDistrib

Comment mesurer la performance et le cash généré ? Soyons un peu intuitifs !

Nous allons illustrer notre propos introductif par le cas d'un autodidacte qui crée une activité simple pour étudier comment, de manière instinctive, il va appréhender les notions comptables essentielles (rentabilité, investissement, besoin en fonds de roulement, *cash flow*...). Nous allons en parallèle présenter les différents documents comptables clés grâce auxquels on pourra retrouver les éléments nécessaires à l'analyse de la situation et à la prise de décision.

Pierre Robert a été vendeur dans un magasin de fruits et légumes. Il envisage de se mettre à son compte en s'installant sur un marché. Il est persuadé qu'il peut vendre 100 kg de pommes par jour à 2 €/kg. Sa bonne connaissance des fournisseurs lui permet d'envisager des approvisionnements de qualité à 1 € par kg. La livraison lui reviendrait à 10 € et la location d'un emplacement avec étal sur le marché à 40 €. Il crée ainsi la société PommeDistrib qui a pour objet la distribution de pommes.

Même sans aucune connaissance comptable, Pierre Robert a besoin de savoir si une telle activité lui permettra de vivre décemment.

On peut résumer l'activité d'une journée dans le tableau ci-dessous (Pierre achète et vend 100 kg par jour, il n'y a pas d'effet stock) :

Situation de la trésorerie

Suivi d'activité	€ par jour
Ventes	200
– Achats	100
– Salaires	
– Location étal et emplacement	40
– Transport	10
= Gain	**50**

Ce tableau (appelé compte de résultat) retrace les mouvements de cash de l'activité[1]. On constate un gain de 50 € : en comptabilité, il est appelé excédent brut d'exploitation (EBE). Compte tenu du caractère très simple de l'activité, cette comptabilité d'encaissement suffit. Le gain est à la fois un profit et le cash que PommeDistrib a généré sur un jour.

Quelle est la situation patrimoniale de la société de Pierre ? Elle dispose de 50 € de trésorerie et a réalisé un gain de 50 €. Cet état patrimonial est retracé dans ce que

1. Par simplification, on suppose ici et dans la suite du chapitre qu'il n'y a pas d'impôt.

l'on appelle « le bilan ». À la fin de la première journée, le bilan de PommeDistrib s'établit comme suit :

Situation du bilan

Bilan en €			
Actif		**Passif**	
Trésorerie	50	Gain	50
Total	**50**	**Total**	**50**

Un bilan est par nature équilibré, c'est-à-dire que la somme de la colonne « Actif » est égale au total de la colonne « Passif ». L'actif représente ce dont on a besoin pour faire « tourner l'entreprise » et le passif est la manière dont on a financé l'entreprise.

Le gain au passif fait en réalité partie de ce que l'on appelle les « fonds propres ». Ils représentent les sommes investies (capital) ou laissées à disposition par les actionnaires (résultat). À ce stade, Pierre n'a rien investi dans l'entreprise.

Il n'a encore rien perçu non plus. Ici, comme l'entreprise n'a pas besoin de la trésorerie, Pierre pourrait se verser un dividende de 50 €. Ce serait une distribution de résultat. PommeDistrib constaterait une diminution de la trésorerie et des fonds propres de 50 €.

Le bilan est décrit de manière détaillée dans le chapitre 2.

Introduction au besoin en fonds de roulement (BFR)

Imaginons que Pierre n'ait vendu que 50 kg de pommes. Que se passe-t-il sur la rentabilité de l'activité ? Et sur la situation de l'entreprise ?

Pierre pourrait établir le tableau suivant, représentatif des mouvements cash de la journée :

Situation de trésorerie avec un effet stock

Mouvements de trésorerie	€ par jour
Chiffre d'affaires	100
– Achats	100
– Salaires	
– Location étal et emplacement	40
– Transport	10
= Cash généré	**– 50**

Certes, sa société a bien « consommé 50 € de cash », ce qui se traduit par un découvert à la banque de même montant, mais son activité a-t-elle pour autant généré une perte de 50 € ? Après tout, elle possède un stock de 50 kg de pommes acquis à 50 € qui pourrait toujours être vendu le lendemain. L'acquisition de stock consomme du cash mais n'est pas constitutif d'une perte.

Pour avoir le gain réel de l'activité, il faudrait « neutraliser » le stock de 50 kg de pommes achetées, non encore vendues mais vendables.

On aurait ainsi le compte de résultat suivant :

Suivi d'activité avec un effet stock

Mouvements de trésorerie	**€ par jour**
Chiffre d'affaires	100
– Achats consommés[1]	50
– Salaires	
– Location étal et emplacement	40
– Transport	10
= Cash généré	**-**

Les achats consommés sont les coûts d'achat des 50 kg de pommes vendues. Ce faisant, on constate que la société est simplement à l'équilibre. Mais comment rendre compte de l'existence d'un stock de pommes de 50 € ? En effet, si PommeDistrib n'a consommé que 50 kg de pommes, elle en a acquis (et payé donc financé) 100 kg.

Pour aller plus loin

Quelle est la différence entre les deux tableaux ?

Le premier tableau représente comme son nom l'indique les mouvements de trésorerie : ce qui est entré et sorti comme cash durant la journée d'activité de l'entreprise.

Le second décrit les gains de l'entreprise : peu importe ce que l'on a réellement acheté, on regarde le gain sur ce que l'on a utilisé. Il s'appelle « compte de résultat » car il permet de mesurer le « résultat » d'une période d'activité (ici période d'une journée).

Il est essentiel de comprendre la différence entre ces deux approches.

Pour mesurer la rentabilité, nous n'avons en effet pris en compte que les achats consommés ! Le stock de pommes se trouve dans le bilan !

1. Achats consommés : tous les achats (100) + ou – variation du stock de pommes (50). On a ici 100 – 50 (j'ai acheté 100 mais j'ai trop acheté ; je constitue un stock de 50).

Bilan avec effet stock

Bilan			
Actif		**Passif**	
Stock	50	Gain	0
Trésorerie	0	Découvert	50
Total	**50**	**Total**	**50**

On constate ici qu'il y a bien un stock de 50 € financé par un découvert de même montant. Pierre ne peut prétendre à aucun dividende car il n'y a pas de « gain ».

Première conclusion : l'existence d'un gain ou d'une perte dans le compte de résultat constate un « profit » mais pas une situation de trésorerie. La situation de trésorerie dépend d'éléments comme la constitution d'un stock (l'exemple de la société de Pierre) qui doit être financé. Les stocks sont l'une des trois composantes de ce que l'on appelle le besoin de fonds de roulement (BFR).

Le compte de résultat est présenté en détail dans le chapitre 1.

Approfondissement du besoin en fonds de roulement

Pierre est démarché par une petite chaîne de restauration qui lui propose le marché suivant (en plus de son activité existante telle que reprise dans le tableau « Situation de la trésorerie », p. 16) : elle lui achète 50 kg de pommes par jour mais souhaite ne le payer que la semaine qui suit. Qu'advient-il dans ces conditions du compte de résultat et du bilan ?

Les tableaux ci-dessous reprennent les mouvements de cash (à gauche) et le suivi des gains (à droite).

Suivi du cash et de la rentabilité avec le contrat

Mouvements de trésorerie	€ par jour
Produits vendus et payés	200
Achats	150
Salaires	
Étalage	40
Transport	10
Cash flow	–

Compte de résultat	€ par jour
Chiffre d'affaires	300
Achats consommés	150
Salaires	
Étalage	40
Transport	10
Profit	100

Le profit inscrit au compte de résultat est supérieur au *cash flow* car, si 100 € de chiffre d'affaires ont bien été faits avec le groupe de restauration, celui-ci n'a pas encore payé. L'argent n'est donc pas encore dans la caisse. Le bilan est ainsi le suivant :

Bilan avec le contrat

Bilan			
Actif		**Passif**	
Stock	0	Gain	100
Créances	100		
Trésorerie	0	Découvert	0
Total	**100**	**Total**	**100**

On y retrouve bien le gain (profit comptable) et les créances clients (l'argent que le groupe de restauration doit). Bien que la société PommeDistrib ait réalisé un profit comptable, Pierre ne peut percevoir de dividendes car le cash généré n'est pas encore dans la caisse de PommeDistrib mais reste chez le client.

On retrouve ici un second élément du besoin en fonds de roulement : les créances clients.

Seconde conclusion : le besoin en fonds de roulement « Actif » est constitué du stock et des créances clients. Il est représentatif de ce que l'on a acheté et pas encore vendu (le stock) et de ce qui a été vendu mais pas encore payé (les créances clients). On l'appelle besoin parce qu'il faut le financer !

Introduction aux investissements

Après quelques jours d'activité, Pierre constate un chiffre d'affaires régulier. Il se demande comment il pourrait gagner plus d'argent avec sa petite affaire. La location de l'emplacement et de l'étal lui coute 40 € par jour. Il pourrait ramener ce coût à 20 € par jour en achetant un étal. Cette acquisition reviendrait à 2 000 €. Pierre fait ses comptes et voici ce qu'il obtient (sur la base des données du tableau « Situation de la trésorerie », p. 16) :

Mouvements de trésorerie	€ jour 1	€ jour 2
Chiffre d'affaires	200	200
– Achats consommés	100	100
– Salaires		
– Emplacement	20	20
– Transport	10	10
– Achat étalage	2 000	–
= Gain en cash	**– 1 930**	**70**

Et là, il est complètement perdu : la première journée semble catastrophique et la seconde bonne. Puis il réfléchit, l'étalage est susceptible de durer 200 jours, il conviendrait donc de tenir compte uniquement de son usage en un jour (10 €) et là les chiffres deviennent (colonnes de droite) :

Mouvements de trésorerie	**€ jour 1**	**€ jour 2**	**Compte de résultat**	**€ par jour**
Chiffre d'affaires	200	200	Chiffre d'affaires	200
– Achats consommés	100	100	– Achats consommés	100
– Salaires			– Salaires	
– Location emplacement	20	20	– Location emplacement	20
– Transport	10	10	– Transport	10
– Achat étalage	2 000	–		
= Gain en cash	**– 1 930**	**70**	**Excédent brut d'exploitation**	**70**
			Dotation amort. étalage	10
			Résultat d'exploitation	**60**

Pour aller plus loin

Investissement, amortissement et cash

L'investissement, c'est lorsque l'on achète un bien (2 000) et que l'on constate une sortie de cash (2 000).

La dotation aux amortissements est l'usure constatée pendant la période (généralement un an) d'un bien durable. Elle permet de déterminer le profit réalisé sur la période en affectant une quote-part d'usure à la période d'utilisation du bien (ici 1 jour). La dotation aux amortissements ne représente pas une sortie de cash.

L'investissement représente en revanche une sortie de cash s'il est acquis en pleine propriété.

Le compte de résultat fait apparaître trois notions :

– l'excédent brut d'exploitation, qui représente les mouvements liés à du cash (pour autant que les clients règlent comptant et que l'on paie comptant les fournisseurs) ;

– les dotations aux amortissements, qui représentent l'usure des biens acquis et qui s'utilisent sur une durée longue ;

– le résultat d'exploitation, qui représente le « profit après usure des biens ».

Le compte de résultat de chacun des jours est identique (l'usure du bien est la même) mais les mouvements de cash sont différents : le premier jour, il faut décaisser 2 000 € pour acquérir l'étal.

Comme pour les stocks et les créances, il faut regarder dans le bilan pour trouver « trace » de l'étal acheté :

Bilan fin jour 1			
Actif		**Passif**	
Immobilisations	1 990		
Stock	–	Gain	60
Créances	–		
Trésorerie	–	Découvert	1 930
Total	**1 990**	**Total**	**1 990**

L'étal fait partie de ce que l'on appelle les immobilisations : ce sont les actifs qui « durent et s'usent un peu chaque jour ». Chaque fois qu'ils s'usent dans le compte de résultat (les 10 € de dotations aux amortissements), on constate une diminution de la valeur des immobilisations au bilan ; ici, à la fin du jour 1, la valeur de l'étal est de 1 990 € (le prix d'origine de 2 000 € diminué d'un jour d'usage, soit 10 €).

Troisième conclusion : on décide d'un investissement parce qu'il augmente le « profit ». Ici, acquérir un étal à 2 000 € qui s'use en 200 jours représente un coût de 10 € par jour. C'est moins que la location de l'étal qui était de 20 €. C'est donc une « bonne décision ». Mais encore faut-il pouvoir le financer : PommeDistrib ne peut décider d'investir les 2 000 € que si elle les trouve ! Là encore, c'est une décision qui dépend du cash disponible ou de la capacité de la société à convaincre ses banquiers ou ses actionnaires d'apporter les fonds nécessaires.

En résumé

Les fonds propres, c'est l'argent apporté par les actionnaires depuis l'origine.

Une augmentation de capital, c'est l'argent apporté par les actionnaires à un instant donné (cash dynamique).

Et le financement ?

Comme Pierre le constate, acheter l'étal est « rentable » mais pour l'acquérir, il faut le payer et donc rechercher des ressources pour 2 000 €. Pierre a alors la solution d'apporter lui-même cet argent (mais cela suppose qu'il dispose de 2 000 €) ou d'aller voir son banquier, ce qui suppose que celui-ci prête les 2 000 €. Il est en général peu probable que la banque prête l'intégralité de la somme. La solution la plus faisable est donc une augmentation de capital de 1 000 € (Pierre apporte 1 000 € en cash dans l'entreprise), et un prêt bancaire de même montant.

Comment suit-on le financement dans les documents comptables ?

Le financement et les investissements se retrouvent à la fois dans le tableau de flux[1] et dans le bilan :

1. Un même outil, deux formats différents : tableaux de flux et tableaux de financement sont les deux versions d'un même outil qui permet de comprendre tous les mouvements de trésorerie de l'exercice comptable.

Premier tableau de flux

Tableau de financement	€ jour 1
Chiffre d'affaires	200
– Achats consommés	100
– Salaires	
– Emplacement	20
– Transport	10
= Flux d'exploitation (1)	**70**
– Investissement	– 2 000
= Flux d'investissements (2)	**– 2 000**
+ Augmentation de capital	1 000
– Distribution de dividendes	–
– Remboursements d'emprunts	–
+ Emprunts nouveaux	1 000
= Flux de financement (3)	**2 000**
Total des flux de la période = 1 + 2 + 3	**70**

Deux bilans successifs

Bilan début jour 1			
Actif		**Passif**	
Immobilisations	2 000	Fonds propres	1 000
Stock	–	Profit	–
Créances	–	Emprunt	1 000
Trésorerie	–		
Total	**2 000**	**Total**	**2 000**
Bilan fin jour 1			
Actif		**Passif**	
Immobilisations	1 990		1 000
Stock	–	Gain	60
Créances	–	Emprunt	1 000
Trésorerie	70	Découvert	–
Total	**2 060**	**Total**	**2 060**

Le tableau de flux présente les flux totaux de l'entreprise sous trois grandes rubriques :

– l'exploitation : le cash généré par les activités de l'entreprise ;

– l'investissement : le cash consommé par les investissements (et généré par les éventuels désinvestissements) de l'entreprise ;

– le financier : le cash généré (souscription d'emprunt et augmentation de capital) ou consommé par activités de financement (remboursement d'emprunt ou distribution de dividendes).

Le tableau de flux retrace la vie économique de l'entreprise entre deux bilans (ici le début de la journée et la fin de la journée).

Le lien se fait par l'inscription du bien acquis à l'actif (pour 2 000 €), la constatation de son usure (10 €), qui ne constitue pas un flux cash, la prise en compte de l'emprunt et de l'augmentation de capital ainsi que du profit sur la journée d'activité (60 €).

Le tableau de flux est repris en détail dans le chapitre 3.

Que retenir de cette introduction ?

Le profit est un élément fondamental de mesure de la performance d'une entreprise. Il se mesure en trois étapes : l'excédent brut d'exploitation ou EBE (autrement dit les recettes moins les charges), le résultat d'exploitation ou REX (l'EBE diminué de l'usure des biens à durée de vie longue) et le résultat net (le REX diminué des frais financiers et de l'impôt).

Le compte de résultat ne renseigne pas sur la solvabilité de l'entreprise mais sur sa capacité à générer un profit.

Le profit n'est pas le seul élément à prendre en compte. Il faut en effet s'intéresser au cash généré ou utilisé. Le cash est influencé d'une part par le besoin en fonds de roulement (et notamment le poste clients et les stocks) qui consomme du cash et, d'autre part, par les investissements dont l'objectif est d'augmenter la rentabilité mais qui doivent être financés. Le BFR et les investissements se retrouvent dans le bilan qui est une photo de la situation financière de l'entreprise.

Le passage entre les bilans de deux exercices consécutifs se fait par le tableau des mouvements de cash (appelé en comptabilité le tableau de financement ou le tableau de flux selon le format retenu).

Les financements peuvent être apportés par les actionnaires (ils constituent alors les fonds propres de la société) ou par les banques. Les actionnaires attendent une rentabilité de leur investissement (matérialisé par une capacité à distribuer des dividendes), les banques des intérêts et un remboursement du capital.

État des lieux des outils de *reporting*

Pour aller plus loin

***Le* reporting**

C'est l'ensemble des éléments chiffrés permettant de suivre l'activité des opérationnels. C'est un élément de lien entre les financiers et ceux qui gèrent et développent l'activité. Il comprend des éléments d'activités (ventes par segment, par exemple) et financiers : marge sur coûts variables, résultat d'exploitation, suivi des investissements…

Le tableau ci-dessous décrit l'évolution des pratiques depuis 30 ans en matière d'outils de gestion. On constate une élaboration de plus en plus fine des indicateurs (qui feront l'objet d'explications détaillées dans la suite de l'ouvrage).

Au départ, le suivi ne recouvre que des aspects de compte de résultat, du plus simple (on raisonne simplement en volume avec l'évolution de l'activité) au plus détaillé (niveaux de marge EBIT/CA et/ou EBITDA/CA[1]). Ce type d'approche est encore très largement utilisé.

Apparaissent ensuite les ratios plus fins, très performants, qui croisent des données de bilan *et* de compte de résultat (ROE, ROCE[2]) conduisant au concept de création de valeur (pour l'actionnaire), avec un focus plus important sur EBITDA.

Plus proche de nous, on rencontre de plus en plus fréquemment, et pas uniquement dans les sociétés du CAC 40, des *reportings* centrés sur le FCF[3] (*free cash flow*), ce qui est le niveau le plus abouti.

1. EBIT : *Earnings before Interest and taxes* ; EBITDA : *Earnings before interest, taxes, depreciation and amortization*. Ces termes seront vus dans le chapitre 1.
2. ROE : *Return on equity* ; ROCE : *Return on capital employed*. Ces termes seront vus dans le chapitre 2.
3. FCF ou *free cash flow* : EBE – IS – variation BFR – investissements de l'exercice.

L'évolution des indicateurs de gestion		
1980	Chiffre d'affaires	Développer l'activité, le profit suivra
1990	EBITDA ou EBIT	Accroître le profit, le cash suivra
2000	ROCE ou ROE et EBITDA	Créer de la valeur pour l'actionnaire, utiliser l'effet de levier et générer du profit
2009	*Free cash flow* + ROCE + TRI[1]	Gérer le cash en créant de la valeur : l'argent est rare

Source : *Échanges DFCG*, n° 46, mai 2009, dossier « Cash et contrôle de gestion »

Précisons que l'on commence à voir certains groupes qui incluent dans leur *reporting* des éléments de type développement durable.

Dans le même esprit, l'article 225 de la loi Grenelle 2 prévoit l'obligation pour toute entreprise de plus de 500 salariés de mettre en place un *reporting* environnemental et social (RSE). Les députés ont voté fin 2011 un amendement qui repousse d'un an cette obligation.

POURQUOI CETTE ÉVOLUTION VERS UN *REPORTING* CASH ?

Plusieurs causes expliquent le recours de plus en plus systématique à des indicateurs de *cash flow*.

Montée en puissance des opérations de LBO

Jusqu'en 2008, 80 % environ des sommes investies en fonds propres par des sociétés de *private equity* (investisseur financier, fonds d'investissement, société de capital développement), dans les entreprises en France, l'ont été *via* des opérations de LBO (*leverage buy-out*, rachat d'entreprises avec effet de levier, rachat d'entreprises en ayant très largement recours à la dette pour financer le rachat).

Le principe d'un LBO consiste à créer une société *holding*, qui se finance significativement par la dette bancaire. Pour rembourser cette dette (financements bancaires classiques ou financements sur les marchés financiers), le *holding* de reprise prélève des dividendes sur la société rachetée (la « cible »). Le service annuel de la dette[2] étant contractuel, la remontée de dividendes

1. TRI : taux de rémunération interne.
2. Service de la dette : remboursement du principal (encore appelé capital emprunté) + frais financiers (encore appelés intérêts) mais uniquement pour la partie décaissée (les intérêts capitalisés ne font pas l'objet de décaissements au fur et à mesure).

devient obligatoire : la « cible » doit donc s'assurer d'avoir suffisamment de cash pour pouvoir verser les dividendes annuels induits par le montage financier.

Le chapitre 8 décrit plus en détail le principe du fonctionnement des opérations de LBO.

Ainsi, dès qu'un financier reprend une société sous LBO, il va mettre en place un suivi très strict du cash généré, de manière à s'assurer que le *holding* de reprise ne risque pas d'être en situation de défaut de paiement[1].

Évolution de l'activité du capital investissement en France (en millions d'euros)

	Millions d'euros	2006	2007	2008	2009	2010	2011	Variation 2010/2011	Variation 2008/2011	TCAM 2006/2011
	Montants investis	10 164	12 554	10 009	4 100	6 598	9 738	48 %	– 3 %	– 5 %
	dont capital risque	536	677	758	587	605	597	– 1 %	– 21 %	– 2 %
	dont capital développement	1 057	1 310	1 653	1 798	2 310	2 940	78 %	18 %	
Opérations de LBO	dont capital transmission/LBO	8 075	10 340	7 399	1 605	3 512	6 015	71 %	– 19 %	– 10 %
	< 100 M€	4 063	4 938	2 857	1 358	1 863	2 413	30 %	– 16 %	– 13 %
	> = 100 M€	4 012	5 402	4 542	247	1 649	3 602	118 %	– 21 %	– 8 %
	dont capital retournement	95	84	99	84	90	118	31 %	19 %	7 %
	Montants désinvestis au coût historique	3 796	5 660	3 164	2 782	2 967	6 288	59 %	99 %	25 %
	Montants levés	10 280	9 995	12 730	3 672	5 043	6 456	28 %	– 49 %	– 8 %

Source : AFIC

Crise économique et perte de visibilité

De nombreuses sociétés ont ressenti le besoin de gérer au plus près leur entreprise, à la suite de la crise si forte et si brutale à laquelle elles ont été confrontées à partir de 2009.

Mettre en place un pilotage par les *free cash flows* permet de piloter à partir des trois leviers principaux (les marges, les BFR et les investissements). L'usage de cet agrégat en tant qu'outil de *reporting* s'est donc vulgarisé.

1. Un défaut de paiement se caractérise par l'incapacité de l'entreprise à assurer le service de la dette.

Raréfaction des sources de financement

En 2008, les sociétés avaient déjà subi une période de « *credit crunch* » (ou resserrement du crédit). Fin 2011, le contexte s'est à nouveau traduit par des conditions plus difficiles d'accès au crédit. Après un relatif assouplissement en 2012, les conditions se resserrent pour la majorité des PME et des grandes entreprises depuis le début 2013[1].

Ceci est confirmé par l'AFTE/Coe Rexecode[2] qui interviewe tous les mois les trésoriers des grandes entreprises et établit un indicateur : le solde d'opinion sur la recherche de financement (le solde d'opinion correspond à l'écart entre le pourcentage de réponses « faciles » et le pourcentage de réponses « difficiles » à la question suivante : « Vos recherches de financement sont-elles faciles, normales ou difficiles ? »).

L'historique de cet indicateur[3] fait état de deux périodes difficiles d'accès au crédit, fin 2008 et fin 2011, et d'une tendance au durcissement début 2013.

On notera qu'il n'y a pas qu'un effet conjoncturel au resserrement du crédit bancaire : les banques évoluent vers un modèle d'activité où prêter puis laisser vivre le crédit jusqu'à son terme ne sera plus le modèle dominant, avec une évolution sensible vers le « *loan to distribution* »[4]. Cette évolution consiste à assurer l'interface entre l'emprunteur et la banque pour ensuite céder le crédit à des investisseurs ou à d'autres banques.

Cas pratique : PommeDistrib

Exercice 1 : le passage sur un an

Nous allons reprendre notre projet PommeDistrib sur un an ; les données en sont les suivantes :

Données	Année 1
Jour ouvrables (jours)	220
Achats par jour (€)	100
Ventes par jour (€)	200

1. Source : www.xerfi.fr/etudes/Xerfi-Previsis-avril-2013.pdf
2. www.coe-rexecode.fr/public/Analyses-et-previsions/A-noter/France-les-entreprises-face-a-la-rarefaction-du-credit
3. L'enquête AFTE/Coe Rexecode auprès des trésoriers des grandes entreprises est publiée chaque mois dans la rubrique « Indicateur » de la trésorerie des entreprises.
4. *Loan to distribution* : principe qui veut que les banques se mettent en interface avec un client pour organiser un financement sans prêter *in fine* (c'est-à-dire que le crédit est cédé à des tiers qui en assument le risque et non plus gardé par la banque sur son bilan).

Données en €	Année 1
IS (impôt, en €)	1/3
Salaire (€)	
Charges sociales (%)	40 %
Employés	–
Crédit fournisseur (jours)	–
Location emplacement (€)	20
Achat étal (€)	2 000
Coût du transport (€)	10
TVA (% du CA)	0 %
Clients comptant (%)	50 %
Clients à crédit (%)	50 %
Nombre de jours de crédit (jours)	10
Stocks (jours)	2

L'année comporte 220 jours ouvrables et chaque jour est réalisé un chiffre d'affaires de 200 € avec des achats de pommes de 100 €. Les clients sont supposés être pour moitié des particuliers qui paient comptant et pour moitié des restaurateurs qui paient à 10 jours. On suppose que pour éviter les aléas, il faut constituer un stock de 2 jours d'achats et que l'on a acquis au premier jour un étal au prix de 2 000 €.

Il n'y a pas de salariés et les fournisseurs sont réglés comptant.

On supposera que Pierre finance son activité 50 % en fonds propres et 50 % en dettes bancaires.

Déterminer le compte de résultat, le tableau de financement et le bilan de l'activité à la fin de la première année.

Corrigé de l'exercice 1

Le compte de résultat :

Compte de résultat	€ par jour	€ par an
Chiffre d'affaires	200	44 000
– Achats consommés	100	22 000
– Salaires		
– Location étalage	20	4 400
– Transport	10	2 200
= Excédent brut d'exploitation	**70**	**15 400**

Compte de résultat	€ par jour	€ par an
– Dotations aux amortissements	10	2 000
= Résultat d'exploitation	**60**	**13 400**
– IS	20	4 400
= Résultat net	**40**	**9 000**

À partir du moment où l'on a déterminé ce qui se passe sur un jour, pour passer sur une année, il suffit de multiplier par le nombre de jours ouvrables…

Il y a cependant une petite exception à cette règle : nous avions à l'origine envisagé que l'étal ait une durée de vie de 200 jours. Soit une « usure comptable » de 10 € par jour. Or il a duré plus. À partir du moment où l'on a comptabilisé l'usage de l'étal complètement, il n'y a donc plus de dotations aux amortissements à passer dans le compte de résultat (d'où les dotations aux amortissements de 2 000 € et non de 2 200).

Pour ce qui est du tableau de financement, il nous faut retracer l'ensemble des flux cash de l'activité. Pour ce faire, quels sont les éléments à prendre en compte ?

Il y a :

– le flux d'investissement : en début d'année, nous avons acquis un étal pour 2 000 €, soit une sortie de cash de 2 000 € ;

– le flux de financement : en début d'année, il a fallu trouver les ressources pour financer l'investissement et nous resterons à nos hypothèses de 1 000 € en fonds propres apportés par Pierre Robert et 1 000 € prêtés par la banque. Soit un total de ressources de 2 000 € ;

– les flux d'exploitation, que l'on appréhende à partir du compte de résultat, en retraitant les éléments non cash.

Quels sont les flux d'exploitation ?

Le flux d'exploitation va être déterminé en ne retenant que les charges et produits qui vont se traduire par des décaissements/encaissements, soit EBE (15 400) moins IS (4 400) donc 11 000.

Ce montant de 11 000 € correspond à du cash qui sera généré pendant l'année, mais pas celui encaissé pendant l'année. En effet, les clients n'ont pas tous payé comptant (et donc les 44 000 € ne sont pas entièrement « rentrés dans la caisse ») et PommeDistrib a constitué un stock de 2 jours de pommes (qui ont été réglés).

Calcul du BFR[1]	Année 1
+ Clients	1 000
+ Stock	200
– Fournisseurs	–
= BFR	**1 200**
Variation de BFR	1 200

Le BFR en fin d'année est repris dans le tableau ci-dessus :

– clients : 10 jours sur 50 % du CA, soit 200 × 10 × 50 % = 1 000 ;

– stocks = 2 jours d'achats, soit 2 × 100 = 200.

Le tableau global de financement est donc le suivant :

EBE – IS	11 000
+ Variations de BFR	– 1 200
= (1) Total des flux d'exploitation	9 800
+ Investissement	– 2 000
= (2) Total des flux d'investissement	– 2 000
+ Augmentation de capital	1 000
+ Emprunts levés	1 000
= (3) Total des flux de financement	2 000
Variation de trésorerie (1) + (2) + (3)	**9 800**

Le bilan découle assez naturellement du compte de résultat et du tableau de financement.

Bilan début jour 1			
Actif		Passif	
Immobilisations	2 000	Fonds propres	1 000
Stock	–	Profit	–
Créances	–	Emprunt	1 000
Trésorerie	–		
Total	**2 000**	**Total**	**2 000**

1. La notion détaillée de BFR sera abordée dans le chapitre suivant.

Bilan fin d'année 1			
Actif		**Passif**	
Immobilisations	–	Fonds propres	1 000
Stock	200	Profit	9 000
Créances	1 000	Emprunt	1 000
Trésorerie	9 800		
Total	**11 000**	**Total**	**11 000**

Le bilan d'ouverture est réalisé au premier jour juste après acquisition de l'étal.

Le bilan de fin d'année constate au passif : le profit de 9 000 € (que l'on retrouve dans le compte de résultat). Et à l'actif : la trésorerie générée sur l'année, soit 9 800 € (plus la trésorerie de départ qui était ici égale à zéro), les stocks de fin d'année et les créances clients non réglées (le BFR global).

En conclusion, il faut retenir une formule de base :

FCF = EBE – IS – variations de BFR – investissements.

Le *free cash flow* (le cash généré par l'entreprise) correspond à l'excédent brut d'exploitation (c'est « presque du cash » aux variations de BFR près), diminué de l'impôt sur les sociétés (personne n'y échappe !), des variations de BFR (c'est une consommation de cash qu'il faut bien financer) et des investissements (qui permettent de financer la croissance).

Exercice 2 : le passage sur deux ans

Après cette première année, Pierre Robert se dit qu'il pourrait développer son activité en engageant un salarié. Naturellement, il souhaite lui aussi percevoir une rémunération. La société étant plus solide, les fournisseurs sont prêts à lui consentir 10 jours de délais de paiement. Pour développer son activité, il est allé voir de nouveaux clients qui ont souhaité des délais de paiement plus longs. Les principales données sont ci-dessous ; il faut noter que certaines charges augmentent avec la taille (le transport, la location de l'emplacement...). Il faudra aussi prendre en compte le remboursement de l'emprunt pour l'acquisition de l'étal en année 2 (supposé entièrement remboursé à la fin de la seconde année).

Établir le compte de résultat, le bilan et le tableau de financement de cette seconde année.

Données	Année 1	Année 2
Jour ouvrables	220	220
Achats par jour (€)	100	300
Ventes par jour (€)	200	600
IS	1/3	1/3

Données	Année 1	Année 2
Salaire (€)		1 200
Charges sociales (%)	–	40 %
Employés	–	2
Crédit fournisseur (jours)	–	10
Location étalage (€)	20	40
Coût du transport (€)	10	20
TVA	–	–
Clients cash	50 %	50 %
Clients à crédit	50 %	50 %
Nombre de jours de crédit	10	30
Stocks en jours	2	5

Corrigé de l'exercice 2

Nous allons donc reprendre notre compte de résultat, sur la période, en regardant ce qui change par rapport à la première année :

Rappel des données sur un an

Compte de résultat	€ par jour	€ par an
Chiffre d'affaires	200	44 000
– Achats consommés	100	22 000
– Salaires		
– Location emplacement	20	4 400
– Transport	10	2 200
= Excédent brut d'exploitation	**70**	**15 400**
– Dotation amortissements	10	2 000
= Résultat d'exploitation	**60**	**13 400**
– IS	20	4 400
= Résultat net	**40**	**9 000**

On constate qu'il y a peu de changements : on loue un emplacement plus grand, ce qui nécessite l'achat de deux étals et on prend en compte les salaires.

Compte de résultat	€ par jour	€ par an	Année 2
Chiffre d'affaires	200	44 000	132 000
– Achats consommés	100	22 000	66 000
– Salaires			40 320
– Location emplacement	20	4 400	8 800
– Transport	10	2 200	4 400
= Excédent brut d'exploitation	**70**	**15 400**	**52 800**
– Dotation amortissements	10	2 000	4 000
= Résultat d'exploitation	**60**	**13 400**	**48 800**
– IS	20	4 400	16 267
= Résultat net	**40**	**9 000**	**32 533**

Il faut maintenant s'atteler au tableau de financement mais un petit détour par les variations de BFR s'impose au préalable :

Calcul du BFR	Année 1	Année 2
+ Clients	1 000	4 500
+ Stock	200	1 500
– Fournisseurs	–	3 000
= BFR	**1 200**	**3 000**
Variation de BFR	1 200	1 800

Que se passe-t-il sur le besoin en fonds de roulement en année 2 ? Notre stock augmente avec l'activité et les nouveaux clients achètent certes plus, mais ils paient aussi plus tardivement. Par ailleurs, Pierre Robert est parvenu à obtenir un crédit fournisseur. Au global, le BFR passe de 1 200 € à 3 000 €, soit une augmentation de 1 800 € qu'il convient de financer.

Avec la prise en compte du remboursement de l'emprunt de 1 000 € et l'investissement dans un double étalage (celui de l'année 1 est supposé complètement usé et mis au rebus), Pierre Robert dispose de tous les éléments pour calculer le tableau de financement et le bilan.

EBE – IS	11 000	36 533
+ Variations de BFR	– 1 200	– 1 800
= (1) Total des flux d'exploitation	9 800	34 733
+ Investissement	– 2 000	– 4 000
= (2) Total des flux d'investissement	– 2 000	– 4 000
+ Augmentation de capital	1 000	–
+ Emprunts levés ou remboursés	1 000	– 1 000
= (3) Total des flux de financement	2 000	– 1 000
Variation de trésorerie (1) + (2) + (3)	**9 800**	**29 733**

Pour bien suivre l'évolution, on trouvera ci-dessous les bilans fin d'année 1 et fin d'année 2 :

Bilan fin d'année 1			
Actif		**Passif**	
Immobilisations	–	Fonds propres	1 000
Stock	200	Profit	9 000
Créances	1 000	Emprunt	1 000
Trésorerie	9 800		
Total	**11 000**	**Total**	**11 000**
Bilan fin d'année 2			
Actif		**Passif**	
Immobilisations	–	Fonds propres	1 000
Stock	1 500	Profit cumulé	41 533
Créances	4 500	Emprunt	–
Trésorerie	39 533	Fournisseurs	3 000
Total	**45 533**	**Total**	**45 533**

PARTIE 1

SAVOIR LIRE LES COMPTES D'UNE ENTREPRISE

En introduction, nous avons évoqué la construction des éléments de comptes à partir de l'exploitation. Nous avons vu que cela consistait en la traduction d'événements opérationnels (achat de stock, vente de produit, paiement de loyer, investissement) en éléments chiffrés dans le compte de résultat, le tableau de flux ou le bilan.

Naturellement, dans toute entreprise, personne n'a les yeux rivés sur les comptes à la moindre action… La vendeuse dans le magasin enregistre la vente sur la caisse enregistreuse et pense à se réapprovisionner puisque le stock a diminué du nombre d'unités vendues.

Gérer efficacement nécessite de remonter les comptes dans l'autre sens, c'est-à-dire à partir des éléments de comptabilité ou de contrôle de gestion, reconstituer ce qui s'est passé de manière opérationnelle pour détecter ce qui peut être amélioré et ce qui a bien fonctionné.

C'est ce que nous allons faire dans cette partie. Ainsi, tout à chacun, en regardant les comptes ou les éléments de contrôle de gestion de son entreprise, son magasin ou son usine, pourra savoir ce qui s'est passé puis en tirer ou non des décisions de gestion (investir plus, produire moins, acheter moins de stock du produit X, augmenter le prix du produit Y…).

Chapitre 1

Ce qu'il faut retenir d'un compte de résultat

Ce que va nous montrer ce premier chapitre :

- **qu'être rentable ne signifie pas nécessairement que l'on dégage du cash ;**
- **que l'excédent brut d'exploitation est un indicateur central du compte de résultat ;**
- **que l'on peut très simplement suivre le cash généré à partir du simple compte de résultat (au moins dans un premier temps) ;**
- **que le résultat net peut être influencé par des décisions de gestion ou des options comptables, mais pas le cash.**

COMMENT LIRE UN COMPTE DE RÉSULTAT ?

À l'inverse de Pierre Robert dans l'introduction, nous sommes ici dans le cas d'un manager, d'un actionnaire ou d'un banquier qui, ayant à sa disposition les comptes de l'entreprise, cherche à analyser sa performance économique et sa situation financière. Les principales questions que l'on doit se poser sont :

- l'entité est-elle rentable ? (génère-t-elle un profit ?) ;
- consomme-t-elle ou génère-t-elle du cash ?

Naturellement, ce diagnostic est un point de départ : il doit conduire à une réflexion sur comment faire mieux, que faut-il continuer à faire, que faut-il modifier ?

Les grands principes de construction

Un compte de résultat présente l'ensemble des produits (ce qui va se traduire par des encaissements futurs) et des charges (ce qui va se traduire par des décaissements futurs, tout ce dont l'entreprise a besoin pour fonctionner au quotidien) constatés au titre de l'exercice comptable concerné.

La durée d'un exercice est habituellement de 12 mois, sauf cas d'espèce de changement de date de clôture des comptes.

Tous les éléments d'un compte de résultat sont comptabilisés pour leur valeur hors taxe. Les aspects TVA n'ont aucun impact sur la rentabilité d'une entreprise, ils n'ont qu'un impact sur la trésorerie.

La logique comptable part du chiffre d'affaires pour aboutir au résultat net, qui correspond au chiffre d'affaires majoré des autres produits et déduction faite de l'ensemble des charges.

Pour expliquer la formation du résultat net, la comptabilité prévoit plusieurs résultats intermédiaires (voir tableau « Les trois domaines de la présentation comptable » ci-dessous) :

- chiffre d'affaires ;
- résultat d'exploitation (RE ou REX) ;
- résultat courant avant impôt (RCAI) ;
- résultat net (RN).

Si le résultat net est positif, on pourra parler de profit. Dans le cas contraire, on parlera de pertes.

Plusieurs formats possibles de comptes de résultat

Une fois la logique universelle ci-dessus établie, il faut savoir qu'il existe plusieurs formats différents de présentation d'un compte de résultat :

- le format liasse fiscale ;
- le format comptes consolidés en normes françaises (édité par le comité de la réglementation comptable et qui prévoit deux formats possibles) ;
- le format IFRS.

Pour aller plus loin

Liasse fiscale

C'est le document transmis aux services fiscaux pour calculer les impôts. Il comprend les éléments clés du bilan et compte de résultat. Toutes les entreprises le remplissent (obligation légale de dépôt des comptes annuels) et il a l'énorme avantage d'être normalisé. La liasse fiscale présente des éléments très détaillés et permet de retrouver un nombre important d'informations. Dans notre propos qui est de comprendre les impacts performance et cash, nous n'allons nous attarder que sur les éléments clés.

Nous allons évoquer dans un premier temps le format de la liasse fiscale (un modèle de liasse fiscale est fourni en annexe), qui est le format par excellence des comptes sociaux (ceux qui sont fournis à l'administration fiscale et déposés au greffe du tribunal). Les autres formats seront abordés un peu plus loin dans ce chapitre.

Format de la liasse fiscale

La présentation comptable en normes françaises, à partir d'une liasse ou à partir de comptes consolidés, permet d'isoler trois « domaines » :

- l'exploitation ;
- le financier ;
- l'exceptionnel.

Les trois domaines de la présentation comptable

Compte de résultat normes françaises (12 mois - monnaie)	
CA	
+ Produits d'exploitation – charges d'exploitation	
= Résultat d'exploitation (RE ou Rex)	Domaine de l'exploitation
+ ou – Résultat financier	
= Résultat courant avant impôt (RCAI)	Domaine du financier
+ ou – Éléments exceptionnels	
– Impôt sur les sociétés (IS)	Domaine de l'exceptionnel
= Résultat net (RN)	

Pour aller plus loin

Le résultat d'exploitation (REX) n'est concerné ni par la structure financière de l'entreprise (le coût de la dette apparaît plus bas dans le résultat financier), ni par les épiphénomènes (le résultat exceptionnel n'impacte pas le résultat d'exploitation), ni encore par les options fiscales (l'IS n'est pris en compte qu'en dernier lieu). En cela, le résultat d'exploitation désigne vraiment la capacité de l'entreprise à générer par la seule exploitation de son business de la rentabilité.

Les résultats intermédiaires comptables et la façon dont ils sont établis à partir d'une liasse fiscale (en détail)

De manière plus précise, nous avons présenté dans les trois tableaux suivants les éléments pris en compte pour déterminer successivement le résultat d'exploitation, le résultat financier et le résultat exceptionnel.

Le résultat d'exploitation est assez détaillé avec une liste des charges « par nature », ce qui permet un certain suivi de la performance dans la durée.

Ensemble des comptes composant le résultat d'exploitation (présentation liasse fiscale)

Résultat d'exploitation = produits d'exploitation – charges d'exploitation	
Produits d'exploitation	**Charges d'exploitation**
Ventes de marchandises	Coût d'achat des marchandises vendues dans l'exercice
	Achats de marchandises
	Variation des stocks de marchandises
Production vendue (biens et prestations de services)	Consommation de l'exercice en provenance de tiers
	Achat de marchandises
	Variation de stocks de marchandises
	Achats de matières premières
	Variation de stocks de matières premières
	Autres achats et charges externes
Production stockée	Impôts, taxes, et versements assimilés
Production immobilisée	Charges de personnel (salaires et traitements + charges sociales)
Subventions d'exploitation	
Reprises sur provisions	Dotations aux amortissements et aux provisions
Transferts de charges	
Autres produits	Autres charges

À savoir

Attention à ne pas confondre « Impôts taxes et versements assimilés » (ligne FX de la liasse fiscale) et « Impôt sur les sociétés » (ligne HK de la liasse fiscale) :

- « Impôts taxes et versements assimilés » sont des taxes : taxe d'apprentissage, taxe sur les véhicules, CFE (cotisation foncière des entreprises), CVAE (cotisation sur la valeur ajoutée)... Elles sont dues à l'existence même de l'entreprise, indépendamment de sa rentabilité ;
- « Impôt sur les sociétés » est un impôt calculé à partir du résultat avant impôts, il est donc intimement lié à la performance de l'entreprise.

Ensemble des comptes composant le résultat financier

Résultat financier = produits financiers – charges financières	
Produits financiers	**Charges financières**
Produits financiers de participations	
Produits des autres VMP et créances	
Autres intérêts et produits assimilés	Intérêts et charges assimilées
Reprises sur provisions	Dotations financières aux amortissements et aux provisions
Transferts de charges financières	
Différences positives de change	Différences négatives de change
Produits nets sur cessions de VMP	Charges nettes sur cessions de VMP

Les intérêts et charges assimilés (GR de la liasse fiscale) correspondent aux « frais financiers », aux « intérêts » dans le langage commun. Ils sont la résultante d'une dette (bancaire ou financière, mais portant intérêt) et d'un taux (coût du découvert, coût de l'emprunt).

Les autres intérêts et produits assimilés (GL de la liasse fiscale) procèdent du placement de la trésorerie disponible (achat de SICAV, placement en comptes à terme...).

Dans les discussions, vous pouvez entendre parler de la notion de « frais financiers nets », qui n'est pas une notion comptable. On vous indiquera simplement le solde entre frais financiers et produits financiers : dans l'exemple ci-dessous, on parlerait de frais financiers nets de 22.

Lien entre structure financière et frais financiers nets

Bilan			
Actif		**Passif**	
Cash (CD + CF)	300	Dette bancaire (DS>>>DV)	500
Coût de la dette		5 %	
Rémunération des placements		1 %	

CR	
Produits financiers (GL)	3
Frais financiers (GR)	25

Les produits financiers de participations sont les dividendes reçus des filiales et des participations.

À savoir

Attention à ne pas confondre les dividendes reçus (qui sont un produit) avec les dividendes versés aux actionnaires, qui n'apparaissent pas dans le compte de résultat : on détermine d'abord le résultat net annuel, puis les actionnaires décident en assemblée générale ordinaire (AGO) de l'affectation du résultat. Le dividende versé n'est pas une charge de l'exercice, c'est une affectation du résultat net.

Ensemble des comptes composant le résultat exceptionnel

Résultat exceptionnel = produits exceptionnels – charges exceptionnelles	
Produits exceptionnels	**Charges exceptionnelles**
Sur opérations de gestion	Sur opérations de gestion
Sur opérations en capital	Sur opérations en capital
Produits des cessions d'éléments d'actif	Valeurs comptables des éléments immobilisés et financiers cédés
Subventions d'investissement virées au résultat de l'exercice	Autres
Autres	
Reprises sur provisions et transferts de charges exceptionnelles	Dotations aux amortissements et aux provisions
	Dotation aux provisions réglementées
	Dotation aux amortissements et aux autres provisions

Pour aller plus loin

Cession d'actif

La cession peut porter sur des actifs physiques (une voiture ou une machine que l'on remplace, un bâtiment trop petit que l'on vend) ou incorporels (une filiale, un brevet...).

Les cessions d'actifs apparaissent dans la rubrique des éléments exceptionnels « sur opération en capital » et font l'objet d'informations détaillées en annexe.

« Produit des cessions d'éléments d'actifs cédés » correspond au prix de vente de l'actif.

« Valeur nette comptable des éléments d'actifs cédés » correspond à la valeur à l'actif du bilan de l'actif cédé.

La différence entre ces deux postes permet d'évaluer s'il y a profit ou perte du fait de la cession.

À savoir

Attention, le gain sur la cession (différence entre le prix de vente et la valeur amortie) n'est pas égal au cash encaissé (le prix de vente moins les frais liés à la cession). On peut faire une perte comptable sur une cession d'actif mais néanmoins « faire rentrer du cash » du fait de cette cession.

LES SOLDES INTERMÉDIAIRES DE GESTION

Définition

L'ensemble des résultats intermédiaires sont appelés soldes intermédiaires de gestion (SIG). Ils servent de point de départ de tous les travaux en finance, qu'ils s'agissent d'une analyse de la performance ou des risques, d'une évaluation, de mettre en place un montage financier…

Nous avons déjà évoqué les soldes intermédiaires de gestion fournis systématiquement par la comptabilité et ce, quel que soit le format ou la norme : REX, RCAI et RN.

Les analystes utilisent des soldes intermédiaires de gestion supplémentaires : la marge brute (MB), la valeur ajoutée (VA) et l'excédent brut d'exploitation (EBE).

Qu'est-ce que la marge brute ? Dans une pâtisserie, c'est l'écart entre le prix de vente des gâteaux et la valeur de l'ensemble des ingrédients qui les composent (farine + œufs + emballages). Plus le process de transformation est important, plus la marge brute est élevée. Elle sera très faible dans le cas d'un pur négociant, très élevée dans le cas d'un constructeur automobile, mais aussi d'un restaurateur. Il est important de noter que les achats de matières premières et de marchandises sont des coûts que l'on qualifiera de variables en comptabilité analytique[1].

La valeur ajoutée, en revanche, tient compte des charges externes, et donc de charges principalement fixes, ou charges de structure, telles que les loyers (réseaux de magasins...). Il s'agit de charges de type plutôt indirect.

On peut donc avoir théoriquement un taux de marge brute élevé mais un taux de valeur ajoutée faible si l'on a une mauvaise maîtrise de ses charges fixes. Prenons l'exemple d'un magasin : s'il ne reçoit pas assez de clients, il vend bien chaque vêtement, mais ne vend pas assez de vêtements pour payer son loyer... À ce stade, on n'intègre toujours pas le coût du personnel.

Tableau simplifié des soldes intermédiaires de gestion

Chiffre d'affaires
– Achats
= Marge brute
– Consommations
= Valeur ajoutée
– Salaires, impots et taxes
= EBE
– Amortissements
= Résultat d'exploitation
– Résultat financier
= RCAI
– Exceptionnel
= Résultat avant IS
– IS
= Résultat net

Lien entre chiffre d'affaires et marge brute

Détermination de la marge brute	Détermination de la valeur ajoutée
CA + ou – variation stocks produits finis et en-cours	Marge brute
– Achats + ou – variations de stocks de marchandises et matières premières	– Charges externes
= Marge brute (MB)	= Valeur ajoutée (VA)

1. Charges variables, c'est-à-dire évoluant en proportion des ventes.

Deux modes de calcul de l'excédent brut d'exploitation

Détermination de l'excédent brut d'exploitation	
Valeur ajoutée (VA)	Résultat d'exploitation (RE ou Rex)
– Masse salariale (salaires + charges sociales)	+ Dotation aux amortissements
– Impôts et taxes (toutes les taxes)	+ Dotation aux provisions d'exploitation
= Excédent brut d'exploitation (EBE)	– Reprise sur provisions
	= Excédent brut d'exploitation (EBE)

Les deux méthodes de détermination de l'EBE sont équivalentes. Celle de droite est plus pratiquée car l'information est disponible quel que soit le format de présentation des comptes (aspect non encore couvert, il va falloir patienter encore un peu...). En effet, la notion de résultat d'exploitation (sous ce vocabulaire ou sous un autre) est obligatoirement renseignée, ce qui n'est pas le cas de la valeur ajoutée.

Un solde un peu particulier : l'« EBITDAR »

Il existe un solde un peu particulier, l'EBITDAR (*earning before interest, taxes, depreciation, amortization and rent)*, dont l'usage a été vulgarisé par le groupe Accor.

Cet agrégat considère l'excédent brut d'exploitation avant prise en compte des loyers (comptabilisés en charges externes), de manière à gommer les distorsions apparentes de rentabilité induites par les stratégies immobilières différentes de groupes concurrents.

Certes, en IFRS, le crédit-bail est retraité, mais les simples loyers ne le sont pas. Quand on compare les performances de deux opérateurs d'un même secteur, ayant une problématique immobilière importante, on peut très vite dire si l'on travaille uniquement sur l'excédent brut d'exploitation que l'opérateur propriétaire est le plus performant : évidemment, les charges induites par sa stratégie immobilière sont prises en compte sous l'EBE. Travailler à partir de l'EBITDAR revient à gommer cette distorsion.

Type de stratégie	Propriétaire	Locataire
Chiffre d'affaires		
– Achats		
– Charges externes dont loyer		X
– Masse salariale		
= EBE		
– Dotation aux amortissements	X	
= RE		
– Frais financiers	X	
= RCAI[1]		

Les secteurs concernés par ce raisonnement sont, en premier lieu, l'hôtellerie, mais aussi les maisons de retraite, les chaînes de restauration et de distribution, les sociétés de transport (on peut très bien louer sa flotte).

Usage des SIG par les professionnels

Les professionnels utilisent les soldes intermédiaires de gestion pour conduire tout travail de découverte d'une entreprise :

- une analyse historique sur les trois/cinq derniers exercices pour mettre en évidence les tendances de fond (ou l'évolution erratique...) sur la seule base des données comptables, et permettre d'établir un business plan et des simulations fiables et pertinentes ;
- une analyse de *benchmark* pour situer l'entreprise dans son environnement et mesurer le renforcement ou la dégradation des performances relatives.

Pour aller plus loin

Différence entre chiffre d'affaires et production

Le chiffre d'affaires, c'est ce que l'on a vendu ; la production, c'est ce que l'on a fabriqué. On peut avoir produit plus que ce que l'on a vendu (et dans ce cas les stocks ont augmenté) ou moins que ce que l'on a vendu (et les stocks ont alors diminué).

Systématiquement, le travail d'analyse sera conduit en valeur relative, en exprimant la valeur ajoutée par exemple par rapport au chiffre d'affaires : on parlera alors de l'évolution du taux de valeur ajoutée sur une période.

Précisons que les soldes intermédiaires de gestion sont exprimés par référence au chiffre d'affaires quand il s'agit d'une activité de négoce, à la valeur

1. RCAI : résultat courant avant impôt.

de production[1] (ou production de l'exercice) quand il s'agit d'un producteur. Dans les cas mixtes, on peut retenir indifféremment l'un ou l'autre, en étant vigilant sur les commentaires…

Un exemple de liasse fiscale est fourni à la fin de l'ouvrage. Nous y ferons référence très régulièrement pour illustrer notre propos.

Cas pratique : IndusPME

La société IndusPME est une entreprise à capitaux familiaux, générant un chiffre d'affaires annuel de moins de 10 M€, de faible rentabilité. Elle fabrique des produits périssables.

Allez pages 338-339 et prenez connaissance du compte de résultat de l'entreprise IndusPME (feuilles 3 et 4 de la liasse Cerfa).

Établissez les SIG.

Présentez une analyse de la rentabilité.

Restitution du cas pratique

Détermination des SIG

Exemple IndusPME – Analyse par les SIG

Analyse de la rentabilité en k€	N	SIG en %	N-1	SIG en %
CA (FD)	6 493		6 332	
+ Variations de stocks de produits finis (FM)	148		166	
= Production de l'exercice	6 641	100 %	6 499	100 %
– Achats de matières premières (FU)	2 918		2 888	
– Variations de stocks de matières premières (FV)	66		– 2	
= Marge brute	3 657	55,1 %	3 612	55,6 %
– Charges externes (FW)	1 702		1 523	
= Valeur ajoutée	1 955	29,4 %	2 089	32,1 %
– Taxes (FX)	87		168	
– Masse salariale (FY + FZ)	1 585		1 626	
= Excédent brut d'exploitation (EBE)	283	4,3 %	295	4,5 %
– Dotations aux amortissements (GA)	164		146	
– Dotations aux provisions clients et stocks (GC)	12		62	
+ Reprises de provisions clients et stocks (FP)	0		64	
+ Produits – charges divers (FQ + GE)	7		– 16	
= Résultat d'exploitation (GG)	114	1,7 %	135	2,1 %
+ Résultat financier (GV)	– 5		– 19	

1. Ces notions sont abordées en page suivante…

Analyse de la rentabilité en k€	N	SIG en %	N-1	SIG en %
= Résultat courant avant IS (GW)	108	1,6 %	116	1,8 %
+ Résultat exceptionnel (HI)	– 79		3	
– IS (HK)	5		5	
= Résultat net (HN)	25	0,4%	114	1,8 %

Cas pratique

Les zones grisées marquent les retraitements des comptes apportés par rapport à la présentation de la liasse fiscale.

Analyse de la rentabilité

Augmentation en valeur absolue de la production de l'exercice.

Légère dégradation du taux de marge brute (55,6 % > 55,1 %).

Dégradation marquée du taux de valeur ajoutée de 2,7 points de production (32,1 % > 29,4 %) du fait d'une mauvaise maîtrise des charges externes.

Quasi-stabilité du taux d'EBE entre N – 1 et N grâce à une réduction des frais de personnel.

Apparition de charges exceptionnelles en N.

La prise en compte des variations de stocks dans l'analyse

La compréhension des variations de stocks est une étape importante de l'analyse de la performance financière.

Elle nécessite de connaître deux notions : les achats consommés et la production de l'exercice.

Quel est l'intérêt de ces notions ?

Avant de rentrer dans une mécanique, qui peut paraître complexe, il est utile de « cadrer le débat ».

Le compte de résultat doit mesurer la performance de l'année. Ce que nous avons acheté et non vendu ne concerne pas la performance de l'année (voir PommeDistrib). En pratique, dès qu'un achat est fait, il est automatiquement comptabilisé en charges dans le compte de résultat. Les achats comprennent donc tout ce qui a été acheté et non uniquement ce qui a été utilisé. Il est en effet impossible de savoir à l'avance ce qui sera consommé sur l'exercice. Si l'on a acheté plus que ce que l'on a consommé, il faut en tenir compte. C'est l'objet des variations de stocks : à la fin de l'année, on « fait l'inventaire» et on regarde si les stocks ont augmenté ou diminué.

En résumé

Achats consommés : achats + variations de stocks de matières premières et de marchandises.

On aura :

- achats consommés de marchandises = achats de marchandises + Δ stocks[1] marchandises ;
- achats consommés de matières premières (MP) = achats de matières premières + Δ stocks MP[2].

Cas pratique : IndusPME

Analyse des stocks de matières premières

Achats consommés de matières premières (MP) = achats de matières premières + Δ stocks MP[3] : 2 918 + 66.

Variation de stocks de matières premières de 66 dans le compte de résultat. On vérifie dans le bilan : le stock est passé de 256 à 189. On a réduit le stock de matières premières ; on a donc acheté 2 918, mais comme cela ne suffisait pas, on a utilisé de la matière en stock : les achats consommés sont les achats achetés dans l'année (2 918) + le prélèvement sur les stocks (on aurait dû acheter plus s'il n'y avait pas eu de stocks...).

Si l'on avait eu une variation de stocks de matières premières positive, cela aurait signifié que l'on avait trop acheté sur l'année et que l'excès avait été mis en stocks : on aurait eu alors achats consommés inférieurs à achats de l'exercice...

Quand on voudra analyser la dérive historique du coût des achats, on partira sur un ratio du type achats consommés/CA, et non achats/CA (activité de négoce exclusivement – achats consommés sur production de l'exercice pour des activités de production), ce qui évitera de dire que le coût d'achat a augmenté dans la situation où l'augmentation des achats s'est traduite par un stockage en fin d'année.

1. La variation de stocks peut être positive ou négative.
2. La variation de stocks peut être positive ou négative.
3. La variation de stocks peut être positive ou négative.

En résumé

Production de l'exercice = production vendue + production stockée (ou déstockée).

La « production stockée » (ligne FM de la liasse fiscale) correspond à la variation des stocks de produits finis.

La production de l'exercice est une notion indispensable dès que l'on veut étudier un industriel. Plus son cycle de fabrication sera long, plus il sera indispensable de raisonner, non plus à partir du chiffre d'affaires, mais à partir de la production de l'exercice.

Il est important de comprendre que dans la production de l'exercice, la partie « production vendue » correspond au CA réalisé sur les produits que l'on a fabriqués (ils sont vendus, on a donc extériorisé la marge). La partie « production stockée » correspond aux produits qui ont été fabriqués mais non vendus. Ils vont venir grossir les stocks de produits finis, comptabilisés en prix de revient.

Pour aller plus loin

Achat de matières et consommation de matières, quelle différence ?

Les consommations, c'est ce que l'on utilise dans le cycle de production, cette notion est donc fondamentale pour comprendre la rentabilité.

Les achats nous renseignent sur les sorties de cash générées par le cycle de production mais on peut utiliser des matières en stock (donc on consomme moins de cash que ce que l'on utilise de matière)…

Cas pratique : IndusPME

Analyse des stocks de produits finis

La société a produit en 2010 pour 6,499 M€, mais comme elle n'a vendu que pour 6,332 M€, elle a dû stocker des produits finis (produits mais non vendus) pour 0,166 M€.

En 2011, même phénomène : IndusPME a produit pour 6,657 M€ et vendu pour 6,493 M€. Elle a ainsi stocké pour 0,148 M€ de produits finis.

IndusPME est en situation de trop produire par rapport à ses capacités commerciales.

En deux ans, elle a augmenté ses stocks de produits finis de 0,166 + 0,148 M€.

On doit retrouver cet accroissement des stocks de produits finis en regardant le montant des stocks au bilan (stocks PF de 379 en 2011 et de 232 en 2010).

En résumé

Le chiffre d'affaires permet de commenter l'activité commerciale (ventes de marchandises[1] + production vendue).

La production de l'exercice permet de qualifier le niveau d'activité dans les usines (et de comprendre l'évolution de la masse salariale...).

LA NOTION DE CHARGES CALCULÉES/NON DÉCAISSÉES

Nous avons vu que l'objectif du compte de résultat est de retracer la profitabilité de l'entreprise. Dans l'exemple de PommeDistrib, un certain nombre d'éléments sont considérés dans le compte de résultat indépendamment de la sortie de cash qu'ils génèrent (pour PommeDistrib, c'était l'étal). Nous allons ici passer en revue les principaux éléments non cash du compte de résultat[1].

Définition

Pendant toute l'année, et quotidiennement, les comptables comptabilisent les factures émises et les factures reçues par l'entreprise, qui vont se traduire à l'horizon de quelques jours à quelques mois par respectivement des encaissements et des décaissements.

En fin d'année, en revanche, l'entreprise devra constater comptablement deux phénomènes :

- le vieillissement de son outil de production/distribution détenu en propre (bâtiments, machines, matériels de transport...), qui est appréhendé par les dotations aux amortissements ;
- les risques de perte de valeur « non prévue » de certains actifs, et au premier chef les stocks et les clients. Ceux-ci sont couverts par les dotations aux provisions.

1. Ventes de marchandises : chiffre d'affaires de négoce.

Pour aller plus loin

Mémoriser les basiques

EBE (Excédent brut d'exploitation)
– dotations aux amortissements
– dotations aux provisions d'exploitation
+ reprises sur provisions d'exploitation
= RE (résultat d'exploitation).

En résumé

Les écritures de fin d'année, les dotations aux amortissements/provisions, sont des charges calculées ou encore charges non décaissées. Elles créent un premier biais entre génération de marges et génération de cash : le résultat d'exploitation mesure certes un niveau de rentabilité non pollué par tout ce que l'on a évoqué plus haut, c'est un agrégat pur en exploitation, mais il n'est plus un agrégat « cash ».

Les dotations aux amortissements

Imaginons un investissement bâtiment (en éludant par simplification la déductibilité des dotations aux amortissements[1]) dont les caractéristiques sont :

Prix d'achat machine (€)	1 000
Durée d'utilisation (ans)	10
Date d'acquisition (N)	30 juin

Le bilan de départ est fourni ci-dessous :

Bilan de départ					
Actif	**Valeur brute**	**Amortissements**	**Valeur nette comptable (VNC)**	**Passif**	
				Capitaux propres	+ 1 000
Cash			+ 1 000		
Total actif			+ 1 000	Total passif	+ 1 000

1. Déductibilité des dotations aux amortissements signifie que la dotation est une charge comptable ET fiscale qui va réduire l'assiette fiscale et donc l'impôt sur les sociétés.

Le jour de l'acquisition, le dirigeant fait un chèque de 1 000 € ; le comptable va passer des écritures, qui vont avoir un effet nul sur le compte de résultat, mais qui vont traduire *via* le bilan le fait que l'entreprise est devenue propriétaire d'un actif :

Au jour de l'acquisition					
Actif	**Valeur brute**	**Amortissements**	**Valeur nette comptable (VNC)**	**Passif**	
Bâtiment	+ 1 000	–	+ 1 000	Capitaux propres	0
Cash			– 1 000		
Variation de l'actif			0	Variation du passif	0

Le bilan postacquisition est donc le suivant :

Bilan post acquisition					
Actif	**Valeur brute**	**Amortissements**	**Valeur nette comptable (VNC)**	**Passif**	
Bâtiment	+ 1 000	–	+ 1 000	Capitaux propres	1 000
Cash			+ 0		
Total actif			**+ 1 000**	**Total passif**	**1 000**

À la fin du premier exercice, le bâtiment ayant été payé, il n'y a plus de sortie de cash ; en revanche, le comptable va constater le vieillissement de la machine :

Impact sur le compte de résultat à la clôture du 1er exercice	
CA	–
EBE	–
– Dotations aux amortissements	50[1]
= RE	**– 50**
– IS	–
= RN	**– 50**

1. La première année, on comptabilise la dotation *prorata temporis* : acquisition en juin et clôture des comptes fin décembre… On prend donc 50 % de la dotation en année pleine.

Pour aller plus loin

Valeur nette comptable (VNC) et valeur de marché, quelle différence ?

La valeur nette comptable est la valeur résiduelle théorique constatée en fonction de la durée de vie estimée. Cette durée de vie est encadrée par des règles fiscales. Ainsi, un véhicule s'amortit sur cinq ans. Naturellement, au bout de cinq ans, il vaut, à l'argus, plus que zéro. De même au bout d'un an, sa VNC est de 80 % et sa cote argus est en générale inférieure à 80 % du prix d'achat.

La prise en compte du vieillissement va se traduire dans le compte de résultat par une dotation aux amortissements de 50 (une demi-année soit 50 % de 1 000/10 si l'on retient un amortissement linéaire, *prorata temporis*). Cette dotation minore le résultat net : elle traduit le fait que la machine a été utilisée, et que la perte de valeur est un élément constitutif du prix de revient et des charges de l'exercice.

Impact sur le bilan à la clôture du 1er exercice					
Actif	**Valeur Brute**	**Amortissements**	**Valeur nette comptable (VNC)**	**Passif**	
Bâtiment	+ 1 000	50	+ 950	Capitaux propres	– 50
Cash	– 1 000		– 1 000		
Total actif	**0**		**– 50**	**Total passif**	**– 50**

Au bout d'un an, l'impact de l'acquisition se traduit par une perte de valeur de l'actif, du montant cumulé du vieillissement, c'est-à-dire des dotations aux amortissements. On parlera alors de VNC (valeur nette comptable) d'un actif, c'est-à-dire de sa valeur d'origine minorée des amortissements (ou des dotations cumulées, ce qui est équivalent…).

Au bout de deux ans, le compte de résultat traduit toujours la même chose : le vieillissement constaté étant linéaire, l'impact sur le compte de résultat est constant, égal au montant de la dotation aux amortissements, 100 dans notre exemple (en année pleine).

Impact sur le compte de résultat à la clôture du 2e exercice	
CA	–
EBE	–
– Dotations aux amortissements	100
RE	– 100
– IS	–
= RN	**– 100**

Au niveau du bilan, la valeur nette comptable de l'actif se réduit au rythme de l'utilisation de l'actif (cumul des dotations du compte de résultat, ou amortissements du bilan).

Impact sur le bilan à la clôture du 2e exercice					
Actif	**Valeur brute**	**Amortissements**	**Valeur nette comptable (VNC)**	**Passif**	
Bâtiment	+ 1 000	150	+ 850	Capitaux propres	– 150[1]
Cash	– 1 000		– 1 000		
Total actif	**0**		**– 150**	**Total passif**	**– 150**

En résumé

Acquérir un actif de 1 000 se traduit en cash par un décaissement du montant du prix de l'actif, 1 000, le jour de l'acquisition puis plus rien.

L'utilisation et le vieillissement de l'actif vont être considérés dans le compte de résultat *via* les dotations aux amortissements, d'un montant annuel identique pendant la durée de vie de la machine (100). La somme des dotations aux amortissements de la machine sur sa durée de vie (50 + (9 100) + 50 dans notre exemple) est égale au prix d'achat.

Le vieillissement de l'actif va être considéré dans le bilan par le fait que la valeur nette comptable baisse de manière mécanique jusqu'à devenir nulle (à la fin de la durée de vie de l'actif). Dans notre exemple : 1 000 – 950 – 850 – 750 … 150 – 50 – 0.

Les dotations aux provisions

Qu'est-ce qu'une provision ?

Une provision est un « morceau de résultat » que l'on met de côté soit pour faire face à une charge future (EDF provisionne ainsi le coût des futurs démantèlements de ses centrales et Alstom provisionne le coût de ses engagements de SAV[2]), soit pour constater la perte de valeur d'un actif (une facture impayée, une machine devenue inutilisable…).

1. Le résultat net de l'exercice est une composante des capitaux propres. S'il est négatif, il vient réduire les capitaux propres.
2. SAV : service après vente.

À savoir

On ne peut provisionner de manière aléatoire : on ne va provisionner un litige prud'homal que si le salarié a réellement attaqué l'entreprise, un coût de fermeture de site que si celui-ci a été autorisé en conseil d'administration.

Dans certains métiers, et si le dirigeant donne suffisamment d'arguments à son commissaire aux comptes (informations historiques chiffrées détaillées), il sera possible de provisionner un pourcentage du CA (risques SAV par exemple).

Il existe plusieurs types de dotations/reprises aux provisions :

- pour dépréciation des stocks et des clients (comptabilisée en exploitation) :
  - le client (actif apparaissant au bilan) ne paiera jamais,
  - le stock (actif apparaissant au bilan) est invendable car démodé ou abîmé/détruit ;
- pour dépréciation des titres de participation (comptabilisée en résultat financier) :
  - la participation a rencontré des difficultés. En cas de revente, les titres seraient cédés à une valeur inférieure au prix d'achat initial ;
- pour risques et charges (comptabilisée soit en exploitation, soit en exceptionnel, dépendant du contexte) :
  - la société doit faire face à un risque futur (litige avec un salarié, redressement fiscal…). Pour respecter le caractère prudent des comptes, l'entreprise va passer une dotation aux provisions pour couvrir ce risque.

Comment repérer les dotations dans un compte de résultat ?

Où retrouver les dotations dans un compte de résultat ?

Compte de résultat normes françaises (12 mois - monnaie)
CA
+ Variation de stocks de produits finis et d'en-cours
= Production de l'exercice
– Achats et variation de stocks (marchandises et matières premières)
– Charges externes
= Valeur ajoutée (VA)

Compte de résultat normes françaises (12 mois - monnaie)
– Masse salariale (salaires + charges sociales)
– Impôts et taxes (toutes les taxes)
– *Dotations aux amortissements*
– *Dotations aux provisions d'exploitation (stocks et clients)*
+ *Reprises sur provisions et transfert de charges*
= Résultat d'exploitation (RE ou Rex)
+ ou – Résultat financier
dont dotations pour dépréciation des titres de participation
= Résultat courant avant impôt (RCAI)
+ ou – Éléments exceptionnels
dont dotations pour risques et charges
– Impôt sur les sociétés (IS)
= Résultat net (RN)

À savoir

La présentation ci-dessus, celle utilisée par tous les praticiens, suit la présentation de la liasse fiscale, à l'exception notable des reprises sur provisions et transferts de charges. Alors que dans une liasse fiscale, ce poste apparaît très en amont, sous le chiffre d'affaires, les analystes le rattachent aux dotations aux provisions, de manière à pouvoir raisonner dotations nettes des reprises.

Liens entre provisions et cash

Par nature, une provision correspond à trois natures différentes d'événements :

- risque qu'une entrée de cash attendue ne se matérialise jamais (un client fait faillite, une palette de produit est écrasée) ;
- risque qu'il y ait une sortie de cash non prévue (procès perdu par l'entreprise, frais importants induits par un déménagement décidé) ;
- charges à supporter de manière certaine mais… plus tard (remise en état d'une carrière…).

En général, la sortie de cash est « relativement certaine ». On aura ainsi tendance à considérer que pour un client qui ne paie pas, l'effet cash est pris dès le passage de la provision (le cash n'est pas entré) et que dans le cas du démantèlement d'une centrale, c'est bien une provision « sans impact cash ». Il conviendra alors de faire le lien avec le bilan et le tableau de financement (voir chapitre 2).

Un exemple de window dressing *: les charges à répartir*

Nombre d'entreprises sont tentées « d'améliorer la présentation de leurs résultats » pour paraître plus rentables ou plus solvables. Cette pratique est dénommée *window dressing* (ou « habillage du bilan »).

Compte de résultat sans transfert de charge

Liasse fiscale résumée	Année N
CA	100,0
+ Transferts de charge	0,0
+ Produits d'exploitation	0,0
– Charges d'exploitation (*)	60,0
– Dotations aux amortissements et provisions	20,0
= Résultat d'exploitation (RE ou REX)	**20,0**
– Résultat financier	6,0
= RCAI	**14,0**
– Résultat exceptionnel	0,0
– IS	4,2
= Résultat net (RN)	**9,8**
* dont salaires de R&D au-delà de la norme sectorielle	5

Contexte

Une entreprise d'ingénierie, qui dégageait historiquement des taux de marge nette (RN/CA) de l'ordre de 15 %, s'apprête à arrêter ses comptes (voir tableau ci-dessus). Le dirigeant souhaite utiliser les charges à répartir pour améliorer sa rentabilité. En termes de R&D, la norme du secteur est à 5 % du CA. Or, dans notre exemple, l'entreprise a investi 10 % de son CA en R&D en année N.

Que sont les charges à répartir ?

Ce sont des charges de type salaires de R&D, dépenses de publicité, charges commerciales de développement (coût des réponses aux appels d'offres).

Dans certains contextes, et notamment dégradation de la rentabilité historique, voire rentabilité négative, les dirigeants vont avoir tendance à considérer les charges induites par le développement comme un investissement. Pour cela, il faudra matérialiser :

- le côté exceptionnel en montant et en occurrence de la charge (R&D de 10 % du CA en année N quand le secteur se situe en moyenne à 5 % des ventes…) ;
- la probabilité élevée que cet investissement se traduise à court terme par un rebond du chiffre d'affaires.

Quelles sont les options comptables possibles ?

Deux options sont envisageables, qui conduisent dans les deux cas à améliorer le résultat d'exploitation qui passe de 20 M€ à 25 M€ :

- transfert des charges d'exploitation en charges exceptionnelles (option n° 1) ;
- transfert de charges d'exploitation à l'actif du bilan (option n° 2).

Présentation des comptes liasse fiscale

Liasse fiscale résumée	Année N	Option n° 1	Option n° 2
CA	100,0	100,0	100,0
+ Transferts de charge	0,0	5,0	5,0
+ Produits d'exploitation	0,0	0,0	0,0
– Charges d'exploitation (*)	60,0	60,0	60,0
– Dotations aux amortissements et provisions	20,0	20,0	20,0
= Résultat d'exploitation (RE ou Rex)	**20,0**	**25,0**	**25,0**
– Résultat financier	6,0	6,0	6,0
= RCAI	**14,0**	**19,0**	**19,0**
– Résultat exceptionnel	0,0	5,0	0,0
– IS	4,2	4,2	5,7
= Résultat net (RN)	**9,8**	**9,8**	**13,3**

* dont salaires de R&D au-delà de la norme sectorielle 5

Actif après option 2	VNC
Actifs immobilisés	x
Stocks	y
Clients	z
Cash disponible	t
Charges à répartir	**5**
Total actif	**x + y + z + t + 5**

Dans les deux cas, transférer une charge revient comptablement à constater en amont du résultat d'exploitation un produit (transfert de charge de 5 M€ comptabilisé dans le poste reprise sur provisions, amortissements et transferts de charges – ligne FP de la liasse) qui vient annuler la charge assimilée à un investissement (surcroît de 5 M€ de salaires de R&D) : on améliore ainsi le résultat d'exploitation. Pour autant, la charge que l'on transfère a bel et bien été décaissée (dans notre cas il s'agit de salaires). Autant on peut annuler une charge, autant on ne peut faire disparaître un décaissement. Opérer un transfert de charge est un autre cas où rentabilité et cash ne raccordent pas ! C'est la raison pour laquelle ce transfert de charge est regroupé avec les reprises de provisions. Et il devra être traité de la même façon, comme une écriture non cash.

Présentation par un analyste financier	Année N	Option n° 1	Option n° 2
CA	100,0	100,0	100,0
+ Transferts de charge	0,0	0,0	0,0
+ Produits d'exploitation	0,0	0,0	0,0
– Charges d'exploitation (*)	60,0	60,0	60,0
= Excédent brut d'exploitation	**40,0**	**40,0**	**40,0**
+ Reprises de provisions et transfert de charges	0,0	5,0	5,0
– Dotations aux amortissements et provisions	20,0	20,0	20,0
= Résultat d'exploitation	**20,0**	**25,0**	**25,0**
– Résultat financier	6,0	6,0	6,0
= RCAI	4,0	19,0	19,0
– Résultat exceptionnel	0,0	5,0	0,0
– IS	4,2	4,2	5,7
= Résultat net (RN)	**9,8**	**9,8**	**13,3**

Actif après option 2	VNC
Actifs immobilisés	x
Stocks	y
Clients	z
Cash disponible	t
Charges à répartir	5
Total actif	**x + y + z + t + 5**

L'option n° 1 est sans impact sur le résultat net de l'exercice. Elle revient simplement à qualifier de charges exceptionnelles des charges qui sont par leur nature comptable des charges d'exploitation (salaires dans notre exemple).

L'option n° 2 est beaucoup plus délicate et sournoise, car elle se traduit par une amélioration artificielle du résultat net. La charge de 5 M€ qui disparaît se retrouve comptablement au bilan en charges à répartir (tout en bas du bilan actif). En réalité, d'un point de vue plus économique, ces charges activées (charges transférées ou charges à répartir) devraient apparaître en actifs incorporels (la R&D se traduira par des dépôts de brevets, la publicité par une augmentation de la valeur de la marque...).

Dans les deux options, l'EBE reste à 40 M€. Précisons également que les charges à répartir du bilan s'amortissent sur une durée généralement de trois ans. En réalité, les charges à répartir permettent de lisser sur trois ans la charge constatée au cours d'un seul exercice. Bien évidemment, le décaissement correspondant ne peut, lui, être étalé.

En résumé

Il y a des options comptables qui peuvent « améliorer le résultat » ou « le dégrader ». Ces options concernent surtout les produits et les charges non cash. L'amélioration du résultat par des options comptables ne change rien à la génération de cash de l'entreprise. Il convient de repérer avec autant d'exactitude que possible les mouvements non cash pour mesurer la réelle capacité de l'entreprise à générer du cash et pas uniquement du profit.

DE L'IMPORTANCE DE L'EBE

Utilité de l'EBE

L'excédent brut d'exploitation (EBE) est devenu un agrégat central en finance, gestion et management. Il est le point de départ de très nombreux raisonnements :

- évaluation d'entreprise (voir chapitre 2) ;
- notion de FCF (voir chapitre 2) ;
- montages de type LBO (voir chapitre 8) ;
- concept de création de valeur.

L'intérêt de cet agrégat vient de ce qu'il représente véritablement la performance d'exploitation (voir plus haut), récurrente, et en cash. Son inconvénient est que sa définition n'est pas normalisée et que beaucoup d'entreprises peuvent calculer des EBE suivant des méthodes différentes.

EBE comme agrégat récurrent

L'excédent brut d'exploitation mesure une rentabilité récurrente dans la mesure où les éléments exceptionnels sont comptabilisés en normes françaises au sein du résultat exceptionnel[1]. Seuls les charges et produits récurrents sont pris en compte pour déterminer l'EBE.

Certaines charges sont comptablement systématiquement comptabilisées en éléments exceptionnels : les cessions d'actifs (valeur nette comptable des éléments d'actifs cédés en charges exceptionnelles sur opérations de capital et prix de cession des éléments d'actifs cédés en produits exceptionnels sur opérations de capital).

D'autres charges font comptablement l'objet de discussions, comme certaines charges à caractère d'exploitation qui peuvent être comptabilisées en charges exceptionnelles :

- une indemnité de licenciement s'apparente à de la masse salariale (elle apparaît dans le solde de tout compte versé aux salariés). À ce titre, elle peut être comptabilisée en salaires et vient réduire l'EBE ;
- mais autant un salaire est versé très régulièrement en application du contrat de travail, autant une indemnité présente un caractère exceptionnel tant sur le plan du montant que de l'occurrence. Avec cette interprétation, on peut également comptabiliser les indemnités de licenciement en charges exceptionnelles.

En matière d'analyse financière, maintenant, on peut tout à fait avoir une vision différente de celle de la comptabilité, qui nous amènera à retraiter les comptes.

- Exemple n° 1 des frais de licenciement (voir ci-dessus) :
  - si la société verse des indemnités de licenciement tous les ans et pour des montants importants, on aura tendance à considérer, en analyse financière et ce, quelle que soit la façon dont la comptabilité l'a traitée, cette charge comme récurrente et donc elle sera assimilée à de la masse salariale ;
  - en cas contraire, on considérera la charge comme exceptionnelle.
- Exemple n° 2 : charges à caractère comptablement exceptionnel mais assimilé à une charge d'exploitation : les pertes et gains sur cession de matériel dans le secteur des transports sont comptabilisés systématiquement en résultats exceptionnels (le fait de céder des camions, par exemple, totalement amortis, génère des profits exceptionnels). En comptabilité, ce sont des cessions d'actifs traitées en produits exceptionnels ; en analyse

1. On verra plus tard que les normes IFRS ont considérablement réduit les événements pouvant être considérés comme exceptionnels et que l'EBE est de fait selon ces normes « beaucoup moins récurrent ».

financière, on considère qu'elles doivent contribuer à la formation de l'EBE.

L'excédent brut d'exploitation comme mesure d'une rentabilité « cash »

Pour aller plus loin

EBE **versus** *RE (REX) : quel usage ?*

L'EBE renseigne sur la capacité de l'entreprise à générer une rentabilité (et du cash) de par son activité de l'année. Le RE renseigne lui sur la capacité de l'entreprise à maintenir en état son outil de production.

L'ensemble des produits et des charges qui permettent de calculer l'EBE se traduisent par des entrées/sorties de trésorerie. À l'inverse, le résultat d'exploitation, mais également le RCAI et le RN étant établis après prise en compte des dotations aux amortissements et provisions, fournissent certes une indication de rentabilité, mais plus de cash.

En résumé

L'intérêt de l'excédent brut d'exploitation vient de ce qu'il renseigne sur la capacité annuelle et récurrente d'une entreprise à générer un certain niveau de rentabilité qui va se transformer en cash.

RAISONNER *CASH FLOW* À PARTIR DU COMPTE DE RÉSULTAT

Même si bon nombre d'événements ayant un impact sur le cash généré ou dépensé ne sont pas dans le compte de résultat, son analyse permet déjà une bonne mesure de ce qui se passe, notamment sur l'exploitation. Qu'est-ce que l'exploitation ? C'est l'activité courante de l'entreprise (on achète un produit, on le transforme et on le vend). Acquérir une machine, construire une nouvelle usines, ce n'est pas de l'exploitation, c'est une décision d'investissement.

Approche de base

On peut, à partir des seules données du compte de résultat, commencer à raisonner cash (cash généré, *cash flow* ou encore flux).

En réalité, dans toutes les entreprises dans laquelle la culture financière est très faible, c'est la manière la plus simple et immédiate. Il s'agit donc d'une première étape si l'on veut rapidement et à peu de frais penser « cash ».

Les indicateurs de cash généré déterminés à partir du compte de résultat	
Excédent brut d'exploitation – EBE – EBITDA	Raisonnement à partir de l'EBE
EBE « cash »	EBE – dotation sur actifs circulants
Marge brute d'autofinancement – MBA	Raisonnement à partir du RN : on corrige les écritures non cash
Capacité d'autofinancement – CAF	Raisonnement à partir du RN : on corrige les écritures non cash ET les cessions d'actifs

Si l'on veut isoler le seul cash généré par l'exploitation, on va suivre l'EBE (voir plus haut pour le calcul). En réalité, il sera plus exact de mesurer l'EBE déduction faite de l'IS car celui-ci varie en proportion de l'EBE et se traduit par une sortie de cash…

Si l'on veut raisonner cash global généré pendant un an, on va travailler à partir de la marge brute d'autofinancement (MBA) :

Détermination de la MBA
Résultat net
+ Dotation aux amortissements
+ Dotations aux provisions
– Reprises sur provisions

Cet agrégat présente l'inconvénient d'intégrer le résultat sur cessions d'actifs (prix de cession – valeur nette au bilan dudit actif), qui peut représenter des montants significatifs : on ne saura donc pas faire la part des choses entre le cash récurrent et le cash induit par des décisions ponctuelles. Cet agrégat ne peut en aucun cas servir au travail de modélisation et de construction d'un business plan. En revanche, c'est une première étape qui permet de comprendre les mouvements historiques (d'où est venu le cash de l'année ?).

Pour aller plus loin

Quand la MBA ne dit pas tout, la CAF parle

Une chaîne de distribution ne vend pas suffisamment pour couvrir ses charges fixes (son résultat d'exploitation sera donc négatif). Si elle dispose d'un emplacement n° 1, elle pourra le céder et réaliser une plus-value. Le résultat net sera alors positif ainsi que

…/…

la MBA. L'entreprise sera quand même en situation difficile (la vente des bijoux de famille comble les trous mais ne résout pas le problème de rentabilité).

La CAF qui ne prendra pas en compte la cession de l'emplacement n° 1 sera donc plus faible.

	Détermination de la CAF
Impact cash	Résultat net
	+ Dotation aux amortissements
	+ Dotations aux provisions
	– Reprises sur provisions
Impact des cessions d'actifs	– Produits de cession des éléments d'actifs cédés
	+ VNC des éléments d'actif cédés

La capacité d'autofinancement (CAF) est un indicateur plus fin, largement plus utilisé :

- il est calculé sans tenir compte des cessions d'actifs ;
- il permet d'établir le tableau de financement (mais nous verrons ceci dans le chapitre 2).

On peut également trouver la notion d'autofinancement :

En résumé

Autofinancement N = CAF N – dividendes versés aux actionnaires sur la base du résultat net de l'exercice N.

De manière plus générale, on peut entendre la notion d'autofinancement comme la capacité de l'entreprise à financer ses investissements sans avoir recours à des financements extérieurs.

Où trouve-t-on les informations pour calculer la CAF et/ou la MBA ?

- les dotations aux amortissements apparaissent systématiquement en clair dans un compte de résultat, même sommaire, quels que soient son format ou les normes comptables retenues (attention toutefois à la présentation CA – coût des ventes) ;
- les dotations aux provisions peuvent être comptabilisées soit en exploitation (stocks et clients, parfois risques et charges), soit en financier pour les dépréciations de titres, soit en exceptionnels (souvent risques et charges) ;

- les produits de cession des éléments d'actifs cédés se trouvent dans les produits exceptionnels (produits exceptionnels sur opérations en capital) et dans les annexes qui détaillent les plus et moins-values de cession ;
- les valeurs nettes comptables des éléments d'actifs cédés sont comptabilisées dans les charges exceptionnelles sur opérations de capital et dans les annexes qui détaillent les plus et moins-values de cession.

Un lecteur averti réalisera que nous n'évoquons pas les subventions d'investissement. Il est vrai que la définition exhaustive de la CAF retraite le résultat net de la « quote-part de subvention virée au compte de résultat ». Ce retraitement est délicat, il est repris quelques pages plus loin.

Pour aller plus loin dans la perception du cash

Traitement des clients douteux

Quand une entreprise constate un impayé, elle sait qu'elle ne « verra jamais la couleur de l'argent ». Le tableau ci-dessous retrace le compte de résultat et le calcul de la MBA et de la CAF dans trois cas :

- colonne 1 : standard, pas d'impayé ;
- colonne 2 : un impayé provisionné ;
- colonne 3 : un impayé provisionné et retraité.

	Standard	Impayé	Impayé retraité
Chiffre d'affaires	100	100	100
– Achats	30	30	30
– Salaires	25	25	25
– Autres charges	5	5	5
– Loyers	10	10	10
– Dot. provision d'exploitation	0	0	15
= EBE	**30**	**30**	**15**
– Dot. amortissements	10	10	10
– Dot. provisions	0	15	0
= Résultat d'exploitation	**20**	**5**	**5**
– Impôt	6	1,5	1,5
= Résultat net	**14**	**3,5**	**3,5**
MBA/CAF	24	28,5	13,5

L'entreprise qui ne subit pas d'impayé réalise un CA de 100 entièrement encaissé. Son EBE et sont REX sont significatifs : l'entreprise est en très bonne santé.

Si l'un de ses clients (15 de CA réalisé avec ce client) ne la paie pas, on constate, colonne 2, une dotation aux provisions de 15 (présentation comptable). Le résultat d'exploitation est en forte baisse ainsi que le résultat net. En revanche, la MBA/CAF est en hausse paradoxale (la dotation est une charge déductible qui réduit la charge d'IS). La troisième colonne (vision du manager ou du trésorier) retraite la dotation aux provisions sur clients en une charge d'exploitation (il s'agit de constater que le CA de 15 avec le client ne sera pas payé). L'EBE est ici un « EBE cash ». Le cash généré est alors ramené de 24 (pas d'impayé) à 13,5 (un impayé), ce qui est beaucoup plus conforme à la réalité.

Quelles dotations aux provisions doit-on retraiter pour obtenir une CAF pertinente ?

Quand on n'est pas familier avec la finance, on commence par déterminer la CAF en retraitant le RN de l'ensemble des dotations et des reprises sur provisions. On obtient ainsi une première approche très grossière. En réalité, pour bien comprendre, il faut revenir au paragraphe « Qu'est-ce qu'une provision ? ».

Dans le calcul de la CAF, on doit en réalité retraiter le RN de toutes les dotations qui ne donneront pas lieu à sortie de cash à court terme. Ainsi, en matière de provisions pour risques et charges, il ne faut retenir que celles qui ont un caractère de réserves[1] (il n'y aura pas de sortie de cash à court et moyen terme).

Quote-part des subventions d'investissement virée au compte de résultat

Pour être exhaustif sur la notion de CAF, on retraite également le RN de la « quote-part des subventions d'investissement versées au compte de résultat ». Nous ne l'avons pas précisé dans notre définition, pour ne pas compliquer la présentation. Pour ceux qui ont à traiter des subventions, attention à ne pas confondre avec les subventions d'exploitation, qui sont traitées en compte de résultat comme de simples produits. Une subvention

1. Les provisions à caractère de réserves sont celles qui ne donneront pas lieu à sortie de cash. Elles sont décidées soit pour lisser le résultat net, soit pour défiscaliser les profits, soit par prudence (une dotation aux provisions pour risques de 1 000 abaisse le RN de 660 – IS de 34 % – et donc la capacité à verser des dividendes d'autant…).

d'investissement doit être comprise et appréhendée comme l'effet symétrique d'un investissement :

- quand on décaisse l'investissement machine, on encaisse la subvention (partie de l'investissement) ;
- quand on constate une dotation aux amortissements sur la machine (charge de l'exercice en compte de résultat), on constate la quote-part de subvention virée au compte de résultat, qui est un produit. Ni l'un ni l'autre n'ont d'impact en trésorerie ;
- l'investissement machine est enregistré au bilan dans les actifs, la subvention d'investissement apparaît au passif, les deux s'amenuisent pour aboutir à zéro en fin de vie de la machine.

En résumé

CAF = RN + dotations – reprises – prix de cession des éléments d'actif cédés + VNC des actifs cédés – quote-part des subventions d'investissement virées au compte de résultat.

Conclusion : les éléments non cash comme les dotations aux provisions ne sont pas à retraiter s'ils constituent des non-rentrées de cash certaines (de même, par prudence, s'il s'agit de sorties de cash à très court terme).

Lien entre EBE, RN, CAF et cash

Pour comprendre encore mieux ce qui se passe, nous proposons de raisonner sur plusieurs cas en parallèle, en mettant en évidence l'impact des dotations aux amortissements, puis des dotations aux provisions.

Nous avons présenté dans le tableau ci-dessous trois situations différentes à partir d'un même excédent brut d'exploitation de 10 M€ :

- une société de prestations de services n'ayant besoin d'aucun actif pour fonctionner et ne comptabilisant donc pas de dotations aux amortissements ;
- un industriel comptabilisant une dotation annuelle de 8 M€ et dégageant un bénéfice de 1,4 M€ ;
- un autre industriel générant une même rentabilité (EBE de 10 M€) mais utilisant des actifs plus importants et supportant par conséquence des dotations aux amortissements plus élevées.

Impact des dotations aux amortissements

Compte de résultat en M€	Type d'activité		
	Prestations de services	Industrie	
	Cas n° 1	Cas n° 2	Cas n° 3
EBE	10	10	10
– Dotation aux amortissements	0	8	15
= RE = RCAI (ni dette ni cash)	**10**	**2**	**– 5**
– IS	3	0,6	0
= RN	**7**	**1,4**	**– 5**
CAF	7	9,4	10

Dans le premier cas, le cash généré (CAF) correspond au résultat net de l'année (RN de 7 M€), c'est-à-dire à l'excédent brut d'exploitation (EBE) après prise en compte de l'impôt sur les sociétés (IS). En effet, il n'y a pas d'écriture « non cash ».

Dans le deuxième cas, le cash généré (CAF de 9,4 M€) est très éloigné du résultat net (RN de 1,4 M€) et correspond à l'excédent brut d'exploitation fiscalisé (EBE de 10 moins IS de 0,6 M€).

Dans le dernier cas, nous nous retrouvons dans la situation d'une entreprise déficitaire (RN négatif de 5 M€) mais qui génère le cash le plus important (CAF de 10 M€ qui correspond à EBE – IS, soit 10 – 0) tout simplement parce que ses dotations aux amortissements, élevées, viennent réduire le résultat net (les installations industrielles sont probablement sous-utilisées...). Mais n'oublions pas qu'une dotation aux amortissements de 15 M€ signifie que la société doit investir *en moyenne* 15 M€ tous les ans si elle veut maintenir en état son outil de travail. Or, dans notre cas, elle ne génère que 10 M€ de cash annuel. Elle ne peut donc assurer le renouvellement de son parc... mais cet aspect sera revu en détail dans le chapitre sur les tableaux de financements/tableaux de flux.

Précisons que cette entreprise (cas n° 3) est dans un secteur dans lequel il faut investir beaucoup en actifs immobilisés, notamment pour dégager chaque euro de chiffre d'affaires. On parle alors d'intensité capitalistique ou de taux de rotation des actifs (ces deux notions seront vues dans le chapitre qui traite des aspects bilanciels). La sidérurgie est plus capitalistique que la distribution, elle-même plus capitalistique que le conseil en informatique.

En résumé

Retenons que, en première approche (et sans autres informations disponibles) :
– investissements = dotation aux amortissements : maintien en l'état de l'outil de travail ;
– investissements > dotation aux amortissements : augmentation des capacités ;
– investissements < dotation aux amortissements : situation de retard d'investissement.

Impact des provisions (cas simple sans distinction du type de provisions...)

Compte de résultat en M€	Situation de l'exploitation		
	Rentable		Déficitaire
	Cas n° 1	Cas n° 2	Cas n° 3
EBE	10	10	–5
– Dotations aux provisions	5	15	2
+ Reprises sur provisions	2	2	15
= RCAI	**7**	**-3**	**8**
– IS	2,1	0	2,4
= RN	**4,9**	**-3**	**5,6**
CAF	7,9	10	–7,4

Le cas n° 1 décrit la situation habituelle dans laquelle l'entreprise passe des dotations qui sont plus élevées que les reprises. La CAF est supérieure au résultat net (RN) et correspond là encore à l'EBE fiscalisé (absence de frais financiers).

Dans le cas n° 2, la société est déficitaire (pertes de 3 M€), non du fait d'un EBE négatif (ce qui serait très embarrassant car l'EBE est un indicateur de la capacité récurrente à générer du cash...), mais du fait d'un montant élevé de provisions (dotations supérieures aux reprises et supérieures à l'EBE) dont on peut espérer qu'elles ne seront plus là l'an prochain.

Dans le dernier cas, la situation est délicate : pour ne pas faire apparaître de pertes (l'EBE est négatif de 5 M€, le business au quotidien n'est pas rentable), les dirigeants ont décidé, en fin d'année, de faire une reprise de provisions très importante. Cette reprise de 15 M€ permet de faire état d'un résultat courant avant impôt de 8 M€. Après prise en compte de l'impôt, le résultat net est positif. Mais on ne peut tricher avec le cash. La reprise de provision n'a pas d'impact sur la CAF, négative de 7,4 M€. Ce cas, peu vertueux, correspond tout à fait à une opération de *window dressing*[1].

Conclusion : les dotations aux provisions ont un impact majeur sur le résultat net. En fonction de leur nature, elles ont ou non un impact sur le cash généré par l'exploitation.

Les provisions peuvent permettre de « jouer sur les résultats », notamment par le biais de reprises opportunes.

Le cash généré, s'il est correctement calculé, n'est pas affecté par ces jeux d'écriture.

COMPTES SOCIAUX ET COMPTES CONSOLIDÉS

Principes des comptes consolidés

Dès qu'un groupe est constitué de plusieurs entités, il est préférable[2] de produire des comptes consolidés qui vont donner une vue d'ensemble aux actionnaires et aux tiers. Le principe consiste à considérer qu'indépendamment du nombre de filiales, on considère le groupe comme une seule et unique entité économique.

Travailler sur les comptes consolidés n'empêche pas d'analyser les comptes des principales filiales, ne serait-ce que pour voir s'il y a des risques de propagation de difficultés (problématique de bilan principalement) mais également pour situer où se trouvent les meilleures performances et les zones de fragilité.

Les grands principes en consolidation sont les suivants :

- annulation des écritures internes (on ne met pas dans le CA consolidé le CA réalisé par la filiale avec sa maison mère, et on ne tiendra pas compte dans les achats consolidés des achats de la mère à sa filiale…) ;
- les comptes sociaux d'une filiale française peuvent être établis en normes françaises, et la consolidation de cette filiale réalisée en IFRS : c'est pour cette raison que l'on va voir apparaître au bilan consolidé des « impôts différés actifs » et des « impôts différés passifs ». Cela traduira par exemple

1. *Window dressing* : écriture comptable qui permet de présenter un bilan ou un compte de résultat enjolivé par rapport à la réalité économique. On ne peut pas faire de *window dressing* sur un tableau de flux.
2. Et obligatoires à partir de certains seuils d'activité.

le fait que la filiale a payé un impôt sur les sociétés d'un million d'euros, mais que dans les comptes consolidés, elle est réputée devoir un IS de 0,8 M€, d'où un décalage entre la réalité et la vision consolidée ;

- pour que les comptes soient compréhensibles, mieux vaut que toutes les sociétés du périmètre clôturent leurs comptes à la même date ;
- quand une société est acquise en cours d'année, l'impact sur le compte de résultat se fait *prorata temporis* (si elle est acquise le 1er juillet, que son RN estimé est de 10 M€ et qu'il est généré de manière linéaire sur l'année, l'impact en année 1 sur le résultat net consolidé sera de 5 M€).

Les deux formats recommandés par l'ANC[1]

Comme nous l'avions annoncé en début de chapitre, les comptes consolidés en normes françaises peuvent être présentés sous deux formats.

Le compte de résultat par nature

Le premier format (dit « par nature »), présenté ci-dessous, est celui qui correspond le plus à la présentation d'une liasse fiscale.

Modèle de compte de résultat (classement des charges et produits par nature)

	Exercice N	Exercice N – 1
Chiffre d'affaires		
– Autres produits d'exploitation		
– Achats consommés		
– Charges de personnel (1)		
– Autres charges d'exploitation		
– Impôts et taxes		
– Dotations aux amortissements, dépréciations et provisions		
= Résultat d'exploitation		
– Charges et produits financiers		
= Résultat courant des entreprises intégrées		
– Charges et produits exceptionnels		
– Impôts sur les résultats		
= Résultat net des entreprises intégrées		

1. Autorité des normes comptables.

	Exercice N	Exercice N – 1
+ Quote-part dans les résultats des entreprises mises en équivalence		
– Dotations aux amortissements des écarts d'acquisition		
= Résultat net de l'ensemble consolidé		
– Intérêts minoritaires		
= Résultat net (part du groupe)		
Résultat par action		
Résultat dilué par action		

(1) Y compris participation des salariés.

Le compte de résultat par destination

Ce second format s'apparente plus à une présentation de comptabilité analytique. Les deux présentations sont tout autant utilisées l'une que l'autre. La présentation par nature permet de déterminer simplement et rapidement l'EBE, ce qui n'est malheureusement pas le cas de la présentation par destination.

Modèle de compte de résultat (classement des charges et produits par destination)

	Exercice N	Exercice N – 1
Chiffre d'affaires		
– Coût des ventes		
– Charges commerciales		
– Charges administratives		
– Autres charges et produits d'exploitation		
= Résultat d'exploitation		
– Charges et produits financiers		
= Résultat courant des entreprises intégrées		
– Charges et produits exceptionnels		
– Impôts sur les résultats		
= Résultat net des entreprises intégrées		
+ Quote-part dans les résultats des entreprises mises en équivalence		
– Dotations aux amortissements des écarts d'acquisition		
= Résultat net de l'ensemble consolidé		
– Intérêts minoritaires		

	Exercice N	Exercice N – 1
= Résultat net (part du groupe)		
Résultat par action		
Résultat dilué par action		

MÉTHODES DE CONSOLIDATION ET NORMES COMPTABLES

Méthodes de consolidation

Il existe en France trois méthodes de consolidation, dont deux très pratiquées (IG et MEE) :

- intégration globale (IG) ;
- mise en équivalence (MEE) ;
- intégration proportionnelle (par exception).

Critères pour choisir la méthode de consolidation

- Pour consolider par intégration globale, il faut détenir plus de 50 % des droits de vote de la filiale (contrôle exclusif de droit) ou plus de 40 % des droits de vote et désignation pendant deux exercices de la majorité des organes d'administration, contrôle et surveillance (contrôle exclusif de fait) ;
- pour faire une mise en équivalence (MEE), il faut détenir plus de 20 % des droits de vote de la filiale ;
- l'intégration proportionnelle n'est pratiquée que quand il y a cocontrôle de l'entité par deux ou trois actionnaires à parts égales ;
- en dessous de 20 % de détention, les titres ne sont pas consolidés (aucun impact sur le compte de résultat, les titres apparaissent au bilan pour leur prix de revient dans la rubrique « Titres de participations »).

Description des méthodes de consolidation (compte de résultat)

Quand on consolide une filiale par intégration globale, on agrège tous les postes du compte de résultat de la filiale avec ceux de la mère. On « oublie » que l'on ne détient pas l'intégralité des titres de cette filiale. La présentation consolidée montre donc le poids économique d'un ensemble à périmètre juridique contrôlé.

Dans l'exemple qui suit, il n'y a pas de comptes internes. Si l'on avait eu un achat/vente de 12, le CA consolidé aurait été de 150 – 12 et les achats auraient été réduits à 85 – 12, sans impact sur le résultat net consolidé.

La notion de part des tiers dans le RN nous rappelle dans un deuxième temps que, si la filiale verse des dividendes, par exemple, on n'en recevra que 80 % (si l'on détient 80 % de ses titres).

L'impact sur le compte de résultat d'une société mise en équivalence, en revanche, se limite à une ligne intitulée « Quote-part des sociétés mises en équivalence » (QPSMEE).

Nous avons résumé dans l'exemple ci-dessous les effets de la consolidation d'une filiale détenue majoritairement à 80 % :

- premier tableau : la filiale est détenue majoritairement et sera donc consolidée selon la méthode de l'intégration globale ;
- second tableau : la filiale n'est détenue qu'à 25 % (moins de 50 % mais plus de 20 %), elle sera donc consolidée par mise en équivalence (MEE) ;

Consolidation par intégration globale [1]

Intégration globale	Mère	Fille (80 %)	Consolidation
CA	100	50	150
– Achats	50	35	85
– Salaires	22	5	27
= EBE	**28**	**10**	**38**
RE	25	10	35
RCAI	19	8	27
RN	12	6	18
Dont part des tiers dans le RN consolidé[1]			1,2

Consolidation par mise en équivalence

MEE	Mère	Fille (25 %)	Consolidation
CA	100		100
– Achats	50		50
– Salaires	22		22
= EBE	**28**		**28**

1. 20 % de 6 M€.

MEE	Mère	Fille (25 %)	Consolidation
RE	25		25
RCAI	19		19
+ QPSMEE	0	1,5	1,5
= RN	12		13,5
Fille détenue à 25 % par mère.			

Il faut dans le cas de sociétés mises en équivalence être extrêmement vigilant dans l'analyse du compte de résultat consolidé :

- on ne peut parler de taux de marge nette (RN/CA) dans la mesure où le résultat net consolidé tient compte de la performance de la filiale (enfin, d'une partie seulement…), mais pas le CA ;
- l'EBE, si important dans les analyses, « oublie » totalement l'existence de la filiale.

L'idéal est donc de raisonner hors QPSMEE, puis de traiter à part le cas de la ou des sociétés mises en équivalence.

Enfin, l'intégration proportionnelle revient à rajouter poste à poste la même proportion (50 % ou 33,3 %) de tous les postes composant le compte de résultat.

Et le cash dans tout cela ?

La consolidation, c'est « tout ramener à une seule entité équivalente au groupe ». Pour autant, raisonner exclusivement sur la base des comptes consolidés ne donne qu'une bonne première impression générale.

Si l'on veut aller au fond des choses, et notamment si l'on veut comprendre ce qui se passe en matière de cash, il faut regarder avec attention *a minima* les points suivants :

- dans quel état sont les filiales ?
  - y a-t-il des filiales déficitaires, lourdement endettées ? Y a-t-il un risque de cessation de paiement ?
  - la maison mère a-t-elle octroyé des comptes courants ?
  - on peut très bien étudier un groupe très rentable sur le plan consolidé, mais détenant une filiale très fragile qui peut entraîner le groupe dans ses difficultés ;

- quel est le cash généré par les sociétés mises en équivalence ?
  – la quote-part des sociétés mises en équivalence qui apparaît en compte de résultat consolidé (dans l'exemple précédent, 1,5 M€) ne signifie pas que le groupe encaisse 1,5 M€,
  – le seul cash qui peut provenir d'une filiale mise en équivalence, ce sont les dividendes qu'elle nous verse (ou pas !),
  – comme la maison mère est minoritaire au capital de cette filiale, elle ne peut peser sur la décision d'affectation du résultat de l'exercice…
  – ainsi, dans un tableau de flux qui démarrerait à partir de la CAF, la QPSMEE est soustraite de la CAF et remplacée par les dividendes en provenance de ladite filiale (voir chapitre 3 sur les tableaux de flux) ;
- dans quels pays sont situées les filiales ?
  – certains pays tels que la Tunisie ont un contrôle des changes très strict, qui rend très délicate la sortie du cash des filiales qui s'y trouvent,
  – on peut donc se trouver en situation de cash consolidé très agréable, en n'ayant pas la jouissance de fait de cette trésorerie (contexte d'une société détenue majoritairement, donc consolidée en IG…),
  – attention donc aux situations de cash piégé pour des questions de réglementations…

Normes françaises et normes IFRS, qu'est-ce que cela change ?

Toute notre présentation a été conduite jusque-là à partir de comptes établis en normes françaises, en utilisant un vocabulaire français.

Toutefois, les entreprises cotées sont obligées de fournir des comptes en normes IFRS. Les formats de présentation admis par les normes IFRS sont ceux des comptes consolidés en normes françaises évoqués plus haut, à savoir présentations par nature et par destination. Les deux formats sont tout aussi utilisés, mais les analystes financiers préfèrent le format par nature.

Un point sur les normes IFRS

Il existe quelques différences majeures entre un compte de résultat en normes françaises et un compte de résultat en normes IFRS :

- disparition de la notion de résultat exceptionnel en IFRS : tous les éléments exceptionnels remontent dans le compte de résultat, y compris et massivement en éléments d'exploitation ; le résultat d'exploitation (qui devient résultat opérationnel) perd une partie de son intérêt, il est potentiellement pollué par des événements non récurrents[1] ;

- apparition de la notion de résultat opérationnel courant, qui correspond au résultat opérationnel avant éléments exceptionnels (c'est l'équivalent du REX) ;
- apparition de nombreuses écritures non cash, générées par les multiples variations de valeurs des actifs (comptabilisation en valeur de marché et comptabilité de couverture), y compris dans les charges d'exploitation (la variation du coût des stock-options octroyées impacte la masse salariale) ;
- apparition d'une nouvelle notion, celle de résultat sur les opérations en passe d'être cédées.

Exemple de présentation IFRS d'un compte de résultat

Nous présentons ci-dessous à titre d'illustration le compte de résultat résumé 2011 du groupe Danone.

Présentation Danone de comptes consolidés (normes IFRS – format par destination)

(En millions d'euros)	Notes	2010	2011
Chiffre d'affaires net	6	17 010	19 318
– Coût des produits vendus		7 957	9 541
– Frais sur vente		4 663	5 092
– Frais généraux		1 494	1 564
– Frais de recherche et de développement		209	233
– Autres produits et charges	7	90	45
= Résultat opérationnel courant		**2 597**	**2 843**
+ Autres produits et charges opérationnels	8	80	114
= Résultat opérationnel		**2 517**	**2 729**
Produits de trésorerie et d'équivalents de trésorerie		87	67
Coût de l'endettement financier brut		230	241
– Coût de l'endettement financier net	9	143	174
+ Autres produits et charges financiers	9	123	120
= Résultat avant impôts		**2 497**	**2 435**
– Impôts sur les bénéfices	10	578	626

1. À l'inverse, les comptes en normes françaises laissent la possibilité de considérer comme exceptionnels des événements qui sont certes exceptionnels mais néanmoins récurrents.

(En millions d'euros)	Notes	2010	2011
= Résultat des sociétés intégrées		1 919	1 809
+ Résultats des sociétés mises en équivalence	14	121	46
= Résultat net		**2 040**	**1 855**
Part du groupe		1 875	1 671
Part des intérêts ne conférant pas le contrôle		165	184

Source : rapport annuel Danone 2011.

Dans la présentation ci-dessus, on voit apparaître le « résultat opérationnel » de la norme IFRS (incluant donc des éléments exceptionnels) et le résultat opérationnel courant[1] (qui n'a pas été prévu par la norme IFRS mais s'est imposé dans la pratique, de façon à isoler un agrégat récurrent équivalent au résultat d'exploitation). On constate aussi dans cette présentation qu'il est impossible de reconstituer rapidement l'excédent brut d'exploitation, les éléments non cash (dotations aux amortissements et provisions...) n'étant pas indiqués mais ventilés dans les autres rubriques.

État du résultat global consolidé (exercice clos le 31 décembre)			
(En millions d'euros)	Notes	2010	2011
Résultat net		**2 040**	**1 855**
Écarts de conversion, nets d'impôt	9	19	89
Écarts actuariels sur engagements de retraites	29	84	27
Effets d'impôt		34	7
Écarts actuariels sur engagements de retraites non recyclables en résultat, nets d'impôts		50	20
Gains et pertes relatifs aux instruments dérivés de couverture, nets d'impôts		13	15
Réévaluation des actifs financiers disponibles à la vente		8	1
Montant recyclé en résultat sur l'exercice en cours		292	
Effets d'impôt		7	
Gains et pertes sur actifs financiers disponibles à la vente, nets d'impôts		277	1
Autres gains et pertes enregistrés directement en capitaux propres, nets d'impôts		1	5
Gains et pertes comptabilisés directement en capitaux propres		606	90
Résultat global		**2 646**	**1 765**
Part du groupe		2 460	1 617
Part des intérêts ne conférant pas le contrôle		186	148

1. Il convient naturellement de s'interroger sur le caractère réellement non récurrent de l'exceptionnel retenu par l'entreprise.

Le tableau (caractéristique de la comptabilité IFRS) qui permet de passer du résultat net au résultat global regroupe toutes les écritures qui n'ont pas d'impact sur le résultat net et qui viennent directement impacter les capitaux propres du groupe.

Par ailleurs, et pour une bonne compréhension de l'environnement en finance, il est indispensable de connaître le « jargon » anglo-saxon de la finance, qui a largement envahi l'ensemble des métiers, qu'il s'agisse des analystes financiers, des banquiers de banque d'investissement, des avocats... et sert aussi à la communication interne en entreprise sur la performance.

Attention, utiliser le jargon anglo-saxon ne veut pas nécessairement dire que les comptes ont été établis en normes IFRS...

Un point sur le jargon anglo-saxon

Deux termes sont aujourd'hui couramment employés en entreprise mais également par les analystes financiers et les journalistes :

- EBITDA (*earning before interest, taxes, depreciation and amortization*), soit résultat avant frais financiers, taxes, dotations aux amortissements et dotation aux amortissements du *goodwill* : c'est notre EBE ;
- EBIT (*earning before interest and taxes*), soit résultat avant frais financiers, impôts : c'est notre REX.

Il est alors assez simple de reconstituer l'EBITDA à partir de l'EBIT en rajoutant les dotations aux amortissements, lorsqu'elles sont indiquées en clair (dépréciations[1]).

Quand les comptes sont présentés en liste par fonction comme dans notre exemple Danone ci-dessus (coûts de distribution, coût de fabrication...), on trouve plus généralement les termes comptables suivants :

- *operating result* (résultat opérationnel, ou EBIT) ;
- *net operating result* (*operating result* fiscalisé, soit *operating result* moins IS) ;
- NOPLAT (*net operating profit or loss after tax*) ou encore NOPAT.

Il faut bien avoir en tête que la pratique a complètement évolué ces dernières années : on peut tout à fait travailler pour une PME bien française, il suffit que l'entreprise s'implante à l'étranger de manière importante ou que l'un des actionnaires soit un financier pour que l'on soit obligé de pratiquer ce

1. Et on vient de voir qu'elles ne sont pas nécessairement indiquées dans le compte de résultat.

jargonnage. De même, la plupart des étudiants des écoles de management ne sont sensibilisés qu'aux termes anglo-saxons et se retrouvent perdus face à une liasse fiscale.

Et les journalistes, analystes financiers et même banquiers s'y mettent, nous le verrons dans le chapitre suivant.

Normes françaises	Normes IFRS	Normes IFRS en anglais dans le texte
Valeur ajoutée (VA)		Value added (VA)
Excédent brut d'exploitation (EBE)		Earning before interest, taxes, depreciation and amortization (EBITDA)
Résultat d'exploitation (RE ou REX)	Résultat opérationnel courant = RE	Earning before interest and taxes (EBIT)
	Résultat opérationnel = RE y compris résultat exceptionnel	Operating profit
Résultat courant avant impôt (RCAI)	Résultat avant impôt = RCAI y compris résultat exceptionnel	
Résultat net (RN) – profit ou pertes		Net profit
Résultat d'exploitation fiscalisé		Net operating profit/Loss after taxe (NOPLAT)

CAS PRATIQUE

Nous avons vu que l'EBE était un indicateur très simple et efficace de cash. Nous allons toutefois en montrer la limite dans l'exemple théorique suivant de création d'entreprise.

Soit une entreprise en création :

- cash apporté par les actionnaires : 1 M€ à la création ;
- absence de dettes bancaires ;
- dépenses réglées comptant ;
- délai de paiement clients d'un trimestre ;
- CA 10 (T1), 20 (T2), 30 (T3) et 40 M€ (T4) ;
- marge EBE/CA 20 % ;
- pas d'IS (par simplification) ;
- activité de négoce sans aucun stock (par simplification).

Questions

Utilisez les informations communiquées ci-dessus pour répondre aux questions suivantes :

- Quelle est la rentabilité générée pendant un an ?
- Quelle est la trésorerie générée pendant un an ?
- L'entité est-elle correctement financée ?

Corrigé

- Quelle est la rentabilité générée pendant un an ?

Compte de résultat (en M€)	Trimestres				Année
	T1	T2	T3	T4	
CA	10	20	30	40	100
– Charges d'exploitation	8	16	24	32	80
= EBE	**2**	**4**	**6**	**8**	**20**

Sans surprise, la rentabilité annuelle ressort à 20 M€ (20 % 100 M€), la rentabilité trimestrielle étant en phase avec la rentabilité annuelle (20 % de marge trimestrielle). La performance de l'entreprise est très satisfaisante.

- Quelle est la trésorerie générée pendant un an ?

En termes de trésorerie générée, on sait que l'EBE annuel étant de 20 M€, l'entreprise va générer ces 20 M€, un jour (mais quand ?). La société devant faire face à des engagements à dates précises, il est important de maîtriser le timing de la génération de ce cash. La vraie question devient alors : quel est le cash généré pendant l'exercice comptable ?

Évolution de la trésorerie trimestrielle (en M€)	Trimestres			
	T1	T2	T3	T4
Recettes (CA réglé)	0	10	20	30
– Décaissements	8	16	24	32
= Flux de trésorerie trimestriel	**– 8**	**– 6**	**– 4**	**– 2**
Flux cumulés de trésorerie	– 8	– 14	– 18	– 20
Trésorerie début de période	1	– 7	– 13	– 17
Trésorerie fin de période	– 7	– 13	– 17	– 19

Répondre à cette question revient en réalité à construire un équivalent plan de trésorerie. Dans notre exemple, nous allons positionner les encaissements, décaissements en tenant compte des délais de paiement (clients et fournisseurs).

Les fournisseurs étant réglés comptant (création d'entreprise), le timing des dépenses correspond au timing des décaissements. En revanche, les clients mettant en moyenne un trimestre pour régler, on va constater un décalage d'un trimestre entre le chiffre d'affaires (EBE) et les recettes (trésorerie). Dès lors, l'EBE de T1 (+ 2 M€) ne correspond plus du tout à la trésorerie réellement générée sur la période T1 (– 7 M€).

Le phénomène va se répéter pendant les quatre trimestres, et va donc s'accumuler. En raisonnant sur une trésorerie cumulée trimestre après trimestre, on obtient un cash généré cumulé sur la première année de – 20 M€ ! La société ayant été créée avec un apport de 1 M€ de capitaux propres (donc de cash), la trésorerie au bilan en fin d'année sera négative de 19 M€.

Au global, un EBE annuel de 20 M€ (l'entreprise générera un jour 20 M€ de cash) va se traduire par une consommation de cash de 20 M€ (précisément pendant le premier exercice).

- L'entité est-elle correctement financée ?

Bilan d'ouverture (en M€)			
Actif		**Passif**	
Trésorerie	1	Capitaux propres	1
Bilan de fin de période en M€			
Actif		**Passif**	
		Capitaux propres	1
		Résultat net (EBE)	20
Trésorerie	– 19		

À la fin de la période, l'entreprise (si elle a survécu, ce qui n'est pas certain du tout) présentera un bilan avec des capitaux propres de 21 M€ et une dette court terme de 19 M€ (non prévue à l'origine, donc un découvert non autorisé !). Non, cette entreprise a été très mal financée à la création.

Pour équilibrer notre bilan (qui ne l'était pas !), il suffit de se rappeler que la société a facturé 100 pendant l'année, et qu'elle n'a encaissé que 60. Elle est donc en attente de paiements clients à hauteur de 40.

Bilan de fin de période en M€			
Actif		**Passif**	
		Capitaux propres	1
Compte client	40	Résultat net (EBE)	20
Trésorerie	0	Découvert	19

Conclusion

Le compte de résultat est l'élément clé de suivi de la performance économique de l'entreprise. Il permet de suivre le « profit » et sa construction à travers les soldes intermédiaires de gestion.

Le compte de résultat, pour retracer correctement la performance annuelle, comprend des éléments non cash (l'amortissement des biens durables utilisés sur plusieurs exercices).

La profitabilité est donc une notion qui devient en partie théorique en ce sens qu'elle est éloignée du cash généré ou utilisé.

L'élément clé d'appréciation du cash généré est l'excédent brut d'exploitation. Le résultat d'exploitation donne un premier renseignement sur la capacité à renouveler les actifs de l'entreprise.

En résumé

En résumé, vous venez de comprendre que rentabilité (résultat d'exploitation, résultat net...) ne rimera jamais avec cash généré, mais qu'en plus, cash généré n'égalera que très rarement cash généré dans l'année ! Il nous faut donc progresser dans notre travail de réflexion... en allant au chapitre 2.

Chapitre 2

Ce qu'il faut retenir d'un bilan

Ce que va nous montrer ce chapitre :

- **que le bilan, tout comme le compte de résultat, se travaille ;**
- **que les enjeux cash du bilan peuvent être significatifs.**

COMMENT COMPRENDRE UN BILAN COMPTABLE ?

Comment est construit un bilan ?

Un bilan en normes françaises présente à l'actif l'ensemble des éléments dont une entreprise a besoin pour fonctionner (en étant propriétaire) et au passif, l'ensemble des ressources qui ont servi à financer ces éléments.

Dans la présentation française, les actifs et passifs sont présentés des plus « long terme » (on dit encore du moins liquide) vers les plus « court terme » (dans la présentation anglaise, par exemple, la logique est inverse, démarrant par les éléments les plus liquides).

On partira donc des actifs immobilisés (ceux que l'on utilise sur le long terme, comme les usines, les machines, les titres de filiales...) pour aboutir aux actifs circulants (ceux qui « circulent » dans l'année, comme les stocks et les créances clients) et on terminera par la trésorerie disponible (l'argent en caisse).

Pour les passifs, on commencera par les fonds propres (le capital investi ou laissé à disposition par les actionnaires) puis les dettes financières, pour terminer par le passif circulant (les dettes fournisseurs notamment).

Pour aller plus loin

Valeur nette comptable ? Rappel

Un petit retour au compte de résultat nous rappelle que les dotations aux amortissements et les dotations aux provisions ont été prises en compte comme des charges dans le compte de résultat.

Par un effet miroir, la constatation de cette usure à l'actif permet de maintenir le bilan équilibré (– 100 au compte de résultat qui se retrouvent au passif sont compensés par – 100 à l'actif).

Bilan comptable		
Actif	**LT**	**Passif**
Actifs immobilisés	↓	Fonds propres
Trésorerie disponible	**CT**	Fournisseurs

Contrairement au compte de résultat qui recouvre une durée (généralement douze mois), le bilan traduit une photo, à une date donnée. Il est donc beaucoup plus délicat à appréhender, surtout dans les activités saisonnières (la photo varie sensiblement selon la date choisie).

Par construction, le bilan est équilibré, ce qui signifie que le total de l'actif est égal au total du passif. Et les actifs sont tous inscrits en valeur nette comptable, c'est-à-dire après amortissements pour les actifs immobilisés (valeur des actifs tenant compte de leur usure ou obsolescence) et après provisions pour les actifs circulants (on intègre le fait que certains clients ne paieront pas et que certains stocks ne sont plus vendables au prix de revient).

Tous les ans, à la clôture de l'exercice, les comptes du compte de résultat sont tous mis à zéro, et le résultat net de l'exercice est rebasculé dans le bilan (il est rajouté aux fonds propres préexistants de la période antérieure). Ainsi, si le RN est un profit, ce qui est le cas habituel, les fonds propres progressent tous les ans du montant du profit annuel (toutes choses égales par ailleurs, c'est-à-dire dans un contexte de non-distribution de dividendes).

Bilan comptable simple (présentation standard d'une liasse fiscale en normes françaises)

Bilan comptable à la date du ... en (monnaie)			
Actif		**Passif**	
Actifs immobilisés (VNC après amortissements)	Incorporels Corporels Financiers	Capitaux propres Provisions risques et charges	Capital social + primes Réserves + RAN + RN exercice
Actifs circulants (VNC après provisions) Total Actif	Stocks Clients Divers VMP + disponibilités Charges à répartir	Dettes Total Passif	Emprunts et dettes financières Fournisseurs Autres dettes d'exploitation

Nos lecteurs pourront aller en fin d'ouvrage prendre connaissance du cas IndusPME présenté à partir d'une liasse fiscale, pour la partie bilan.

Point sur les actifs immobilisés

Un peu de terminologie

Les actifs sont comptabilisés pour leur valeur à l'origine. Celle-ci ne variera plus ensuite, les réévaluations étant interdites[1].

Par valeur brute d'un actif, on entend la valeur à l'origine de l'actif, c'est-à-dire le prix payé (parfois le coût d'acquisition, parfois le prix de revient de l'acquisition si elle est réalisée en interne).

Par valeur nette d'un actif, on entend la valeur de ce même actif compte tenu de la diminution de valeur annuelle induite par le vieillissement.

La diminution de valeur annuelle d'un actif corporel est appelé dotation aux amortissements (voir chapitre précédent). La diminution de valeur cumulée depuis l'achat de l'actif s'appelle amortissement.

La comptabilité, quelles que soient les normes retenues, classe les actifs en trois sous-parties :

1. En IFRS, certains actifs sont en valeur de marché, il y aura dans ce cas des réévaluations (ou des dépréciations) qui constitueront des profits (ou des pertes) dans le compte de résultat, toujours pour maintenir un bilan équilibré.

- les incorporels (brevets, marques, R&D, *goodwill*[1] pour les plus significatifs…) ;
- les corporels (bâtiments, machines, matériel de transport, matériel informatique…) ;
- les financiers (titres de participation, cautions versées…).

Quelle est la différence entre amortissement et dotation aux amortissements ?

Bilan au 31/12/N			
	VB (1)	Amortissements	VNC (2)
Actifs immobilisés	1 000	– 100	900

Dotation aux amortissements N + 1

Bilan au 31/12/N+1			
	VB (1)	Amortissements	VNC (2)
Actifs immobilisés	1 000	200	800

(1) VB = Valeur brute de l'actif ou actif brut ou valeur à l'origine.
(2) VNC = Valeur nette comptable = valeur comptable après prise en compte de l'obsolescence de l'actif = actif – amortissements = actif – somme des dotations aux amortissements sur cet actif.

Dans notre exemple, la machine a été achetée le 1er janvier N pour 1 000 €. Elle a une durée de vie de 10 ans et est donc amortie linéairement sur 10 ans. La dotation aux amortissements sera de 100 € pendant 10 ans. La dotation fait partie intégrante du compte de résultat et du prix de revient des produits fabriqués par l'entreprise : l'usure de la machine est constatée tous les ans, que l'on utilise la machine ou non.

En revanche, comme on raisonne à date dans le bilan, on se demande à date ce que « vaut » notre machine acquise 1 000 €. Comme elle vieillit tous les ans, elle perd en valeur tous les ans. Au bout de deux ans (du 1er janvier N au 31/12/N+1), la machine ne vaut plus que 800 € : le bilan nous indique que la machine a été acquise il y a deux ans (100 € de dotation annuelle et 200 € d'amortissements) et son prix d'acquisition était de 1 000 €.

1. Le *goodwill* (ou survaleur) n'apparaît que dans les comptes consolidés. Il est la conséquence d'une politique d'acquisition d'entreprises. Il se détermine comme la différence entre les capitaux propres comptables d'une cible acquise au jour de l'acquisition et son prix d'acquisition. Il se lit souvent dans un bilan comme un facteur de risque. Pour aller un peu plus loin, voir les commentaires dans la partie sur les bilans consolidés.

Point sur les actifs/passifs circulants

Il n'y a aucune difficulté en ce qui concerne les actifs – que sont les stocks, les créances clients (les clients à qui l'on a vendu un produit et qui n'ont pas encore payé) et les créances diverses – et les passifs circulants. Attention toutefois à ne pas confondre deux éléments plus techniques que sont les charges payées d'avances et les charges à répartir :

- les charges à répartir ont été évoquées dans le chapitre précédent (voir transfert de charges et *window dressing*). Elles doivent être analysées avec beaucoup d'attention car elles peuvent être considérées comme des non-valeurs (des actifs fictifs), ce qui revient à réduire les capitaux propres d'autant (si l'on n'avait pas transféré ces charges, on aurait eu un résultat net plus faible et donc des capitaux propres plus bas) ;
- les charges payées d'avance traduisent par exemple le fait que l'on a décaissé le 1er décembre trois mois de loyer (300 raisonnement cash), alors que sur l'exercice considéré, seul un mois de loyer apparaît dans le compte de résultat (100 raisonnement charge du compte de résultat au titre de l'exercice). Les charges constatées d'avance matérialisent ce décalage entre la charge et le décaissement.

Impact des charges payées d'avance sur un bilan

Bilan au 31/12/N			
Actif		**Passif**	
Créance : charges payées d'avance	200		
Cash	– 300	RN	– 100
Impact	– 100		– 100

De la même manière, on verra apparaître au passif les produits constatés d'avance : avances et acomptes clients dans les métiers de fabrication à cycle long, ou modèle d'abonnement (salles de gymnastique par exemple). Charges payées d'avance et produits constatés d'avance sont assimilés à des éléments de l'exploitation.

Point sur les capitaux propres

Définition des capitaux propres comptables

Par déduction entre totalité des actifs détenus (en valeur nette comptable) et dettes contractées, on obtient les capitaux propres.

Concept des capitaux propres

Bilan comptable		
Actif		**Passif**
Actifs ↑	=	Capitaux propres (somme actifs – dettes)
Actifs		
Actifs	–	Dettes
Actifs ↓	↕	(bancaires – exploitations – diverses)
Total Actif		**Total Passif**

Les capitaux propres peuvent également être calculés comme indiqué dans le tableau ci-dessous. On se met alors du point de vue de l'actionnaire à 100 % et on se demande quel risque patrimonial il a pris dans cette entreprise : le risque à la création quand il a investi et qu'il a constitué le capital social, augmenté chaque année par le fait qu'il ne distribue pas l'intégralité des résultats nets de l'exercice *via* des dividendes (notion abordée à la fin du chapitre – taux de distribution) et augmenté également des augmentations de capital successives.

Détermination des capitaux propres comptables

Bilan comptable		
Actif	**Passif**	
Actifs ↑	Capitaux propres =	Capital social
Actifs ↓		+ Réserves + RAN + RN exercice
Actifs	Dettes	
Actifs	(bancaires – exploitations – diverses)	
Total Actif	**Total Passif**	

La liasse fiscale fournit directement le montant des capitaux propres comptables (ligne DL) : il ne peut donc y voir d'ambiguïté ni de discussion sur cette notion.

À savoir

En termes de vocabulaire, on peut parler de capitaux propres, de fonds propres, de situation nette, d'actif net. Ces termes sont équivalents.

Attention à ne pas confondre :

- Actif net : ce qui revient à l'actionnaire.
- Valeur nette des actifs : part des actifs immobilisés qui n'a pas encore été amortie.

Définition des capitaux propres en analyse financière

Comme souvent, un analyste (financier ou crédit...) ne va pas se contenter de la seule présentation des comptes comptables. Il va analyser les comptes à sa façon, chercher à obtenir un niveau plus fin d'information (travail postaudit, par exemple dans un contexte d'acquisition). De là découlent un certain nombre de retraitements opérés couramment sur la présentation comptable.

En finance, on admet ainsi que certains éléments peuvent être assimilés, sous conditions, à des capitaux propres ; on les appelle les quasi-capitaux propres (ou quasi-fonds propres) :

- compte courant d'associé (n'apparaît pas tel quel en comptabilité : est comptabilisé en « Autres dettes » généralement, ligne EA d'une liasse fiscale) ;
- provisions pour risques et charges (lignes DP et DQ de la liasse fiscale) ;
- financements hybrides de type obligations convertibles (OC – ligne DS « Emprunts obligataires convertibles » de la liasse), obligations remboursables en action (ORA).

Comment déterminer les quasi-capitaux propres ?

Bilan comptable	
Actif	**Passif**
	Capitaux propres
Actifs	***Provisions pour risques et charges***
	Dettes bancaires (dont OC...)
	Dettes d'exploitation
	Autres dettes (dont CCA)
Total Actif	**Total Passif**

Dans quels cas va-t-on assimiler ces éléments à des capitaux propres ?

Comptes courants d'associé[1] : la pratique stricte veut qu'on les assimile à des capitaux propres quand ils sont dits « bloqués » (raisonnement juridique : l'actionnaire signe un contrat par lequel il s'engage à mettre à disposition de

1. Un compte courant d'associé (CCA) ou compte courant d'actionnaire est un prêt réalisé par un actionnaire à l'entreprise. Il faut avoir obligatoirement la capacité d'actionnaire pour pouvoir juridiquement faire un compte courant. Ceux-ci sont rémunérés par l'entreprise et les frais financiers sont déductibles au niveau de l'entreprise, pour autant que le taux soit inférieur au taux annoncé par le Trésor public chaque année.

l'entreprise pendant deux, trois, voire cinq ans, les sommes concernées qui sont généralement rémunérées).

Par extension, si les sommes sont à disposition de l'entreprise depuis plusieurs années, par exemple, et que les montants augmentent, on pourra assimiler ces sommes à des capitaux propres.

À savoir

Ce traitement relève d'un point de vue, et non d'une vérité indiscutable. Typiquement, un actionnaire considérera ses comptes courants comme des fonds propres, alors qu'un banquier les considérera comme de la dette : un actionnaire peut exiger à tout moment le remboursement de ses comptes courants s'ils ne sont pas bloqués.

Provisions pour risques et charges (R&C) : on va les traiter comme des capitaux propres quand on va considérer que ces provisions sont « sans objet » ou bien « à utilisation lointaine », c'est-à-dire qu'il n'y aura jamais (ou dans « longtemps ») de charges exceptionnelles futures et donc de décaissements. Dès lors, la reprise de provision se traduira par une augmentation du résultat net futur, et donc des capitaux propres futurs. Voilà pourquoi on les assimile à des capitaux propres. Ce sont par exemple les provisions pour démantèlement.

À titre d'illustration de ce raisonnement, nous allons décrire ce qui se passe dans le cas d'une entreprise qui a passé une dotation aux provisions pour R&C pour couvrir un litige prud'homal de 1 000 k€ alors qu'elle est certaine que le risque ne se réalisera pas. Nous sommes typiquement dans ce que l'on appelle un « risque non avéré ». Cette situation est traitée dans le tableau du haut ci-dessous. Dans celui du bas, nous montrons ce qui se passe dans le cas d'un risque avéré.

Nous précisons pour les lecteurs avertis que nous avons dans les tableaux ci-dessous éludé l'aspect fiscal des choses[1].

Cet exemple fait l'objet d'un cas pratique d'approfondissement plus loin dans le chapitre.

1. En réalité, dans ce cas-là, comme la dotation pour R&C est fiscalement déductible, la reprise va être imposable, on aurait donc de manière plus exacte : reprise en N+1 de 1 000 €, IS sur cette reprise de 340 € et résultat net de 660 € ; la provision au bilan va être traitée à hauteur de 660 € en capitaux propres et 340 € en dettes d'exploitation (IS à payer) car il faudra bien payer ce surcroît d'impôt…

Impact d'un risque non avéré

Compte de résultat	N	N + 1
Risque non avéré		
RCAI	0	0
– Dotations R&C	1 000	–
+ Reprise prov R&C	–	1 000
– IS (0 %)	–	–
= RN	**– 1 000**	**1 000**

Passif	N	N + 1
RN	– 1 000	1 000
Provision	1 000	–
Capitaux propres	–	1 000
Dettes CT		–

Impact d'un risque avéré

Compte de résultat	N	N + 1
Risque avéré		
RCAI	0	0
– Dotations R&C	1 000	–
+ Reprise prov R&C	–	1 000
– Charges exceptionnelles		1 000
– IS (34 %)	–	–
= RN	**– 1 000**	**–**

Passif	N	N + 1
RN	1 000	
Provisions	1 000	–
Capitaux propres	0	
Dettes CT		

Financements hybrides, on préférera les assimiler à des capitaux propres dès que l'on aura la certitude que ces financements, qui sont des dettes à l'émission, vont, au bout du compte, devenir des fonds propres :

- pour les ORA[1], les dettes se transforment en action mécaniquement, ce sont donc systématiquement des capitaux propres ;
- pour les OC[2], les dettes deviennent éventuellement des fonds propres, mais uniquement si le détenteur en fait la demande (car il y a intérêt). Il

1. ORA : obligation remboursable en actions : le souscripteur démarre avec une position de prêteur, il est rémunéré par des produits financiers et, à terme prévu contractuellement, sa créance sur l'entreprise est capitalisée (la dette est annulée et remplacée par le même montant de capitaux propres), ce qui lui donne droit à un pourcentage du capital déterminé contractuellement (lors de l'émission de l'ORA).
2. OC : obligation convertible en actions : ce support est plus souple que le précédent : la conversion de la dette en fonds propres n'est pas mécanique, elle n'a lieu qu'à la demande du détenteur d'OC, s'il y a intérêt (s'il y a une plus-value potentielle sur l'action reçue par conversion de l'obligation).

faut donc faire les calculs et déterminer si les détenteurs d'OC ont intérêt à convertir... ;

- dans les opérations de LBO, le fonds d'investissement considérera que les OC sont des fonds propres, car c'est lui qui les a souscrits (on se moque du support juridique, ce qui importe, c'est qui a mis les sommes...).

Pour terminer sur le sujet des capitaux propres, on peut citer la notion d'ANR ou actif net réévalué que l'on trouve dans des évaluations de titres de société (voir p. 201).

Pour aller plus loin

Le raisonnement cash

Pour s'y retrouver, il convient de se rappeler que l'on ne peut compter en fonds propres que des sommes que l'entreprise n'aura jamais l'obligation de décaisser. Une obligation convertible devra être remboursée si les conditions de conversion ne sont pas intéressantes... C'est donc de la dette !

Point sur la dette financière

Différents types de dette financière

La comptabilité distingue les typologies de dette bancaire et financière suivantes (présentation de la liasse fiscale) :

- emprunts obligataires convertibles[1] (DS) ;
- autres emprunts obligataires (DT) ;
- emprunts auprès des établissements de crédit (DU) ;
- emprunts et dettes financières diverses (DV).

Les montants les plus significatifs se trouvent comptabilisés en emprunts auprès des établissements de crédit.

La présentation en normes françaises ne fait pas la distinction entre dettes bancaires à long terme (LT – emprunts) et les dettes bancaires à court terme (CT – découverts – effets escomptés non échus). Il faut donc rechercher dans les annexes la notion de « concours bancaires courants et soldes créditeurs de banque et CCP » (ligne EH de la liasse). Ce libellé signifie en réalité « découvert bancaire ». C'est le mode de financement CT naturel quand l'entreprise subit un dérapage non anticipé (non financé *a priori*).

1. Une OC est une obligation qui pourra, si le souscripteur y a intérêt, être convertie en actions selon des modalités convenues contractuellement lors de l'émission de l'OC.

Notion d'endettement hors bilan

Dans les liasses fiscales, certaines dettes bancaires n'apparaissent pas, elles sont simplement évoquées de manière systématique et obligatoire dans les annexes ; on parle alors de dettes hors bilan :

- dettes long terme liées au crédit-bail (mobilier et immobilier) ;
- dettes court terme correspondant aux effets escomptés non échus (voir plus loin retraitement des EENE).

Le retraitement des dettes hors bilan est évoqué dans la sous-partie « Retraitements à apporter au bilan fonctionnel » du présent chapitre.

Risque de refinancement[1] des obligations convertibles

En tant de crise, comme on a pu le constater en 2009 et 2010, les entreprises qui ont émis des obligations convertibles se trouvent confrontées à une difficulté : les obligations ont été construites par rapport à un business plan d'avant la crise. Elles sont censées générer une plus-value pour le souscripteur, pour autant que le business plan soit respecté... Quand la crise intervient, les performances baissent, le BP[2] n'est plus respecté, les plus-values potentielles disparaissent, les détenteurs d'OC n'ont plus intérêt à convertir leurs obligations en actions pour accéder à la plus-value : le risque s'est dégradé, les détenteurs d'OC attendent donc le remboursement, ce qui leur assurera un rendement médiocre (le taux de rémunération contractuel de l'OC) mais certain... et les OC, qui avaient vocation à renforcer les fonds propres, redeviennent de la dette, mais *in fine*, que la société va devoir refinancer en bloc, avec des performances dégradées.

Point sur les provisions au bilan

Comment couvrir les risques dans le bilan ?

Il existe trois types de risque, que nous avons noté de (1) à (3) et qui sont explicités après le tableau ci-dessous :

1. Refinancer une dette revient à trouver un banquier qui va venir pour rembourser une dette préexistante parce qu'elle arrive à échéance (dette *in fine* ou OC) ou pour rallonger la maturité de la dette en question.
2. Business plan.

Bilan comptable à la date du ... en (monnaie)			
Actif		**Passif**	
Actifs immobilisés (VNC après amortissements)	Incorporels (2)	Capitaux propres	Capital social
	Corporels (1)		Réserves + RAN + RN exercice + provisions réglementées (3)
	Financiers (2)	Provisions pour risques et charges (3)	
Actifs circulants	Stocks (2)	Dettes bancaires	Emprunts (dettes LMT)
(VNC après provisions)	Clients (2)		Découverts
	Divers	Dettes d'exploitation	Fournisseurs
	VMP + Disponibilités		Autres dettes d'exploitation
Total Actif		**Total Passif**	

Pour aller plus loin

Provisions et cash

Une provision n'a pas d'impact cash le jour où on la constate... quoi que !

Une *provision sur créance clients,* c'est du cash qui ne rentre pas... donc il y a un impact immédiat (la majeure partie des défaillances d'entreprises est provoquée par un client qui ne paie pas et c'est en général très rapide).

Une *provision sur titre* n'aura jamais d'impact cash... tant que l'on ne cède pas la filiale.

Une *provision pour risques* (litige prud'homal) aura un impact... en fonction de la décision de la justice (et de la date de décision !).

Au bilan, les risques sont appréhendés de trois façons :

- *via* les amortissements (1), en ce qui concerne le risque d'obsolescence des actifs tangibles, corporels ;
- *via* les provisions sur actifs (2). Une provision sur une créance client traduit l'idée que l'on redoute une perte de valeur sur cet actif ; cette perte se confirmera (si le client est en liquidation judiciaire) ou non (le client finit par régler sa créance) : le risque ne porte pas sur un décaissement futur, mais sur un manque à gagner. De même, on peut provisionner des actifs financiers (une participation qui connaît des difficultés financières conduit la maison mère à provisionner les titres de participations qu'elle détient sur cette filiale). En effet, si l'on devait céder l'actif qui s'est dévalorisé, on ne retrouverait pas le prix d'acquisition ;

- *via* les provisions au passif (3) :
  - provisions réglementées que sont les provisions pour variations de cours des matières premières et pour investissement,
  - provisions pour risques et charges, qui ne portent pas sur des risques de pertes de valeur sur actifs, mais sur des risques probables de devoir décaisser pour faire face à des risques et à des litiges (payer des indemnités de licenciement à la suite d'un litige prud'homal...).

Les risques sont-ils correctement couverts ?

Taux de provisionnement

Taux de provisionnement = provision/actif brut.

Taux de provisionnement clients = provision clients (bilan)/clients en valeur brute (bilan).

Taux de provisionnement stocks = provisions sur stocks (bilan)/stocks en valeur brute (bilan).

Benchmark *avec les concurrents*

Pour savoir si les risques sont correctement couverts, on va comparer le taux de provisionnement de l'entreprise avec le taux moyen de provisionnement du secteur. On doit bien entendu connaître l'activité (fabrication de produits frais donc périssables ou fabrication de vis et boulons...) et la typologie des clients (clientèle sans risque type L'Oréal ou clientèle de petits commerces...).

On pourra affiner l'analyse en comparant avec les taux de provisionnement des concurrents les plus comparables (même activité et/ou même type de clientèle).

Conséquences d'un sous-provisionnement des risques d'exploitation

Dans des contextes de transaction[1], ou quand on cherche à appréhender la valeur des titres d'une société (un banquier voudra imaginer la valeur d'un nantissement de titres), on retraitera le bilan en minorant les postes d'actifs du montant du sous-provisionnement, et on réduira les capitaux propres du même montant (on fait comme si l'on avait passé une dotation aux provisions, qui aurait réduit le RN et donc les capitaux propres).

1. L'acquisition d'une entreprise, par exemple.

Analyse du solde net des dotations et des reprises

Pour chaque type de provision, il est important de suivre année après année le solde des dotations nettes des reprises : cela permet de mesurer l'effort de couverture des risques :

- quand dotations (CdR compte de résultat) > reprises (CdR), l'entreprise met de l'argent de côté pour couvrir ses risques – qui augmentent – la provision au bilan augmente ;
- quand reprises (CdR) > dotations (CdR), l'entreprise réduit sa garantie et donc la provision au bilan se réduit.

Cas pratique : IndusPME

Le taux de provisionnement clients N est de : 8,6 % (74/858) ou BY/BX de la liasse fiscale.

Le taux de provisionnement stocks N est nul : BM-BO-BQ-BS et BU = 0 > absence de provisions.

L'activité de la société induit un risque de pertes sur stocks. Il est anormal dans cet exemple de ne pas constater de provisions sur stocks.

QU'EST-CE QU'UN BILAN FONCTIONNEL ?

L'école française en matière d'analyse financière présente de manière un peu décalée le bilan par rapport au bilan comptable. La logique est au départ temporelle : on regroupe les éléments de long terme, puis les éléments du quotidien ou circulants (stocks, clients fournisseurs), enfin les éléments de CT (trésorerie actif et trésorerie passif) et on en fait une balance ; on obtient les notions de fonds de roulement (FDR), besoin en fonds de roulement (BFR) et trésorerie nette (TN).

Présentation d'un bilan fonctionnel résumé

Bilan fonctionnel à la date du … en (monnaie)	
Actif	**Passif**
Actifs LT	Ressources LT
FDR	
Actifs circulants (hors trésorerie actif)	Passifs circulants (hors trésorerie passif)
BFR	
Trésorerie actif	Trésorerie passif
Trésorerie nette	

À savoir

Attention à la notion d'actifs circulants : dans un bilan comptable (voir p. 98), ils incluent le cash, mais pas dans un bilan fonctionnel...

QU'EST-CE QUE LE FONDS DE ROULEMENT ?

On se demande dans un premier temps si les actifs à long terme (actifs immobilisés) ont été à l'origine correctement financés (c'est-à-dire par des ressources à long terme).

Voilà le premier postulat posé : les actifs LT doivent être financés par des ressources LT ; c'est la notion même de « fonds de roulement » ou FDR à la française.

Reclassement des dettes bancaires dans le bilan fonctionnel

Bilan fonctionnel à la date du ... en (monnaie)			
Actif		**Passif**	
Actifs immobilisés	Incorporels	Capitaux propres	
	Corporels		
	Financiers	Dettes bancaires LT	Emprunts (dettes LMT)
Actifs circulants hors trésorerie actif	Stocks		
	Clients	Dettes d'exploitation	Fournisseurs
	Divers		Autres dettes d'exploitation
VMP + Disponibilités		Dettes bancaires CT	Découvert
Total Actif		**Total Passif**	

On isole donc la partie LT à l'origine des dettes bancaires (on se finance auprès des banques) et financières (on se finance sur les marchés), qui seront l'une des composantes des ressources à long terme. La partie CT des dettes bancaires et financières est basculée dans les dettes bancaires CT (dettes CT à l'origine de type découvert ou escompte).

Au passage, on fait apparaître la notion de capitaux permanents, c'est-à-dire la somme des ressources à long terme apportées en cash par les bailleurs de fonds, actionnaires (capitaux propres) et banquiers (emprunts) :

Capitaux permanents = capitaux propres + dettes bancaires à long terme.

Reclassement des amortissements dans le bilan fonctionnel

Bilan fonctionnel à la date du ... en (monnaie)			
Actif		**Passif**	
Actifs immobilisés **(Valeurs brutes)**	Incorporels Corporels Financiers	Capitaux propres Dettes bancaires LT	Capitaux permanents
Actifs circulants hors trésorerie actif **(Valeurs brutes)**	Stocks Clients Divers	Amortiss. ET provisions Dettes d'exploitation	
VMP + disponibilités		Dettes bancaires CT	Découvert
Total Actif		Total Passif	

Pour aller plus loin

À quoi sert le fonds de roulement ?

C'est une notion qui peut paraître assez théorique mais elle a son importance pour juger de la solvabilité d'une entreprise : plus le fonds de roulement est élevé, plus on peut considérer que les financements sont peu risqués. Les ressources sont à long terme, il n'y a pas de risque de liquidité !

Les Anglo-Saxons l'ont bien compris, ils en excluent systématiquement la part à moins d'un an des dettes à long terme !

Que sont les reclassements du bilan ?

Parallèlement, comme on veut raisonner « à l'origine », on prend donc les actifs (actifs immobilisés ET actifs circulants) pour leur valeur brute et non pour la valeur nette comptable (mais le bilan comptable est équilibré en prenant les actifs pour leur VNC). Pour rééquilibrer notre bilan, on fera apparaître « amortissements ET provisions » en capitaux propres.

À savoir

Le bilan fonctionnel est une autre façon de présenter un bilan : ce sont bien les amortissements cumulés et non les dotations aux amortissements de l'année qui sont pris en compte pour calculer les ressources à long terme. On ne travaille donc que sur des données de bilan sans aller chercher des notions de compte de résultat.

Avec cette logique, on aboutit aux définitions suivantes :

- ressources LT = capitaux propres + dettes bancaires LT + amortissements et provisions ;
- actifs LT = actifs immobilisés en valeur brute ;
- FDR = ressources LT – actifs LT.

Pour aller plus loin

Postulat n° 1 : le FDR doit être positif, cela traduit le fait que les actifs à long terme doivent être financés par des ressources à long terme.

Présentation d'un bilan fonctionnel détaillé

Bilan fonctionnel à la date du ... en (monnaie)	
Actif	**Passif**
Actifs immobilisés en VB (2)	Capitaux propres
FDR = (1) – (2)	+ Dettes bancaires LT
Stocks	+ Amortiss. ET provisions
+ Créances clients	= Ressources LT (1)
+ Diverses créances exploitation	– Fournisseurs et diverses dettes d'exploitation
= Total actifs circulants hors trésorerie actif (3)	Total passifs circulants hors trésorerie passif (4)
	BFR = (3) – (4)
VMP + Disponibilités (5)	Dettes bancaires CT (6)
Trésorerie nette (TN) = FDR – BFR = (5) – (6)	

QU'EST-CE QUE LE BESOIN EN FONDS DE ROULEMENT (BFR) ?

Le BFR, c'est l'ensemble du cash qui est piégé dans le cycle d'exploitation de l'entreprise. Quand on évoque le BFR, on pense donc immédiatement « stocks + clients – fournisseurs ».

En réalité, et plus précisément, il existe trois types de BFR : le BFR, le BFRE et le BFRHE.

Le BFRE au sens strict, composé des seuls éléments d'exploitation, encore appelé BFR d'exploitation :

BFRE = stocks + clients + créances d'exploitation – fournisseurs – dettes d'exploitation.

Ce BFRE présente le très gros avantage d'être modélisable, quand on voudra construire un business plan. Chacune de ses composantes étant intimement liée au CA et au cycle d'exploitation, le BFRE variera en proportion du CA. En matière d'analyse par les ratios, BFRE/CA (exprimé en pourcentages ou en jours de CA) est l'un des ratios les plus utilisés.

Le « BFRHE » ou « BFR hors exploitation » se détermine en déduisant les dettes hors exploitation des créances hors exploitation.

Le BFR global comprend des éléments qui présentent un caractère non récurrent. On parle rarement de BFR global, on évoque plutôt le « BFR ».

En résumé

BFR global = BFRE + BFRHE

Pour aller plus loin

Qui s'occupe de quel BFR ?

Le BFR exploitation est géré par les opérationnels : c'est le responsable commercial qui signe les contrats (et définit les conditions de paiement, stocks de consignation...), et c'est le directeur de l'usine qui organise le process (il gère les produits intermédiaires et les matières premières...). Ce sont donc eux qui doivent s'occuper du BFR opérationnel. Le BFR hors exploitation est l'affaire des « hommes du siège ».

Exemple de créances hors exploitation : si l'entreprise a à son actif une créance de *carry back*[1], cela signifie qu'elle a demandé à l'État de lui rembourser une partie de l'impôt sur les sociétés qu'elle a versé en N - 1. En effet, comme elle est déficitaire en N, elle ne va pas payer d'impôt sur les sociétés. Si elle n'opte pas pour le report déficitaire (défiscalisation des bénéfices futurs), elle peut choisir d'imputer le déficit fiscal induit par la perte sur les bénéfices antérieurs (d'où la demande de remboursement de l'IS payé en trop). On comprend bien que ce cas n'arrive pas tous les jours, et qu'il vient polluer notre compréhension du niveau habituel de BFR de l'entreprise.

Exemple de dettes hors exploitation : les dettes sur immobilisations. Prenons le cas d'une société qui acquiert une machine pour un montant de 1 000 €. Cette machine est livrée le 20 décembre de l'année N et entre en production. Les conditions de paiement prévoyaient un paiement à 30 jours. Comptablement, au 31/12/N, on va voir apparaître à l'actif du bilan une nouvelle immobilisation pour 1 000 € et au passif une dette sur immobilisation pour 1 000 €. En clair, un fournisseur d'immobilisation (notre fabricant de machine) n'est pas considéré comme un fournisseur lambda, car il n'intervient dans la vie de l'entreprise que de manière sporadique : il n'est pas lié au cycle d'exploitation comme l'est un fournisseur de matières premières.

1. Droit à ne pas payer des impôts l'année N + 1 car on a fait des déficits en année N.

Qu'est-ce que la trésorerie nette (TN) ?

Pour aller plus loin

Cash et trésorerie, c'est pareil ?

Les financiers utilisent le terme « cash » dans un sens économique : ce sont les ressources financières à court terme que l'entreprise peut utiliser « rapidement » pour régler une dette. En comptabilité (et surtout en IFRS), la trésorerie a une définition restrictive qui fait que certains placements à court terme pourraient être considérés comme des actifs financiers (et donc « immobilisés ») et non du cash disponible.

C'est une notion simple qui fait la balance entre la trésorerie « actif » (soit VMP + disponibilités) et la trésorerie « passif » (dettes CT, soit le découvert appelé comptablement « concours bancaires courants et soldes créditeurs de banque et CCP »).

La trésorerie nette peut être positive (on a plus de cash que de découvert) ou négative (situation inverse).

En résumé

Postulat n° 2 : la trésorerie nette doit être proche de zéro.

En effet, une entreprise qui dispose d'un matelas de cash accumulé (trésorerie nette très positive) place cette trésorerie à un taux actuellement très bas. Il y a donc perte d'opportunité. Il vaudrait mieux :

- soit investir dans des projets rentables ;
- soit rendre le cash aux actionnaires (dividendes ou rachat de titres) si l'entreprise n'a pas de projets de développement (on fait ici le raisonnement que l'actionnaire en ferait un meilleur usage, et par « meilleur » on entend « plus rentable »).

Inversement, une société trop endettée à court terme est en danger car elle dépend du bon vouloir de son banquier pour renouveler tous les ans son autorisation de découvert.

Précisons que le commentaire ci-dessus correspond à un environnement économique stable et prévisible, ce qui a été longtemps le cas. Depuis 2009, et avec la crise de liquidités et le manque de visibilité, les entreprises ont tendance à recréer un matelas de cash de façon à faire face à tout imprévu (dans le doute sur la capacité du système financier – banques et marchés – à les financer rapidement). Le postulat n° 2 ne correspond donc plus vraiment à l'air du temps actuel. Enfin, il y a les exceptions marquantes : Apple, une des premières capitalisations boursières mondiales, a plus de 100 milliards de dollars de cash à son actif début 2012.

Pour aller plus loin

À ne pas confondre : trésorerie nette et dette nette

La dette financière nette : c'est l'ensemble des dettes financières déduction faite de la trésorerie disponible (cash et placements à court termes sans risques).

La trésorerie nette : c'est la trésorerie disponible déduction faite des dettes financières à court terme. Une société qui a 10 M€ de dettes à long terme, pas de dettes à court terme et 2 M€ de trésorerie a ainsi une dette financière nette de 8 M€ et une trésorerie nette de 2 M€.

Cas pratique : IndusPME

Le bilan fonctionnel

Nous allons reprendre notre exemple IndusPME (voir en fin d'ouvrage) et présenter un bilan fonctionnel établi à partir du bilan, puis faire un premier commentaire de la structure financière de cette entreprise.

Bilan comptable résumé

Bilan actif	N - 1	N	Bilan passif	N - 1	N
Fonds commercial brut	5	5	Capitaux propres	1 465	1 490
Immobilisations corporelles brutes	1 792	2 260	Provisions pour R&C	–	–
– Amortissements	1 126	1 285	Emprunts et dettes bancaires LT (9)	295	358
Immobilisations financières	26	27	Dettes fournisseurs	551	509
Total des immobilisations (VNC)	**697**	**1 007**	**Dettes fiscales et sociales**	**321**	**386**
Stocks produits finis	232	379	Dettes diverses	2	10
Stocks emballages + matières premières	255	189			
Créances clients brutes	954	860			
– Provisions clients	62	74			
Autres créances	242	218			
Charges constatées d'avance	27	51			
Disponibilités	288	123			
Total Actif	**2 634**	**2 753**	**Total Passif**	**2 634**	**2 753**

Source : données comptables liasse fiscale IndusPME en k€.

Extrait des annexes de la liasse fiscale (tableau des renvois)

RENVOIS	(1)	Écart de réévaluation incorporé au capital		B	N – 1	N
	(2)	Dont	Réserve spéciale de réévaluation (1 959)	C	↓	↓
			Écart de réévaluation libre	D		
			Réserve de réévaluation (1 976)	E		
	(3)	Dont réserve réglementée des plus-values à long terme		EF		
	(4)	Dettes et produits constatés d'avance à moins d'un an		EG	992	1 042
	(5)	Dont concours bancaires courants et soldes créditeurs de banques et CCP		EH	4	29

La dette bancaire N de 358 k€ (353 + 5) est splittée en deux parties :
- dettes bancaires CT : 29 (extrait du tableau de renvois) ;
- dettes bancaires LT : pour le solde, soit 358 – 29.

Exemple de bilan fonctionnel

Bilan actif	N - 1	N	Bilan passif	N - 1	N
Fonds commercial brut	5	5	Capitaux propres	1 465	1 490
Immobilisations corporelles brutes	1 792	2 259	Provisions pour R&C	–	–
Immobilisations financières	26	26	Emprunts et dettes bancaires LT (9)	291	329
Total des immobilisations brutes	1 823	2 290	Amortissements et provisions	1 188	1 359
Stocks produits finis	232	379	Total ressources LT	2 943	3 178
Stocks emballages + matières premières	255	189	**Fonds de roulement**	**1 121**	**888**
Créances clients brutes	954	861			
Autres créances	242	218	Dettes fournisseurs	551	509
Charges constatées d'avance	27	51	Dettes fiscales et sociales	321	386
Besoin en fonds de roulement	**836**	**794**	Dettes diverses	2	10
Disponibilités	288	123	Découvert bancaire	4	29
Trésorerie nette	284	94			
Validation FDR – BFR = TN	284	94			

Analyse de la structure financière

Ici, le fonds de roulement est positif, ce qui signifie que la société a bien financé comme il se doit à l'origine des actifs LT par des ressources LT. En N, le total des ressources LT (3 178 k€) excède de 888 k€ (FDR) les actifs à LT en valeur brute (2 290 k€).

La même année, le besoin en fonds de roulement est positif, de 794 k€. Pour savoir s'il est important, on le mesure en proportion du chiffre d'affaires (794 k€/6 493 k€, soit 12,2 %). L'année précédente, il représentait encore 13,3 % du CA (836/6 332). Le BFR a donc baissé en valeur absolue (836 k€ puis 794 k€) et en valeur relative (13,3 % puis 12,2 % du CA).

En année N, la trésorerie nette est quasi équilibrée (123 k€ de cash pour 29 k€ de découvert). En effet, le fonds de roulement (888 k€) couvrait un peu plus que le BFR (794 k€).

On retrouve bien la relation :

TN = FDR – BFR : 888 – 794 = 94

TN = trésorerie actif – trésorerie passif = 123 – 29.

LA PRÉSENTATION ANGLO-SAXONNE D'UN BILAN

Pour aller plus loin

Qui utilise ce type de bilan ?

Les analystes financiers qui rédigent leur note d'analystes, les grandes sociétés cotées, les banquiers en banque d'investissement, les banquiers du réseau sur les grands *corporates*, les directeurs financiers quand ils ont un fonds d'investissement au capital.

Présentation d'un bilan anglo-saxon

Bilan résumé	
Actif	**Passif**
Actifs détenus en propriété (VNC)	Capitaux propres
+ BFR net	+ Dettes financières nettes
= Actif économique net	**= Capitaux investis**

Les financiers utilisent de plus en plus un format très simple, qui s'avère particulièrement efficace et didactique :

- à gauche, la notion d'actif économique ;
- à droite, les deux façons de le financer.

Qu'est-ce que l'actif économique ? C'est la traduction en euros du *business model* de l'entreprise. S'il s'agit d'un fabricant, nous aurons dans les actifs immobilisés des usines, des machines, des camions. Plus on se situera dans de l'industrie lourde, plus les actifs immobilisés seront importants. Si l'on se situe sur un marché de *B to C*[1], l'entreprise aura un réseau de magasins (donc des murs et des stocks de produits finis) et un compte clients très réduit (les clients paient cash). Si l'on est en *B to B*[2], il n'y aura pas ou peu de magasins, mais un compte clients important. Si l'entreprise travaille avec des collectivités locales, le compte clients sera très important.

En résumé

Actif économique = actifs immobilisés + BFR.

On parle d'AE_{brut} (actifs avant amortissement – stocks et clients avant provisions) et d'AE_{net} (actifs après amortissement – stocks et clients après provisions) selon les contextes.

En termes de vocabulaire, on parle indifféremment d'actif économique, d'outil de travail, de capitaux employés. On évoque les capitaux investis ou encore les capitaux engagés.

Compte tenu de la façon dont est construit un bilan :

capitaux propres + dettes financières nettes = actif économique net.

Les deux sources de financement d'une entreprise sont reprises dans la partie droite du tableau :

- les actionnaires (*via* les augmentations de capital, les comptes courants d'associé...). Leur patrimoine est constitué des capitaux propres ;
- les banques (qu'il s'agisse de dettes long terme ou de dettes court terme) : leurs engagements sont mesurés par la notion de dette financière nette.

En résumé

Dettes financières nettes = dettes financières – cash à l'actif (disponibilités + VMP).

Par rapport à l'approche française présentée juste avant, cette présentation permet de beaucoup mieux visualiser la taille de l'outil de travail, et la façon de le financer. En revanche, on perd la notion de temporalité.

1. B to C : *Business to consumer*, les clients sont vous et moi.
2. B to B : *Business to business*, les clients sont des entreprises.

Cas pratique : IndusPME

Le bilan « anglo-saxon »

Bilan société IndusPME en format anglo-saxon

Présentation anglo-saxonne du bilan en k€	**N – 1**	**N**		**N – 1**	**N**
AI net	697	1 007	Capitaux propres	1 465	1 490
BFR net	774	719	Dettes financières nettes	6	235[1]
Total = actif économique net	**1 471**	**1 725**	**Total = capitaux investis**	**1 471**	**1 725**

Dans ce format très compact, on mesure plus facilement que la société est très peu endettée (surtout en N – 1). Précisons que les arrondis de notre cas font que, parfois, il existe un très léger écart dans la présentation.

Il faut noter que les montants de BFR du bilan anglo-saxon diffèrent de ceux établis dans le bilan « à la française ». Avez-vous compris pourquoi ?[2]

À savoir

Quand on compare les BFR de plusieurs entités, établis à partir de présentation hétérogènes, bien comparer des BFR comparables (tous en valeurs brutes ou tous en valeurs nettes).

À QUOI CORRESPOND CONCRÈTEMENT LA NOTION DE BFR ?

La notion de BFR n'est pas intuitive, mais tellement importante à intégrer quand on est un manager.

Si l'on repart de la définition (BFR = stocks + clients – fournisseurs), on comprend que le concept de BFR intègre deux phénomènes majeurs distincts, que nous allons appréhender successivement :

- le phénomène des délais de paiement ;
- les effets stocks (stockage et déstockage).

1. DFN de 235 = toutes les dettes bancaires 358 – cash actif de 123.
2. Dans un cas, les BFR sont déterminés à partir des actifs bruts, dans l'autre cas (anglo-saxon), les actifs sont pris en valeur nette. L'écart entre les deux en année N (74) correspond aux provisions sur compte clients.

Impact des délais de paiement

Reprenons notre exemple sur la création.

Données d'origine du cas sur le cash

Compte de résultat (en M€)	Trimestres				Année
	T1	T2	T3	T4	
CA	10	20	30	40	100
– Charges d'exploitation	8	16	24	32	80
= EBE	2	4	6	8	20

Plan de trésorerie d'origine du cas sur le cash

Évolution de la trésorerie trimestrielle (en M€)	Trimestres							
	T1	T2	T3	T4	En cash	En CR	Delta	Compte de tiers
Recettes (CA réglé)	0	10	20	30	60	100	40	Clients
– Décaissements	8	16	24	32	80	80	0	Fournisseurs
= Flux de trésorerie trimestriel	– 8	– 6	– 4	– 2			40	BFR
Flux cumulés de trésorerie	– 8	– 14	– 18	– 20				
Trésorerie début de période	1	– 7	– 13	– 17				
Trésorerie fin de période	– 7	– 13	– 17	– 19				

La société aura facturé 100 la première année, qui vont apparaître en chiffre d'affaires dans le compte de résultat (CA = somme des factures émises sans se préoccuper des modalités de paiement). Ce chiffre d'affaires va se traduire en cash pour 100, c'est une certitude, mais on ne sait pas quand. La société n'aura encaissé en réalité que 60 dans l'exercice comptable (du fait des délais de paiement octroyés).

La prise en compte des impacts de BFR revient donc à intégrer la notion de temps dans notre notion de cash. Cela permet de cadencer, de répartir les 100 d'encaissements futurs : une partie dans l'exercice (60) et une partie différée sur l'exercice suivant (40).

Finalement, on comprend mieux pourquoi notre start-up finit l'exercice avec des flux cumulés de trésorerie négatifs de 20 : la société a prévu de dégager un EBE de 20 (traduisez : la société encaissera 20, c'est certain, mais on ne sait pas quand). Mais comme elle a décalé sur l'exercice suivant un montant important de cash à encaisser (40 correspondant au délai de paiement clients), le cash généré sur le premier exercice sera de 20 – 40 = – 20 ! L'an prochain, l'entreprise encaissera 40 en n'ayant rien à faire (si ce n'est relancer les clients pour qu'ils n'oublient pas de la régler !).

On peut établir le BFR dans notre exemple : stocks (0) + clients (+ 40 pour une augmentation du compte clients de 0 en début d'année à 40 en fin d'année) – fournisseurs (nuls car pas de délais de paiement octroyés par les fournisseurs). BFR = 40. C'est un BFR positif qui se traduit par la nécessité de trouver un financement, matérialisé par la trésorerie nette négative de 20.

Pour aller plus loin

Comment est financé le BFR ?

Dans notre exemple, le BFR de 40 est financé à hauteur de 20 par la marge, de 1 par les fonds apportés par l'actionnaire et pour le solde… par un découvert bancaire (qui ici ne sera pas accordé par le banquier).

Impact des stocks

Reprenons notre exemple. Nous allons considérer que les clients paient comptant et que les fournisseurs sont réglés comptant, pour ne nous intéresser qu'à l'effet stocks.

Retenons les hypothèses suivantes :

Prix de revient pour un produit	1			
Prix de vente d'un produit	1,25			
Les estimations de ventes sont de	8	16	24	32
Le volume de production est de	8	16	24	32

Dans notre cas (très théorique), le rythme de production correspond tout à fait au rythme des ventes. Il n'y a jamais de stocks de produits finis. Dans ce cas, la marge générée va correspondre au cash généré (pas de délais de paiement et pas de dotations aux amortissements).

Impact d'un paiement comptant des clients sur le cash généré

Compte de résultat	Trimestres				Année
Volumes produits = volumes vendus	T1	T2	T3	T4	
CA	10	20	30	40	100
– Charges d'exploitation	8	16	24	32	80
= EBE	**2**	**4**	**6**	**8**	**20**

Évolution de la trésorerie trimestrielle	Trimestres			
Volumes produits = volumes vendus	T1	T2	T3	T4
Recettes (CA réglé)	10	20	30	40
– Décaissements	8	16	24	32
= Flux de trésorerie trimestriel	2	4	6	8
Flux cumulés de trésorerie	**2**	**6**	**12**	**20**
Trésorerie début de période	1	3	7	13
Trésorerie fin de période	3	7	13	**21**

Si, maintenant, la société fabrique plus qu'elle ne vend, elle va progressivement accumuler du stock de produits finis, encore appelé production stockée (un par trimestre dans notre exemple). On rappelle à ce stade que les stocks sont valorisés au bilan pour leur prix de revient (un par unité dans notre cas).

Prix de revient pour un produit	1			
Prix de vente d'un produit	1,25			
Les estimations de ventes sont de	8	16	24	32
Le volume de production est de	9	17	25	33

En termes de trésorerie, les flux cumulés sont inférieurs au cas précédent, car pour un même CA, l'entreprise a dépensé plus. Le cumul des flux de trésorerie passe de 20 à 16 (on a fabriqué 4 produits de plus qui coûtent chacun 1 à fabriquer).

Impact d'un stockage de produits finis sur le cash généré

Évolution de la trésorerie trimestrielle	Trimestres			
Volumes produits > volumes vendus	**T1**	**T2**	**T3**	**T4**
Recettes (CA réglé)	10	20	30	40
– Décaissements	9	17	25	33
= Flux de trésorerie trimestriel	1	3	5	7
Flux cumulés de trésorerie	**1**	**4**	**9**	**16**
Trésorerie début de période	1	2	5	10
Trésorerie fin de période	2	5	10	**17**

En termes de rentabilité, la chose est différente : le coût supplémentaire de 4 ne correspond pas à un rebond dans les dépenses pour produire la même quantité (ce serait une perte…), mais au stockage de 4 produits, qui valent 4 en prix de revient. La comptabilité va donc faire apparaître la notion de production stockée (prix de revient des 4 produits fabriqués non vendus). En réalité, ne vont apparaître dans le compte de résultat que le prix de revient des produits vendus (le prix de revient des produits fabriqués non vendu va être annulé dans le compte de résultat par l'augmentation de stocks de produits finis). Les 4 ne sont pas une perte, ils deviennent un actif et apparaissent au bilan dans la rubrique « stocks de produits finis ».

Impact d'un stockage de produits finis sur la rentabilité

Compte de résultat	Trimestres				Année
Volumes produits > volumes vendus	**T1**	**T2**	**T3**	**T4**	
CA	10	20	30	40	100
+ Variation stocks produits finis	1	1	1	1	4
– Charges d'exploitation	9	17	25	33	84
= EBE	**2**	**4**	**6**	**8**	**20**
Volume produits	9	17	25	33	**84**
Prix de revient pour un produit	1				
Prix de vente pour un produit	1,25				
Les ventes sont de :	8	16	24	32	**80**
Le volume de production est de :	9	17	25	33	**84**

84 = dépenses de l'exercice
84 – 4 = dépenses correspondant aux ventes de l'exercice

On vient de réaliser que l'EBE, que l'on prenait pour un indicateur cash, suppose qu'il n'y ait pas de problématique de stocks de produits finis.

Dans notre exemple, l'EBE de 20 est une mesure du cash, quand les 4 produits auront été vendus (en réalité les 4 produits seront vendus 4 × 1,25 en prix de vente...).

L'année considérée, le cash généré serait de 20 – 4, soit les 16 qui apparaissent dans le tableau précédent.

Pour aller plus loin

EBE et cash, c'est pareil ?

L'EBE que nous avons jusqu'à présent indiqué comme un indicateur du cash généré par l'exploitation est presque du cash ! C'est en fait du cash aux variations de BFR près.

CE QU'IL FAUT ENCORE SAVOIR SUR LES BFR

Le BFR vu comme une norme

On exprime couramment le BFRE par rapport au CA, soit en nombre de jours de chiffre d'affaires, soit en pourcentage du chiffre d'affaires.

Le BFRE étant intimement lié à l'activité, il faut considérer, toutes choses égales par ailleurs, que si les ventes augmentent de 10 %, le BFR va augmenter de 10 %. Si les ventes augmentent de 30 %, le BFRE peut n'augmenter que de 30 %. En revanche, le risque est grand qu'un doublement des ventes se traduise par un triplement du BFRE. En effet, une forte augmentation des ventes (et de la production) peut provoquer une certaine désorganisation (retard dans les recrutements du personnel fonctionnel chargé de l'organisation et du suivi de la production et de la facturation, par exemple).

Le BFR vu comme un indicateur de risque

Analyser les comptes d'une entreprise et de sa structure financière passe également par l'analyse historique de l'évolution de ses BFR.

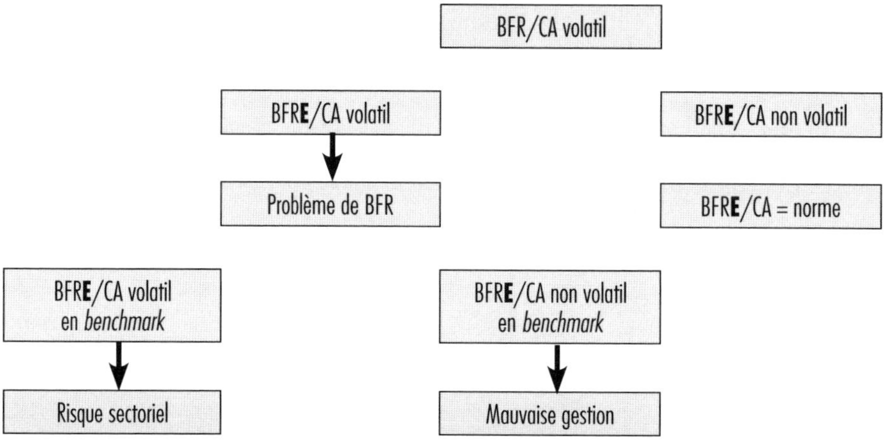

Si l'analyse historique fait ressortir une forte volatilité des BFR (exprimés en pourcentage des ventes), il faut appréhender plus finement les seuls BFRE/CA. Si ce ratio est toujours volatil, cela signifie que les BFR ne sont pas sous contrôle, ce qui est une source de risque.

Pour savoir si ce risque est maîtrisable, il faut analyser les BFR des concurrents. Si les BFR des concurrents sont volatils, on en déduira que le secteur ne permet pas une maîtrise des BFR, que le risque induit ne peut être réduit, et qu'il faut donc agir de manière extrêmement prudente avec cette entreprise.

Inversement, si les concurrents n'ont pas ce problème de volatilité, on en déduira que l'équipe de direction en place n'est pas une bonne gestionnaire, et que les BFR peuvent être réduits et normés. Si l'on est futur actionnaire de la société, il faudra envisager le recrutement d'une ou deux personnes chargées des BFR pour rectifier le tir (et récupérer du cash...).

Les mesures à prendre pour réduire ces BFR sont évoquées dans le chapitre 4.

BFR positif et BFR négatif

En règle générale, le besoin en fonds de roulement est positif car, le montant des ventes étant supérieur au montant des achats, même si les délais de paiement sont identiques, le poste clients sera supérieur au poste fournisseurs (et plus la valeur ajoutée est élevée, plus le commentaire s'avère vrai...).

Par exception, le BFR est négatif. Dans certains secteurs, un BFR négatif est la norme : typiquement, dans la grande distribution (les clients paient cash, les fournisseurs patientent...), mais également dans la presse (absence de stocks, clients qui paient comptant ou d'avance...).

Le BFR a par ailleurs tendance à être inversement proportionnel à la taille du groupe. En effet, plus il existe un écart de taille entre l'entreprise et son entourage, plus elle peut imposer un certain rapport de force, et donc des conditions avantageuses de paiement (à l'achat et à la vente). Un groupe puissant, eu égard à ses clients et fournisseurs, aura donc un BFR faible, voire négatif.

Dans la lettre du Vernimmen n° 97 de mai 2011, des analystes se sont penchés sur le ratio BFR/CA des plus grandes sociétés cotées européennes (eurostock 50).

Leurs travaux font apparaître que plus de la moitié des groupes industriels ont des BFR négatifs, ce qui illustre les conséquences bénéfiques pour les grandes entreprises du rapport de force en leur faveur vis-à-vis de leur entourage… Voici un usage très financier du concept des cinq forces de Porter !

Saisonnalité des BFR et bilans normatifs

Nous avons déjà évoqué précédemment la difficulté d'analyse des bilans de sociétés présentes sur des activités saisonnières. Nous allons montrer par l'exemple qui suit la façon, simple, de contourner cette difficulté.

Exemple d'un bilan en activité saisonnière

Bilan fonctionnel à la date du 31/12 en (monnaie) société A			
Actif		**Passif**	
Actifs immobilisés en VB (2)	1 000	Capitaux propres	600
FDR = (1) – (2)	200	+ Dettes bancaires LT	200
Stocks		+ Amortiss. ET provisions	400
+ Créances clients		= Ressources LT (1)	1 200
+ Diverses créances exploitation		– Fournisseurs et diverses dettes d'exploitation	
= Total actif circulant (3)		Total passif circulant (4)	
		BFR = (3) – (4)	200
VMP + disponibilités (5)	–	Dettes bancaires CT (6)	–
Trésorerie nette (TN) = FDR – BFR = (5) – (6)			

Pour aller plus loin

BFR économique

Le BFR à une date précise n'a aucune raison d'être représentatif d'une situation permanente. Même sans discuter avec l'entreprise, on peut reconstituer un BFR économique à partir des frais financiers détaillés ci-dessus.

L'entreprise ci-dessus présente ce que l'on pourrait appeler « un beau bilan » à la date de clôture. Elle opère dans un secteur saisonnier.

Sans retraitement, le bilan nous indique que la dette financière nette est de 200 M€ (200 de dettes LT – 0 de TN positive). Avec un coût de la dette de 5 % (taux identique en LT et CT), les frais financiers devraient être de 10 M€.

Exemple d'un compte de résultat en activité saisonnière

Compte de résultat société A	
CA	2 000
RE	250
– Frais financiers	32

Le compte de résultat fait état de frais financiers substantiellement supérieurs à ce que l'on imaginait, ce qui signifie qu'en réalité, il existe une dette CT pendant les 12 mois (qui disparaît à la date de clôture...) que l'on peut très facilement reconstituer.

Pour ce faire, on commence par retrouver la dette financière nette moyenne globale[1] à partir des frais financiers nets[2] constatés au compte de résultat pour les 12 mois.

En résumé

Dette financière nette moyenne globale = frais financiers nets/coût de la dette supposé pour une telle entreprise.

1. DFN : toute la dette bancaire, court terme et long terme, déduction faite du cash à l'actif (VMP + disponibilités).
2. Frais financiers nets : frais financiers au sens strict (ceux qui sont générés par la dette bancaire) – produits financiers au sens strict (ceux qui sont la conséquence du placement de notre trésorerie à l'actif).

Dans notre cas : frais financiers nets/coût de la dette, soit 32/5 % = 648 M€. On suppose dans notre exemple :

- que la dette bancaire LT n'a pas varié pendant l'année (échéance semestrielle) ;
- que le coût de la dette est égal au taux des placements.

L'écart entre la dette bancaire nette moyenne globale reconstituée (648 M€) et la dette LT au bilan (200 M€) correspond à un en-cours moyen de dettes CT sur les 12 mois passés de 448 M€.

Si l'on demandait au directeur financier la position de trésorerie nette mensuelle (mais on n'a pas toujours accès au directeur financier et/ou on n'a pas nécessairement envie de le déranger), on obtiendrait le graphe suivant :

- existence d'un découvert pendant 11 mois ;
- trésorerie à zéro au 31/12.

Position mensuelle de TN	
1	– 150
2	– 300
3	– 400
4	– 500
5	– 600
6	– 650
7	– 700
8	– 750
9	– 600
10	– 650
11	– 80
12	–
Moyenne	– 448

Position mensuelle de trésorerie nette

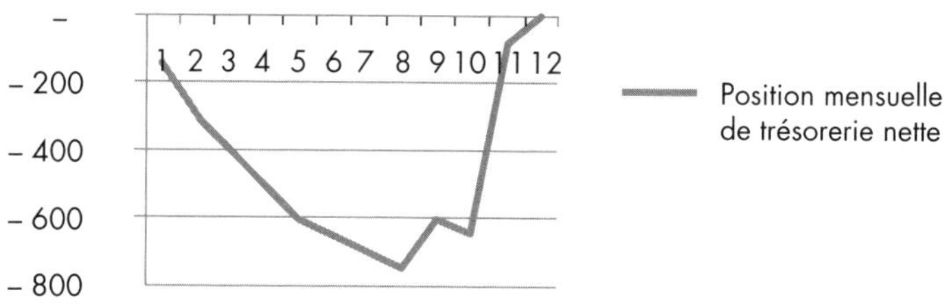

Pour finir notre bilan normatif, on détermine le BFR normatif par différence entre le FDR (qui n'a pas changé) et la TN (négative de 448 M€).

Bilan fonctionnel normatif à la date du ... en (monnaie)			
Actif		**Passif**	
Actifs immobilisés en VB (2)	1 000	Capitaux propres	600
FDR = (1) – (2)	200	+ Dettes bancaires LT	200
Stocks		+ Amortiss. ET provisions	400
+ Créances clients		= Ressources LT (1)	1 200
+ Diverses créances exploitation		– Fournisseurs et diverses dettes d'exploitation	
= Total actif circulant (3)		Total passif circulant (4)	
		BFR normatif = (3) – (4)	648
VMP + disponibilités (5)	–	Dettes bancaires normatives CT (6)	448
Trésorerie nette normative (TN) = FDR – BFR = (5) – (6)			**– 448**

Pour aller plus loin

BFR et cash, que faut-il financer ?

Un BFR positif est un « besoin », ce qui signifie qu'il faut le financer. Ici, le financement dont l'entreprise doit disposer, c'est 950 M€ en pointe et non les 200 M€ indiqués au bilan !

Analyser la structure financière d'une société opérant sur un secteur saisonnier revient à raisonner à trois voix :

- en moyenne (c'est l'intérêt du bilan normatif) ;
- au pire (TN négative de 750 M€ en août) ce qui permet de savoir le maximum de l'en-cours et donc du découvert à négocier vis-à-vis des banques ;
- à la clôture : c'est la vision optimiste ! (et rarement une entreprise comme celle que nous étudions choisira de clôturer ses comptes en juillet !).

Les retraitements à apporter au bilan fonctionnel si l'on travaille à partir d'une liasse fiscale

Pour aller plus loin

Hors bilan, hors bilan !

Les comptes « français » sont le reflet d'une situation juridique : un bien acquis en crédit-bail est juridiquement loué. Néanmoins, il s'agit économiquement d'une opération de crédit d'où l'opération de hors bilan. L'actif n'est pas dans le bilan mais la société doit quand même le payer !

Quand on travaille sur les comptes d'une PME française, on doit se souvenir que certains modes de financement ne sont pas pris en compte pour établir les comptes sociaux annuels. Le crédit-bail et le recours à l'escompte sont traités comme des éléments de « hors bilan ».

Retraitement du crédit-bail

La logique du retraitement

Données recueillies

Valeur des biens à la signature du contrat (informations données par le directeur financier)	1 200
Redevance de crédit-bail de l'exercice (lignes HP ou HQ de la liasse fiscale)	180
Dotation aux amortissements qui auraient été constatées au titre de N	140
Montant cumulé des amortissements qui auraient été passés avant N	350

Dans notre exemple, nous supposons que nous avons accès au directeur financier, ce qui nous permet de connaître la valeur à l'origine du matériel acquis en crédit-bail, le type de matériel et la durée d'amortissement habituellement retenue par l'entreprise pour ce type de matériel.

Impact du retraitement du crédit-bail sur un bilan

Bilan fonctionnel à la date du … en (monnaie)			
Actif		**Passif**	
Actifs immobilisés en VB (2)	1 200	Capitaux propres	
FDR = (1) – (2)	–	+ Dettes bancaires LT	710
Stocks		+ Amortiss. ET provisions	490
+ Créances clients		= Ressources LT (1)	1 200

Bilan fonctionnel à la date du ... en (monnaie)			
Actif		**Passif**	
+ Diverses créances exploitation		– Fournisseurs et diverses dettes d'exploitation	
= Total actifs circulants (3)		Total passifs circulants (4)	
		BFR = (3) – (4)	–
VMP + disponibilités (5)		Dettes bancaires CT (6)	
Trésorerie nette (TN) = FDR – BFR = (5) – (6)			
Impact des retraitements	1 200		1 200

Retraiter un bilan du crédit-bail revient à faire comme si la société avait acquis normalement l'actif et l'avait financé par un crédit moyen terme amortissable classique (un emprunt MLT). C'est pourquoi l'on voit apparaître le bien à l'actif en valeur brute à l'origine (1 200), et le montant correspondant au passif en dettes bancaires LT. Tous les ans, on va constater le vieillissement de la machine qui va se traduire :

- par une VNC à l'actif qui baisse du montant des amortissements qui augmentent ;
- par une dette bancaire au passif qui baisse et qui sera toujours égale à la VNC de la machine.

Le retraitement du bilan n'a aucun impact sur le fonds de roulement mais modifie sensiblement les ratios d'endettement (dettes/capitaux propres notamment).

En matière de retraitement du compte de résultat, on minorerait dans notre exemple les charges externes de 180 €, et on majorerait :

- les dotations aux amortissements de 140 € ;
- les frais financiers du solde : 180 – 140 = 40 €.

Les difficultés du retraitement : et si l'on n'a pas accès au directeur financier ?

Dans ce cas, on raisonne par approximation, en répartissant au niveau du compte de résultat de manière un peu arbitraire le loyer en ses deux composantes. S'agissant d'une vision approximative, on résume dans le tableau ci-dessous la pratique constatée.

En résumé

La logique du retraitement du crédit-bail est partagée par tous les praticiens. Toutefois, il existe des variantes dans sa mise en œuvre en ce qui concerne le crédit-bail mobilier. Quelle que soit la variante retenue, elle nous rapproche plus de la réalité que de ne rien faire…

Modalités de retraitement du crédit-bail dans les ouvrages spécialisés en finance

Taux de retraitement du crédit-bail	Crédit-bail mobilier		Crédit-bail immobilier	
	Dotations	Frais financiers	Dotations	Frais financiers
Traitement 1	80 %	20 %		
Traitement 2	75 %	25 %	50 %	50 %
Traitement 3	2/3	1/3	50 %	50 %
Traitement 4	65 %	35 %	50 %	50 %

Source : « Effets des méthodes de retraitements du crédit-bail sur l'analyse financière », Ferri Briquet, GREFIGE – Université Nancy 2.

Modalités de retraitement pratiquées par les banques

Taux de retraitement du crédit-bail	Crédit-bail mobilier		Crédit-bail immobilier	
	Dotations	Frais financiers	Dotations	Frais financiers
Traitement 1	70 %	30 %	50 %	50 %
Traitement 2	60 %	40 %		
Traitement 3	2/3	1/3	50 %	50 %

Source : « Effets des méthodes de retraitements du crédit-bail sur l'analyse financière », Ferri Briquet, GREFIGE – Université Nancy 2.

En résumé, si l'on doit retraiter les comptes d'une entreprise en normes françaises et se finançant en crédit-bail immobilier, on pourra sans états d'âme retenir la répartition des loyers à 50/50 (ce qui est relativement vrai à mi-contrat).

Si l'on doit maintenant retraiter du crédit-bail mobilier, il faut savoir que les taux retenus varient mais, quel que soit le taux retenu, le retraitement donnera une vision plus proche de la réalité.

En ce qui concerne maintenant le bilan, et à défaut d'information directe, les annexes nous donnent comme seule information (lignes YQ et YR de la liasse) le montant des engagements de crédit-bail. Il faut bien comprendre que ce montant correspond à la somme des loyers futurs de crédit-bail que la société s'est engagée à honorer, et non à l'en-cours de dette vis-à-vis du loueur. Ce montant intègre donc une partie de frais financiers. On procédera donc différemment et plus globalement en ne retenant que la partie « en-cours de dette restant à rembourser » que l'on considérera comme une dette bancaire LT supplémentaire, et on rajoutera aux actifs immobilisés ce montant pour rééquilibrer notre bilan fonctionnel.

cerfa N° 10953*03 (11)
Formulaire obligatoire (article 53A du Code général des impôts).

TABLEAU D'AFFECTATION DU RÉSULTAT ET RENSEIGNEMENTS DIVERS

D.G.I N° 2058-C 1

Désignation de l'entreprise :

TABLEAU D'AFFECTATION DU RÉSULTAT DE L'EXERCICE PRÉCÉDENT (Entreprises soumises à l'impôt sur les sociétés) (1)				
ORIGINES	Report à nouveau figurant au bilan de l'exercice antérieur à celui pour lequel la déclaration est établie		0C	
	Résultat de l'exercice précédent celui pour lequel la déclaration est établie		0D	
	Prélèvements sur les réserves (à détailler)			
	Sous-total (à reporter dans la colonne de droite)	0	0E	
	TOTAL I		0F	0
AFFECTATIONS	Affectations aux réserves - Réserve légale		ZB	
	- Réserve spéciale des plus-values à long treme		ZC	
	- Autres réserves		ZD	
	- Réserve spéciale avant incorporation au capital (art. 219-I-f)*		A5	
	Dividendes		ZE	
	Autres répartitions		ZF	
	Report à nouveau		ZG	
	(N.B. Le total I doit nécessairement être égal au total II) TOTAL II		ZH	0

(1) Ce cadre est destiné à faire apparaître l'origine et le montant des sommes distribuées ou mises en réserve au cours de l'exercice dont les résultats font l'objet de la déclaration. Il ne concerne donc pas, en principe, les résultats de cet exercice ma

RENSEIGNEMENTS DIVERS			Exercice N :	Exercice N-1 :
ENGAGEMENTS	- Engagements de crédit-bail mobilier	YQ		
	- Engagements de crédit-bail immobilier	YR		
	- Effets portés à l'escompte et non échus	YS	←	

Retraitement des effets escomptés non échus (EENE)

L'escompte, tout comme le découvert, fait partie des modalités de financement CT de base. En ce qui concerne l'escompte, le banquier finance le délai de paiement octroyé au client. À l'échéance, il sera remboursé par le client. Mais attention, si celui-ci ne paie pas, la banque se retourne contre la société qui devra payer à la place du client. Le banquier assure le financement mais ne porte pas le risque du client.

Bilan fonctionnel à la date du … en (monnaie)			
Actif		**Passif**	
Actifs immobilisés en VB (2)		Capitaux propres	
FDR = (1) – (2)		+ Dettes bancaires LT	
Stocks		+ Amortiss. ET provisions	
→ + Créances clients + EENE	10 000	= Ressources LT (1)	
+ Diverses créances exploitation		– Fournisseurs et diverses dettes d'exploitation	
= Total actifs circulants (3)		Total passifs circulants (4)	
		BFR = (3) – (4)	
VMP + disponibilités (5)		Dettes bancaires CT + EENE (6)	10 000
Trésorerie nette (TN) = FDR – BFR = (5) – (6)			
Impact des retraitements	10 000		10 000 ←

Comme on peut le voir, ce retraitement a un impact sur le BFR *et* sur la trésorerie nette :

- sur le BFR dans la mesure où l'on reconstitue le poste clients tel qu'il était avant d'avoir recours à l'escompte (la fameuse notion de valeur à l'origine) ;
- sur la trésorerie nette puisque l'on majore les dettes bancaires CT du montant des EENE (si rien n'avait été fait, nous aurions laissé gonfler le découvert).

Comme pour tous les retraitements, ceux-ci doivent être faits en amont de la détermination des FDR, BFR et TN (puisqu'ils en modifient les montants) mais également du calcul des différents ratios.

Le *factoring*, lui, n'est pas évoqué dans la liasse fiscale… Seule une discussion avec l'entreprise ou une vision de l'interne permet d'en connaître le montant.

QUAND PEUT-ON DIRE QU'UNE ENTREPRISE EST CORRECTEMENT FINANCÉE ?

Pour aller plus loin

Et mal financée ?

Effectivement, il est plus facile de dire qu'une entreprise est mal financée car dès qu'il y a un risque de cessation de paiement… l'entreprise est mal financée ! En la matière, le cash est roi : le dépôt de bilan est toujours un manque de cash et cela peut arriver du fait d'une croissance trop rapide (et donc pour une société profitable) ou du fait d'une activité durablement déficitaire.

Nous abordons ici un point fondamental et ce d'autant plus qu'il n'a pas de réponse unique[1]. Une première raison tient à la multiplicité des points de vue : le banquier aura tendance à considérer que plus il y a de fonds propres, mieux c'est. L'actionnaire, qui vise naturellement une rentabilité des fonds propres, aura tendance à considérer que si l'on peut emprunter, c'est mieux (le fameux effet de levier).

Pour répondre à la question ci-dessus, nous allons éclairer quelques aspects aussi factuels que possible de la question.

Capitaux propres négatifs

Pour aller plus loin

Pertes et cash ?

Faire des pertes, ce n'est pas nécessairement perdre du cash ! Une entreprise de négoce qui vend des produits moins chers que ses coûts d'achat et de commercialisation fait des pertes et perd du cash. Areva, qui provisionne Uramin, fait des pertes mais il n'y a pas de fuite de cash : l'acquisition a été payée, le fait de provisionner les titres n'implique pas de sortie de cash.

Des capitaux propres négatifs sont un indicateur avancé de très importantes difficultés de l'entreprise. Cela revient à considérer qu'un actionnaire qui voudrait arrêter l'activité vendrait tous les actifs détenus par l'entreprise et devrait remettre de l'argent dans l'entreprise pour désintéresser tous ses créanciers. La somme des valeurs de tous les actifs ne permet pas de faire face aux dettes… Cela signifie que l'entreprise a fait des pertes importantes

1. Espérons que cet aveu ne vous fera pas regretter l'acquisition de cet ouvrage…

mais ne préjuge pas de la situation de trésorerie : on peut avoir des fonds propres négatifs et une trésorerie nette positive, il suffit par exemple d'être en situation de BFR négatif !

Capitaux propres minimum

Le code de commerce prévoit que lorsqu'il ressort de l'étude des documents comptables que les capitaux propres de la société sont inférieurs à la moitié du capital social (et *a fortiori* négatifs !), les actionnaires doivent se réunir dans l'exercice qui suit l'approbation des comptes pour statuer sur la dissolution de la société ou le maintien de l'activité en régularisant la situation dans les deux ans (réduction du capital social ou renforcement des fonds propres). Cette procédure ne concerne pas les sociétés en procédure de sauvegarde ou de redressement judiciaire ou qui bénéficient d'un plan de sauvegarde ou de redressement judiciaire.

Bilan fonctionnel à la date du ...en (monnaie)	
Actif	**Passif**
Actifs immobilisés en VB (2)	Capitaux propres
FdR = (1) – (2)	+ Dettes bancaires LT
Stocks	+ Amortiss. ET provisions
+ Créances clients	= Ressources LT (1)
+ Diverses créances exploitation	– Fournisseurs et diverses dettes d'exploitation
= Total actifs circulants hors trésorerie actif (3)	Total passifs circulants hors trésorerie passif (4)
	BFR = (3) – (4)
VMP + disponibilités (5)	Dettes bancaires CT (6)
Trésorerie nette (TN) = FDR – BFR = (5) – (6)	

En résumé

Nous avons déjà exprimé le postulat n° 1, qui implique que le FDR doit être positif.

Le postulat n° 2 était que la trésorerie nette doit être proche de zéro.

Comme on vient de voir que les BFR étaient la plupart du temps positifs, on en retire qu'en réalité, le FDR doit être égal au BFR pour aboutir à une TN nulle.

Dès que l'on établira que la structure financière est déséquilibrée (trésorerie nette négative), on devra en trouver la ou les raison(s) de manière à proposer des actions correctives. Attention, il s'agit de postulats pertinents mais simplificateurs : il y a beaucoup de bonnes raisons pour avoir des dettes à court terme et une éventuelle trésorerie nette négative.

Le BFR est-il trop important ?

La question peut être posée à deux niveaux :

- celui du manager d'une entité au sein d'un groupe ;
- celui d'un manager responsable d'un ensemble.

Dans le premier cas, la question posée en réalité est la suivante : suis-je meilleur ou moins bon que mes petits camarades ? On cherchera à mesurer sa propre performance en faisant un *benchmark* « interne » au groupe à partir du *reporting* interne (BFR moyen des entités du groupe *versus* le BFR de mon entité).

Dans le deuxième cas, on raisonnera plutôt eu égard à l'environnement.

Nous montrons dans la figure suivante la marche à suivre des étapes itératives.

On calculera tout d'abord le ratio BFR/CA (global dans un premier temps) de l'ensemble.

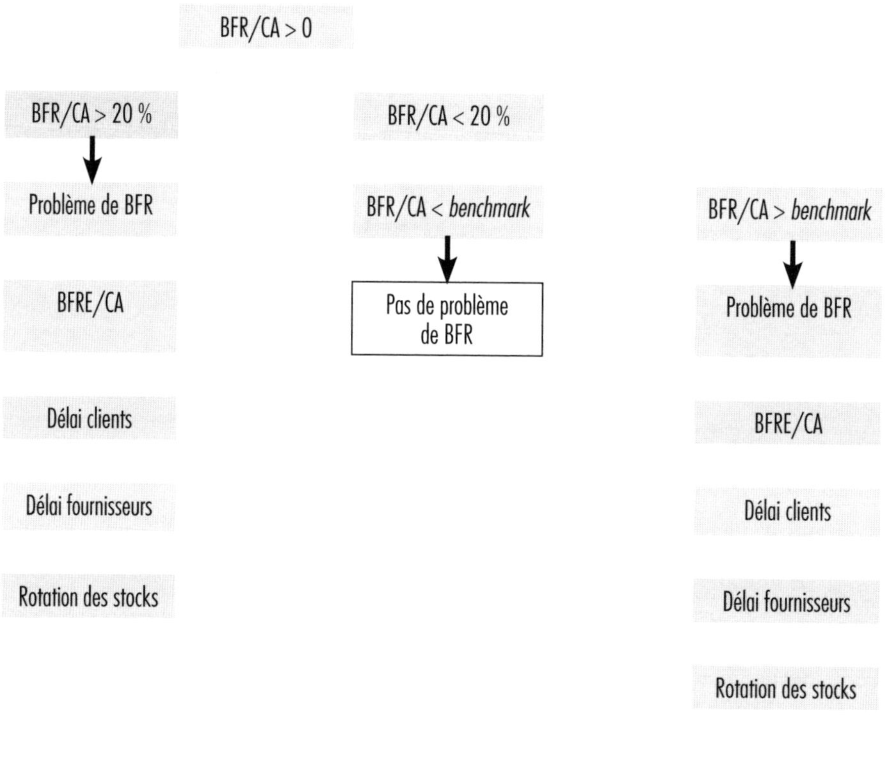

Si le ratio BFR/CA est supérieur à 20 %, il est très vraisemblable, quel que soit le secteur d'activité, que le BFR est trop élevé. Vous pouvez retenir cette « norme » de 20 % si vous êtes pressé et que vous n'avez pas d'informations sur vos concurrents directs.

On va donc analyser plus finement le BFR, dans un premier temps en le dépolluant du BFRHE (voir plus haut). Le problème du BFR peut être ponctuel et induit par un phénomène non récurrent de créances hors exploitation (de type *carry back* déjà évoqué).

Si le problème vient bien du BFRE[1], il faut alors calculer trois ratios :

- délai de paiement clients (DSO) ;
- délai de paiement fournisseurs ;
- rotation des stocks.

Si le ratio BFR/CA est < 20 % mais supérieur au secteur, l'entreprise là encore gère mal ses BFR, et calculer les trois ratios permettra de poser un diagnostic précis avant de passer à l'action.

La bonne compréhension de ces ratios est donc déterminante pour un manager. En effet, comment savoir où il faudrait aller si l'on ne sait pas où l'on est ! Une étude Ernst and Young de 2007, « le BFR, un réel enjeu pour l'entreprise », indiquait qu'un tiers des entreprises ne connaissait pas leur BFR en pourcentage du CA !

Comment calculer un délai de paiement ?

Le ratio de rotation de l'en-cours clients, plus communément appelé « délai clients », mesure le temps moyen pris par l'ensemble des clients pour régler leurs factures.

En résumé

Délai de paiement clients – mode de calcul standard :

– (compte clients + EENE (*))/[CA × (1 – taux TVA**)] × 360 si normes françaises ;

– compte clients/[CA × (1 – taux TVA**)] × 360 si normes IFRS.

Précisons que l'on peut diviser par 360 (pure convention) ou 365 (vérifier donc le mode de calcul quand on compare avec des statistiques établies par d'autres…).

1. Dont on rappelle qu'il est contrôlé par les managers opérationnels.

Le compte clients se trouve à l'actif du bilan. Il est comptabilisé, comme tous les comptes de tiers[1], en TTC. Si la source est une liasse fiscale, que les annexes mentionnent un recours aux effets escomptés non échus, alors il faut retraiter le compte clients de ce montant (*). Sinon, en raisonnant par l'absurde, une entreprise avec de longs délais de paiement, mais se finançant intégralement en ayant recours à l'escompte, apparaîtrait sans retraitement comme n'ayant que des clients payant cash…

cerfa N° 10953*03 (11) **TABLEAU D'AFFECTATION DU RÉSULTAT ET RENSEIGNEMENTS DIVERS** D.G.I N° 2058-C [1]

Formulaire obligatoire (article 53A du Code général des impôts).

Désignation de l'entreprise :

TABLEAU D'AFFECTATION DU RÉSULTAT DE L'EXERCICE PRÉCÉDENT (Entreprises soumises à l'impôt sur les sociétés) (1)				
ORIGINES	Report à nouveau figurant au bilan de l'exercice antérieur à celui pour lequel la déclaration est établie		0C	
	Résultat de l'exercice précédent celui pour lequel la déclaration est établie		0D	
	Prélèvements sur les réserves (à détailler)			
	Sous-total (à reporter dans la colonne de droite)	0	0E	
	TOTAL I		0F	0
AFFECTATIONS	Affectations aux réserves : - Réserve légale		ZB	
	- Réserve spéciale des plus-values à long treme		ZC	
	- Autres réserves		ZD	
	- Réserve spéciale avant incorporation au capital (art. 219-I-f)*		A5	
	Dividendes		ZE	
	Autres répartitions		ZF	
	Report à nouveau		ZG	
	(N.B. Le total I doit nécessairement être égal au total II) TOTAL II		ZH	0

(1) Ce cadre est destiné à faire apparaître l'origine et le montant des sommes distribuées ou mises en réserve au cours de l'exercice dont les résultats font l'objet de la déclaration. Il ne concerne donc pas, en principe, les résultats de cet exercice ma

RENSEIGNEMENTS DIVERS			Exercice N :	Exercice N-1 :
ENGAGEMENTS	- Engagements de crédit-bail mobilier	YQ		
	- Engagements de crédit-bail immobilier	YR		
	- Effets portés à l'escompte et non échus	YS		

Le CA se trouve dans le compte de résultat. Il est comptabilisé en HT. Il faut donc veiller à corriger le CA pour le transformer en TTC, faute de quoi le ratio obtenu ne sera pas homogène (**).

On analyse le délai de paiement en nombre de jours de CA, c'est pourquoi on multiplie par 360 (360 étant une pure convention).

Cas pratique : IndusPME

Compte clients : 858 (ligne BX actif du bilan comptabilise en TTC).

CA : 6 493 (ligne FL du compte de résultat comptabilisé en HT).

Le CA TTC quotidien de cette entreprise : [6 493 × 1,196]/360= 21,57 k€.

Ce qui représente presque 40 jours de CA (858/21,57).

1. Les comptes de tiers sont les comptes clients et les comptes fournisseurs.

Délai de paiement clients : mode de calcul affiné

Pour les entreprises qui perçoivent/versent des acomptes (au passif du bilan, ligne DW d'une liasse fiscale), il est intéressant d'inclure les avances et acomptes reçus. Le ratio devient donc :

[(clients + EENE – avances – acomptes)/CA TTC] × 360 (en nombre de jours de CA).

Délai de paiement clients : mode de calcul par « épuisement »

Quand l'activité de l'entreprise est saisonnière, ou encore que les chiffres d'affaires mensuels sont très variables, le ratio évoqué plus haut perd de son sens.

On utilise plutôt la méthode dite de l'épuisement, qui consiste à affecter le CA mensuel au compte clients, en partant du dernier CA mensuel réalisé, puis en remontant progressivement dans le temps, jusqu'à avoir épuisé le compte clients.

Exemple de détermination d'un délai de paiement clients par la méthode de l'épuisement

Compte clients à fin mai N	13 252	Total restant dû	Calcul délai paiement
CA mai (31 j)	8 240	5 012	31
CA avril (30 j)	1 227	3 785	30
CA mars (31 j)	633	3 152	31
CA février (28 j)	7 727	– 4 575	11

Dans notre exemple, le compte clients (données TTC) à l'actif du bilan est supposé de 13 252 k€. Les chiffres d'affaires mensuels (pris en montants TTC), sont très fluctuants. On commence par imputer les 8 240 k€ des ventes du mois de mai. Il reste 5 012 k€ que l'on affecte aux ventes d'avril… après avoir imputé le compte clients sur les ventes des mois de mai-avril et mars, il reste un montant de 3 152, inférieur aux ventes de février. Il reste à opérer un dernier calcul ; (3 152/7 727) × 28, ce qui nous donne le nombre de jours sur février. Le délai de paiement ressort à 102 jours, soit la somme de 31 + 30 + 31 + 11 jours de CA.

Comment calculer un délai de paiement fournisseurs ?

Le ratio de rotation du crédit fournisseurs, plus communément appelé « délai fournisseurs », mesure le délai moyen que met l'entreprise pour régler ses fournisseurs.

Ce ratio se détermine comme suit :

délai fournisseurs = (fournisseurs/[achat annuels × (1 + taux TVA)]) × 360

(En nombre de jours d'achats)

Fournisseurs = dettes fournisseurs et comptes rattachés (ligne DX de la liasse) – avances et acomptes versés sur commande (ligne BV de la liasse)

Achats annuels = achats de marchandises (ligne FS de la liasse fiscale)

+ achats de matières premières (ligne FU)

+ achats et charges externes (ligne FW).

Quel est l'usage en matière de délais de paiement ?

La LME (Loi de modernisation de l'économie), fin 2008, a plafonné les délais de paiement en France, tout en négociant avec 36 secteurs d'activité des accords dérogatoires (se terminant au 1er janvier 2012) pour retarder la mise en œuvre de cette mesure.

Le droit commun impose donc désormais que les fournisseurs soient payés dans un délai maximal de 60 jours calendaires ou de 45 jours fin de mois (au choix) à compter de la date d'émission de la facture. Cette mesure a permis de consolider la tendance observée sur une longue période de raccourcissement de délais de paiement.

En matière d'usage, les statistiques de la Banque de France fournissent des informations macro-économiques sur les délais de paiement moyen par type d'entreprise et de secteur (webstat.banque-france.fr/fr/ – rubriques « Concepts économiques », « Observatoire des entreprises », « Délais de paiement ».

Délais de paiement tous secteurs PME France

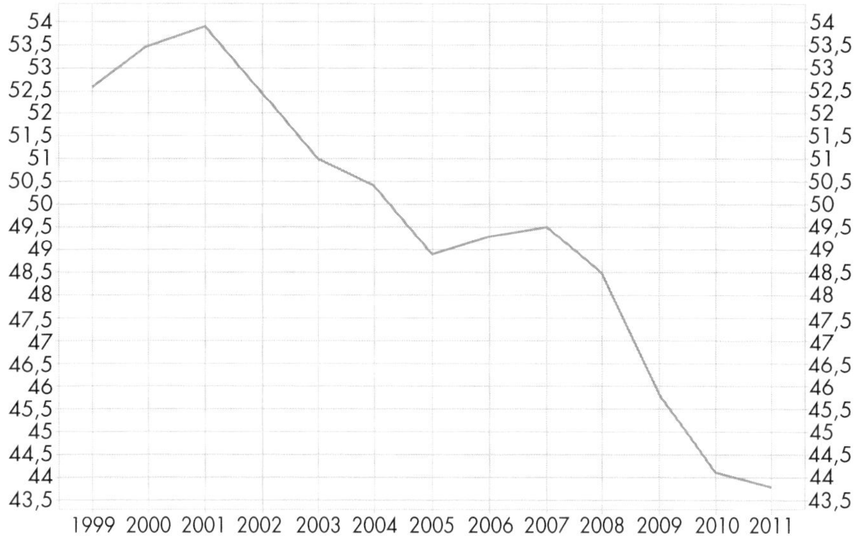

Délais de paiement, délai clients (net des avances et acomptes), tous secteurs, PME, médiane, brut

Délais de paiement clients grandes entreprises France

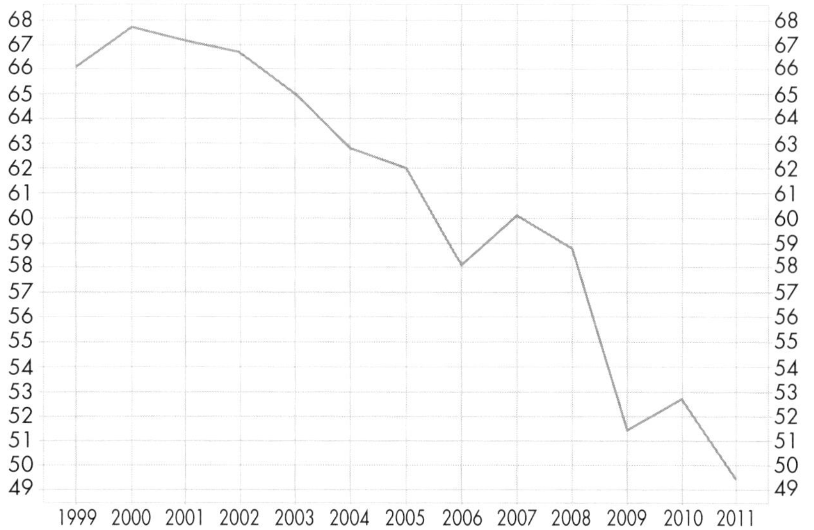

Délais de paiement, délai clients (net des avances et acomptes), tous secteurs, grandes entreprises, médiane, brut

Source : webstat.banque-france.fr/fr/

Comment calculer un taux de rotation des stocks ?

Il existe dans la pratique plusieurs types de ratios mesurant le poids des stocks. Selon ce que l'on cherche à mesurer et la qualité des informations disponibles, on pourra utiliser tel ou tel ratio.

Intitulé	Mode de calcul	Usage
Rotation globale	((Stocks + en-cours)/CA HT) × 360	Pour mesurer une tendance En absence d'informations fines
Rotation des stocks de matières premières	(Stocks matières premières/achats matières premières HT) × 360	Nombre de jours d'achats matières premières
Rotation des stocks de marchandises	(Stocks de marchandises/achats annuels de marchandises HT) × 360	Nombre de jours d'achats marchandises
Rotation des stocks de produits finis	(Stocks de produits finis/prix de revient des ventes HT) × 360	Délai d'écoulement des produits finis

Le FDR est-il trop faible ?

Une trésorerie nette négative peut résulter de deux phénomènes (ou d'un cumul des deux !) :

- un BFR trop important ;
- un FDR trop faible.

Nous avons déjà montré comment détecter une situation de BFR trop élevé. Pour savoir si le fonds de roulement est trop faible, il faut raisonner par rapport à un BFR qui serait dans la norme du secteur. Quand le BFR représente un niveau standard, rechercher une situation de TN à l'équilibre (notre postulat n° 2) revient à fonctionner avec un FDR égal au BFR.

Exemple

La société qui nous intéresse présente une situation financière déséquilibrée, avec une TN négative significative. Son BFR représente 10 % de son CA, alors que la norme du secteur est à 8 %.

Données concernant la société			
	Comptes	Norme BFR	Idéal
FDR	200	200	240
BFR	300	240	240
TN	– 100	– 40	0
BFR/CA	10 %	8 %	8 %

Une première analyse nous conduit à dire que le BFR est trop important de 60 M€ (on reconstitue un BFR correspondant à la norme du secteur – on a donc un écart de 2 % sur un CA de 3 000, soit 60).

La TN négative de 100 M€ s'explique ici par un BFR trop important de 60 M€ et par un FDR insuffisant de 40 M€...

Corriger la situation en matière de FDR revient à étudier trois solutions :

- souscrire des dettes LT complémentaires (le banquier sera-t-il d'accord pour financer ? La société peut-elle rembourser une dette LT de 40 M€ supplémentaire ?) ;
- réduire les actifs immobilisés (mais détient-on des actifs non nécessaires à l'exploitation[1] ?) ;
- envisager une augmentation de capital (mais les actionnaires vont-ils suivre ? La rentabilité des fonds investis par l'actionnaire est-elle suffisante ?).

Cette approche par la trésorerie nette et le fonds de roulement a le mérite d'être (relativement) simple mais elle présente l'inconvénient d'être très difficile à mettre en œuvre par des managers opérationnels. Pour la plupart des dirigeants de filiales, la trésorerie est gérée au niveau de la maison mère et la notion de trésorerie nette elle-même perd son sens. Il en va souvent de même des fonds de roulement : comment imaginer ce que seraient les fonds propres de l'entité non présente dans le groupe ?

BILAN ET EFFET DE LEVIER

L'exemple ci-dessus nous montre que nous n'avons pas encore tous les outils pour analyser un bilan. En effet, pour savoir si la solution du recours à l'endettement est une vraie piste, encore faut-il se demander si les deux bailleurs de fonds (actionnaires et banquiers) y trouveraient leur intérêt.

Répondre à la première question revient à travailler sur la notion d'effet de levier.

On a évoqué dans l'introduction l'analyse de la rentabilité *via* les soldes intermédiaires de gestion (SIG). On a montré que la compréhension historique de la formation/déformation du résultat net se faisait à partir de ratios du type EBE/CA, REX/CA ou encore RN/CA.

Les managers en entreprise ont une parfaite maîtrise de ce raisonnement. Mais ce dernier s'est avéré pauvre au fil du temps et source d'erreurs de diagnostic.

1. On se reportera au chapitre sur l'immobilier pour l'étude des impacts du choix acheter ou louer.

Plus récemment, les financiers ont voulu mesurer une performance non plus par rapport au chiffre d'affaires, mais par rapport à la taille des actifs mis en œuvre pour générer ce chiffre d'affaires. Ce qui finalement a amené les opérationnels à se préoccuper du bilan.

LA RENTABILITÉ ÉCONOMIQUE

Bilan résumé	
Actif	**Passif**
Actifs détenus en propriété (VNC)	Capitaux propres
+ BFR net	+ Dettes financières nettes
= Actif économique net	**= Capitaux investis**

On avait insisté sur l'importance de l'EBE et du RE dans le chapitre précédent pour comprendre l'évolution de la rentabilité. Le point reste vrai, nous allons juste sophistiquer le raisonnement. On vient d'évoquer un peu plus haut la notion d'actif économique comme étant la traduction en euros du modèle économique.

La rentabilité économique peut donc se déterminer ainsi :

EBE/AE brut
On ne tient pas compte de l'obsolescence du matériel

RE/AE net
On tient compte de l'obsolescence du matériel

Au numérateur ET au dénominateur

Ces deux ratios veulent dire la même chose, portent le même nom, mais donnent des résultats différents. Il faut donc être vigilant dans les discussions avec les tiers et vérifier le mode de calcul.

En réalité, le mode de calcul quasi systématiquement utilisé par les financiers et dans le cas des sociétés cotées en Bourse est le suivant : (RE – IS calculé sur le RE)/AE net.

La formule la plus généralement utilisée est donc :

En résumé

$$\text{Rentabilité économique} = \text{REX} \times \frac{1 - \text{taux d'IS}}{\text{AE net}}$$

(avec taux IS = 34 % en France environ).

Les entreprises dégagent des rentabilités économiques qui sont comprises entre 9 et 20 % ; en termes de vocabulaire, on parle également de ROCE (*return on capital employed*) ou de ROIC (*return on invested capital*).

Pour aller plus loin

Accor et le ROCE

Depuis plus de 10 ans, Accor communique sur le ROCE. Ainsi, le rapport annuel 2010 indique-t-il :

La rentabilité des capitaux engagés, critère de l'efficacité des investissements passés, est de 11,3 %, contre 8,3 % en 2009. Le ROCE (*return on capital employed*) est le rapport entre l'excédent d'exploitation des activités (pour chaque métier cet agrégat comprend l'excédent brut d'exploitation et des produits sur immobilisations financières (dividendes et produits financiers des sociétés externes et mises en équivalence)) ; et les capitaux employés (total des actifs immobilisés calculé à partir de la moyenne de leur valeur brute sur chaque exercice, augmentée du besoin en fonds de roulement).

Source : rapport annuel Accor 2010, p. 93.

LA RENTABILITÉ FINANCIÈRE

Un manager doit s'assurer de dégager des bénéfices, mais il doit être également soucieux de la satisfaction des actionnaires.

À savoir

Les pièges de la rentabilité financière

S'agissant d'un ratio de bilan, le ROE (rentabilité financière) mesure la rentabilité sur les fonds propres comptables et non sur leur valeur de marché.

En mars 2012, les fonds propres de Coca-Cola sont de 31,6 MdUSD pour une capitalisation boursière de 157 MdUSD et un résultat net de 8 MdUSD. La rentabilité financière est donc de 24 % alors que le rendement des fonds propres pour l'actionnaire « n'est que » de 5 % (8,7/157) !

Or, les actionnaires décident tous les ans en assemblée générale ordinaire (AGO) de l'affectation du résultat net de l'exercice. Ils ont le droit de se verser sur une base récurrente l'intégralité du résultat net (RN) à titre de dividendes.

En résumé

$$\text{Rentabilité financière} = \frac{\text{RN}}{\text{Capitaux propres}}$$

On parle ici de rentabilité financière ou de ROE (*return on equity*).

Le RN est vu dans cette formule comme le dividende maximum annuel. La rentabilité financière est donc le point de vue de l'actionnaire qui ne veut pas vendre ses titres (qui n'attend donc pas de plus-value) et qui n'a d'autres mesures de sa performance que les dividendes.

Les sociétés cotées dégagent en règle générale des rentabilités financières supérieures à 10 %.

L'EFFET DE LEVIER

La formule de l'effet de levier permet de dire si le recours à l'endettement est un moyen efficace d'améliorer le ROE d'une entreprise, et donc la satisfaction de ses actionnaires.

Définition de l'effet de levier

En résumé

$$\text{ROE} = \text{ROCE} + [\text{ROCE} - \text{Rd}] \times \text{L}$$

Avec :

- Rd : coût de la dette fiscalisé, taux d'intérêt servi sur les emprunts et les dettes bancaires CT : si le taux des emprunts est de 5 %, Rd sera de

  5 % × 66 % avec IS = 34 % ;
- L : levier = dettes financières nettes (DFN)/capitaux propres ;
- ROCE : $\frac{[\text{RE} \times (1 - \text{taux IS})]}{\text{AE net}}$

Mode d'emploi de la formule

Dès que le ROCE est supérieur au coût de la dette, cela signifie que l'actif économique rapporte plus que ne coûte la dette pour le financer. Il faut donc endetter l'entreprise[1]. Ce faisant, la parenthèse de notre formule étant positive, on va ajouter quelque chose au ROCE et donc améliorer le ROE, ce qui est l'objectif de tout manager.

Et plus on mettra de la dette, plus le ratio ROE va croître.

Cette formule permet donc de dire si l'entreprise peut supporter de la dette bancaire ou non (si ROCE < Rd, l'effet de levier est négatif, et le fait de mettre de la dette va réduire le ROE...).

Toute l'ingénierie financière et les montages dits à effet de levier (les LBO[2]) procèdent de ce raisonnement.

Cas pratique : IndusPME

Présentation anglo-saxonne du bilan en k€	**N – 1**	**N**		**N – 1**	**N**
AI net	697	1 005	Capitaux propres	1 465	1 490
+ BFR net	779	720	+ Dettes financières nettes	11	234
Total = actif économique net	**1 476**	**1 724**	**Total = capitaux investis**	**1 476**	**1 724**

Ratio	**N – 1**	**N**
ROE	5,3 %	1,7 %
ROCE	6,0 %	4,4 %

Calcul du ROE N : $\frac{25}{490}$ = 1,7 % ; en N – 1 : $\frac{78}{1\,465}$ = 5,3 %.

Calcul du ROCE N : $\frac{114 \times 66\,\%}{1\,724}$ = 4,3 % ; en N – 1 : $\frac{135 \times 66\,\%}{1\,476}$ = 6,03 %.

Un ROE inférieur à 10 % relève fin 2011 d'une mauvaise performance ; le ROCE est également insuffisant si l'on suppose un coût moyen de la dette fin 2011 de l'ordre de 5 % et donc un coût net d'impôt de 5 % x 66 % = 3,30 %.

Cette proximité entre ROCE et coût de la dette traduit un effet de levier trop légèrement positif pour imaginer lever de la dette de manière importante sur cette entreprise (qui plus est avec une rentabilité en tendance baissière sur la période...).

1. Dans les limites du raisonnable, naturellement.
2. LBO (*leverage buy-out*) : rachat d'une entreprise avec effet de levier.

À savoir

On trouve autant de ratios que d'experts ! Le néophyte se perd donc très rapidement dans cette diversité qui complique la tâche plutôt qu'elle ne l'éclaire !

Ordre de grandeur du ROCE

ROCE des groupes industriels sur période récente

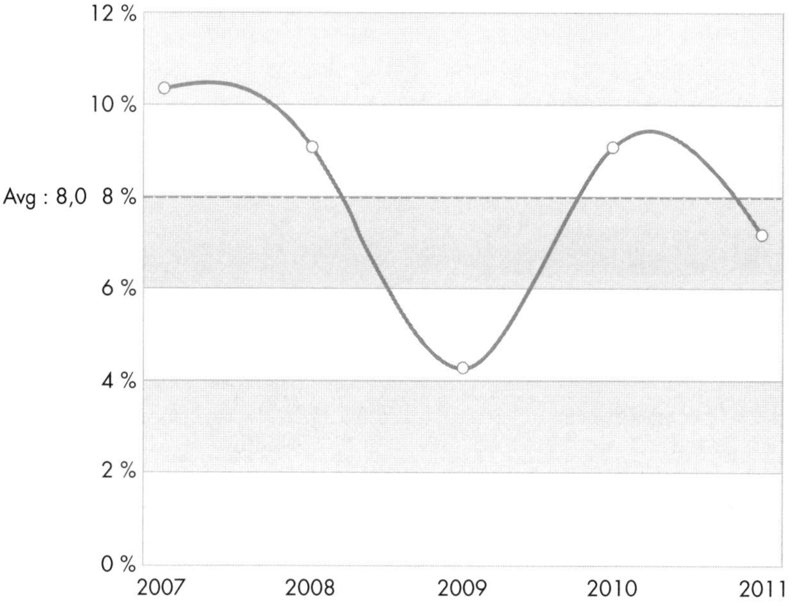

Source : Infinancials.

Le graphique ci-dessus donne l'évolution du ROCE des entreprises industrielles depuis 2007. On y voit clairement l'impact de la crise de 2009.

Analyse par les ratios

Analyse classique par les ratios

Nous venons de traiter dans le paragraphe précédent le point de vue de l'actionnaire qui se demande si endetter la société dans laquelle il a investi permet d'améliorer sa propre performance. Nous avons donc couvert deux ratios déterminants : ROCE et ROE.

Il nous reste à considérer le point de vue du banquier. Pour ce faire, il est d'usage de considérer quelques ratios que nous allons évoquer.

Pour celui qui n'a pas ou peu l'habitude de pratiquer les ratios, nous allons procéder par étapes : tout d'abord, nous allons décrire des familles de ratios, avec l'objectif recherché et leur logique propre. Nous montrerons ensuite que selon les métiers, les interlocuteurs ou les établissements rencontrés, plusieurs variantes d'un même ratio peuvent être utilisées.

Capacité d'endettement

Quand on souhaite investir pour se développer, et que l'on se demande comment financer ses investissements, la première question que l'on se pose est : le banquier va-t-il *a priori* m'écouter, est-ce la peine d'aller le voir ?

La réponse à cette question doit être simple, immédiate, et ne pas nécessiter de calculatrice : elle dépend intégralement des capitaux propres :

- sont-ils positifs ? (un banquier redoute les capitaux propres négatifs !) ;
- quel est le rapport normal admis entre les risques pris par le banquier et les risques pris par l'actionnaire ?

Nous avons là notre première grande famille de ratios : le rapport admis entre les dettes bancaires et les fonds propres. Il s'agit d'un ratio 100 % bilan, qui ne nous renseigne donc que par rapport à une situation passée.

Capacité d'endettement		
Nom	*Levier gearing*	Taux d'autonomie financière
Modes de calcul	DFN/capitaux propres	Capitaux propres/dettes bancaires LT
Usage	Doit être < 1 pour les *corporates*	Doit être sensiblement < 1
Pratique de place	A oscillé entre 4 et 1 pour les opérations de LBO	

Le *gearing*, ratio très utilisé par les grands *corporates* (les grandes sociétés non financières) indique que les banquiers ne veulent pas prendre plus de risques que les actionnaires, ce qui finalement semble plein de bon sens ! L'ensemble des dettes vis-à-vis des banques ne doit donc pas dépasser les fonds propres.

Selon les ratios rencontrés, on tiendra compte du cash ou pas (dette financière nette ou dette financière), et on inclura toutes les dettes bancaires ou uniquement la partie LT.

Si l'on travaille à partir du *gearing*, tout est dit ; si l'on travaille à partir d'une variante, il faudra ajouter du qualitatif en précisant par exemple que le ratio est mauvais mais que la société a du cash disponible à son actif (et qu'il ne disparaîtra pas une semaine après la clôture de l'exercice…).

Évolution du *gearing des* sociétés du CAC 40

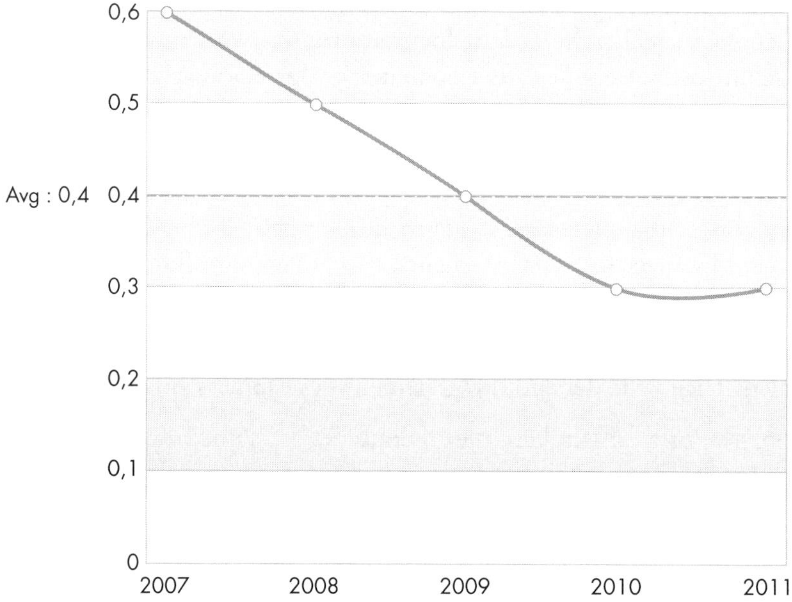

Source : base de données Infinancials.

Début 2012, le *gearing* des sociétés du CAC 40 tournait autour de 0,3, ce qui montre que les sociétés restent extrêmement prudentes (elles n'utilisent pas à plein leur capacité d'endettement). Son évolution est à la baisse depuis 2007 (voir graphe ci-dessus).

Cas pratique : IndusPME

Quelle est la capacité d'endettement de la société en N ?

Dettes financières nettes : 353 + 5 – 123 = 235 k€.

Capitaux propres : 1 490 k€.

Levier = 235/1 490 = 0,16.

Ce levier très faible montre que l'entreprise n'utilise que très faiblement sa capacité d'endettement. Par rapport à l'usage des banquiers, on pourrait imaginer lever une dette complémentaire de 1 490 – 235 = 1 255 k€.

(Mais nous avons vu plus haut qu'un faible ROCE ne permettait pas un levier positif intéressant…)

Capacité de remboursement

C'est déjà un bon point de savoir qu'*a priori* le banquier va accepter de regarder le dossier, mais pour le convaincre, il va falloir faire la preuve que la société est capable de rembourser. On n'est plus dans la pratique de place, on est dans la réalité de l'entreprise…

Capacité de remboursement		
Nom		*Leverage*
Modes de calcul	Dettes bancaires/CAF	DFN/EBITDA
Usage	Doit être < 3 à 4 ans	Doit être < 4
Pratique de place	Mesure la dette en nombre d'années de CAF	Est allé jusqu'à 7 en moyenne sur les LBO en 2007-2008

Avoir une capacité d'endettement est une chose, pouvoir rembourser en est une autre. De tous les ratios, celui-ci est le plus important, et le plus volatil. C'est celui qui traduit le plus rapidement la détérioration de la situation vis-à-vis des prêteurs (banques ou marchés financiers).

La logique de ce ratio est de comparer la capacité de l'entreprise à générer du cash en exploitant son business avec l'ensemble des dettes bancaires accumulées par l'entreprise (on parle d'en-cours de dettes, il s'agit dans le langage commun du stock de dettes souscrites non encore remboursées).

Quelle que soit la variante, on va donc comparer un agrégat cash généré pendant un an avec un agrégat dettes bancaires au bilan.

Le ratio dettes bancaires/CAF est un vieux ratio, encore très pratiqué. Il correspond à l'école « française » puisqu'il est construit à partir de la CAF (capacité d'autofinancement), qui est bien un agrégat de cash généré.

La norme d'un ratio inférieur à 3 ou 4 signifie que si une entreprise décide d'affecter toute sa CAF au remboursement de l'intégralité de ses dettes (c'est-à-dire qu'elle arrête d'investir et qu'elle ne verse plus de dividendes), cela ne doit pas excéder une durée maximum de quatre ans.

On retrouve la même logique avec le *leverage*, plus anglo-saxon dans l'esprit, car plus tourné vers l'exploitation puisque raisonnant à partir de l'EBE. Pour les sociétés industrielles du CAC 40, le ratio est de 1,6 début 2012 (la dette nette représente 1,6 l'EBE) ce qui est… relativement faible. Ce ratio est stable depuis plusieurs années[1].

1. Source : Infinancials.

On peut y voir l'impact de la crise financière qui a rendu les entreprises cotées prudentes sur la capacité des marchés et des banques à les financer en dettes.

Cas pratique : IndusPME

Quelle est la capacité de remboursement de la société ?

Capacité de remboursement		
Nom		*Leverage*
Modes de calcul	Dettes bancaires/CAF	DFN/EBITDA
Détail	(353 + 5)/(25 + 12 + 164)	235/(114 + 164 + 12)
Ratio	1,78	0,81
Capacité de remboursement	804	1160

Les deux ratios nous disent la même chose : l'endettement de la société est faible par rapport à sa capacité de remboursement. Si l'on considère que les deux ratios ne doivent pas dépasser un seuil maximum de 4 années, on peut reconstituer l'endettement maximum admis avec le premier ratio (804 k€ de dettes bancaires) et le deuxième (1 160 k€ de dettes financières nettes sachant que l'on est à 235 k€ ; avec une DFN de ce montant, le ratio de capacité d'endettement serait encore correct, puisqu'on aurait DFN/capitaux propres soit 1 160/1 490). En utilisant le *leverage* et le *gearing*, on réalise que c'est la capacité de remboursement qui bride cette entreprise, du fait de sa rentabilité en phase de décélération.

Risques induits par la dette bancaire

On utilise la famille de ratios ci-dessous pour apporter un commentaire plus qualitatif dans l'analyse de la dette bancaire. En effet, plus une société est endettée à court terme, plus elle dépend du bon vouloir de son banquier, et plus ses financements sont incertains en cas de problèmes.

On peut donc rencontrer des ratios du type :

Dettes bancaires CT/Dettes bancaires totales	La dette est-elle correctement sécurisée ?
TN/DFN	La dette est-elle correctement sécurisée ?
Dettes bancaires CT/BFR	Quelle part des BFR est financée par des dettes CT ?

Les grands groupes présentent également les notions de :

- maturité moyenne de la dette. Cette notion permet de dire si la société devra faire face à « un mur de la dette » à brève échéance ou non. Un endettement important avec une maturité moyenne longue (10 ans pour

Veolia en 2009) est finalement moins embarrassant qu'un endettement moyen correct assorti d'une maturité moyenne courte (deux ans) ;

- échéanciers de remboursement des dettes LT. On ventile les tombées de remboursement de dettes LT par année pour visualiser s'il y a concentration des remboursements sur une ou deux années ou s'il y a une bonne répartition des tombées de dettes.

Ratios de liquidité

Quand la société étudiée n'est pas en très bonne situation, on a parfois recours à une autre famille de ratios, dont le seul objectif est de vérifier que la société n'est pas en risque de cessation de paiement.

Ratios usuels de liquidité

Ratios de liquidité	Ratio 1	Ratio 2	Ratio 3
Nom	Liquidité générale – *quick ratio*	Liquidité réduite	Liquidité immédiate
Modes de calcul	Actifs circulants/passifs exigibles	Actifs circulants hors stocks/passifs exigibles	Disponibilités + VMP/ passifs exigibles
Usage	Doit être > 1 faute de quoi la société est en cessation de paiement	Créances clients + cash suffisent-ils à faire face aux dettes CT ?	Peu utilisé

Pour ce faire, on va très logiquement déterminer dans un premier temps l'ensemble des dettes à moins d'un an de la société. Dans cette approche, c'est bien l'ensemble des dettes qu'il faut retenir, dettes bancaires à court terme, y compris le remboursement dans l'année des emprunts (qui ne sont pas des dettes à court terme dans le raisonnement FDR – BFR – TN, mais qui le deviennent dans celui-ci), mais également dettes vis-à-vis des fournisseurs, de l'état, du personnel...

Puis on regardera à l'actif du bilan ce qu'il faut mobiliser pour faire face à la masse des dettes : plus il faudra remonter haut dans le bilan, plus la société sera fragile. Le ratio 1 revient à comparer la somme des actifs à court terme par rapport à la somme des dettes à court terme.

Il faut être conscient que si le ratio de liquidité générale est tout juste respecté, il y a un problème : si l'on doit vendre tous les stocks pour couvrir les dettes court terme, cela imposerait d'accepter des décotes, et donc le ratio nous donnerait finalement une vue encore plus optimiste qu'elle n'est en réalité...

Attention cependant à ne pas utiliser tel quel ce raisonnement sur des activités saisonnières.

Absence de problème de liquidité

Stocks	Dettes CT
	Partie à moins d'un an de la dette LT
Comptes clients	Fournisseurs
	Dettes fiscales et sociales
VMP + disponibilité	Dettes bancaires CT

Dans la situation qui suit, il faut aller au-delà du constat et mettre en œuvre un plan de trésorerie mensuel, de façon à déterminer très précisément à quel horizon se situe l'impasse de trésorerie et décider d'un plan d'action adapté.

Ratio de liquidité dégradé

	Dettes CT
	Partie à moins d'un an de la dette LT
Stocks	Fournisseurs
Comptes clients	Dettes fiscales et sociales
VMP + disponibilité	Dettes bancaires CT

COVENANTS BANCAIRES

Définition et usages

De tout temps, les banquiers ont prévu dans leurs contrats de prêt une clause qui permet d'exiger le remboursement intégral et immédiat du prêt dès lors qu'une échéance n'est pas respectée. On parle alors de déchéance du terme. Cette approche très juridique et brutale a évolué ces dix dernières années du fait de l'importance grandissante des opérations de LBO.

En effet, dans ce type d'opération, le banquier a prêté en acceptant des montages plus tendus que ce qu'il aurait accepté sur de simples dossiers *corporate* (levier allant jusqu'à 4 en 2007-2008 comme évoqué plus haut).

En contrepartie d'un risque plus important, il a pris l'habitude d'imposer à ses clients des exigences très sévères, eu égard à un business plan prévisionnel qui lui avait été présenté. Pour résumer, la relation contractuelle entre le banquier et l'entreprise ne dépend plus exclusivement des seuls remboursements aux dates prévues, mais également du respect par l'entreprise de la feuille de route (en termes de rentabilité, de structure financière et de cash généré).

Ainsi, le banquier va imposer le respect par l'entreprise (en fin d'année ou de façon semestrielle) d'un certain nombre de ratios, les fameux « covenants ».

Quels ratios ?

Les banquiers utilisent de manière très normée les ratios suivants :

Covenants	Usage
EBE/frais financiers	Doit être > 3
FCF/service de la dette	Doit être > 1
DFN/EBE	Doit être < 4
DFN/capitaux propres	Doit être <1

Ces ratios sont tous certifiés contractuellement par les commissaires aux comptes.

Dans le cas de groupes, ils sont déterminés sur la base des comptes consolidés.

Que se passe-t-il si les ratios ne sont pas respectés ?

Quand l'un au moins des covenants n'est pas respecté, on parle de « bris de covenant » ou de « covenant cassé ». Cela enclenche toute une procédure, avec la notification à l'agent (s'il y a plusieurs banques qui ont prêté, l'agent est celle d'entre elles qui gère la relation entre l'emprunteur et les banques), l'envoie par l'agent d'un *waiver* (avenant au contrat de prêt) qui va stipuler deux choses :

- la facturation d'une commission d'intervention ;
- le rehaussement du coût de la dette (en fonction d'une grille prévue dans le contrat).

Dans la pratique, les entreprises n'attendent pas le calcul effectif du ratio, mais l'anticipent. Ainsi, plus les banquiers sont avertis tôt que l'un des covenants va poser problème, plus la discussion va être détendue.

Précisons également que ces ratios permettent en réalité d'ajuster la marge des banques à l'évolution du risque, et ce dans les deux sens : si les ratios s'améliorent, le coût de la dette baisse...

En résumé

La bonne compréhension et la bonne gestion des covenants par l'équipe de direction et les managers sont véritablement devenues en quelques années un savoir-faire indispensable en entreprise.

L'aspect covenant est repris et détaillé dans le chapitre 8 sur les montages financiers.

COMPTES SOCIAUX ET COMPTES CONSOLIDÉS

Les comptes sociaux représentent les comptes d'une entreprise, isolée, sans filiales, selon les normes en vigueur pour ce type de société. Dès que l'on a affaire à un groupe de sociétés se pose la question de la compréhension de la performance du groupe et non de chacune des sociétés en tant que telle. De même se pose la question d'un certain nombre de traitements différents pour avoir une meilleure compréhension avec un certain nombre de normes qui pourraient être différentes. Par exemple, les comptes sociaux français tels que nous les avons vus jusqu'à maintenant interprètent une opération de crédit-bail comme une opération de location. Or, la prédominance économique en fait une opération de crédit.

Les comptes consolidés visent donc d'une part à appréhender un groupe en tant que tel et, d'autre part, à traduire la réalité économique des opérations plus que leur réalité juridique. C'est ce que l'on appelle la consolidation.

Les méthodes de consolidation

Les critères qui conduisent à retenir telle ou telle méthode de consolidations ont été vus dans l'introduction.

Intégration globale

Consolider une filiale par intégration globale revient dans le bilan social de la maison mère à annuler la valeur des titres de participation de ladite filiale et à la remplacer par l'ensemble des actifs et l'ensemble des dettes de ladite filiale.

Bilan social *maison mère* à fin N			
Actif		**Passif**	
AI net		Capitaux propres	2 500
Incorporels	500		
Corporels	2 000	Dettes bancaires	1 400
Financiers	1 000	Dettes exploitation	2 600
Actifs circulants	3 000		
Total actif	**6 500**	**Total passif**	**6 500**

Bilan social *filiale* à fin N			
Actif		**Passif**	
AI net		Capitaux propres	1 000
Incorporels	–		
Corporels	1 000	Dettes bancaires	700
Financiers	–	Dettes exploitation	1 300
Actifs circulants	2 000		
Total actif	**3 000**	**Total passif**	**3 000**

Dans notre cas très particulier, le prix de revient des titres de la filiale correspond au fonds propres de la filiale. Les capitaux propres consolidés sont ceux de la maison mère.

Bilan consolidé à fin N			
Actif		**Passif**	
AI net		Capitaux propres	2 500
Incorporels	500		
Corporels	3 000	Dettes bancaires	2 100
Financiers	–	Dettes exploitation	3 900
Actifs circulants	5 000		
Total Actif	**8 500**	**Total Passif**	**8 500**

Si la société mère ne détient que 80 % des titres de la filiale, on verra apparaître la notion de « part des minoritaires dans les capitaux propres » (200 dans notre exemple ci-dessus).

Intégration proportionnelle

On ne prendra en compte que la moitié du bilan poste à poste de la filiale en cas de contrôle conjoint à deux (méthode qui tend à disparaître).

Mise en équivalence

La consolidation par mise en équivalence n'est guère qu'une simple réévaluation annuelle des titres de la fille détenus par la mère, sur la base de la part de la mère dans la situation nette de la fille. En contrepartie, on constate une variation de valeur dans les capitaux propres du groupe.

La notion de *goodwill*

Qu'est-ce que le goodwill *?*

Le *goodwill* est un actif incorporel que l'on ne trouve que :

- dans des comptes consolidés (pas dans des comptes sociaux) ;
- quand une entreprise fait des acquisitions (c'est une indication d'une politique de croissance externe...).

Reprenons notre exemple ci-dessus et imaginons que le prix payé ne soit pas de 1 000 € mais de 5 000 €... pour acquérir 100 % des titres de la cible. Si nous suivons la logique de la consolidation par intégration globale, on va se retrouver avec des comptes consolidés comme suit :

Bilan social *maison mère* à fin N			
Actif		**Passif**	
AI net		Capitaux propres	2 500
Incorporels	500		
Corporels	2 000	Dettes bancaires	5 400
Financiers	5 000	Dettes exploitation	2 600
Actifs circulants	3 000		
Total Actif	**10 500**	**Total Passif**	**10 500**

Bilan social *filiale* à fin N			
Actif		**Passif**	
AI net		Capitaux propres	1 000
Incorporels	–		
Corporels	1 000	Dettes bancaires	700
Financiers	–	Dettes exploitation	1 300
Actifs circulants	2 000		
Total Actif	**3 000**	**Total Passif**	**3 000**

Bilan *consolidé* à fin N			
Actif		**Passif**	
AI net		Capitaux propres	2 500
Incorporels	500		
Écart de 1re consolidation	4 000		
Corporels	3 000	Dettes bancaires	6 100
Financiers	–	Dettes exploitation	3 900
Actifs circulants	5 000		
Total Actif	**12 500**	**Total Passif**	**12 500**

Dans cette nouvelle version, on voit apparaître la notion d'écart de première consolidation, qui matérialise l'écart entre la valeur des titres que l'on annule et le montant des capitaux propres de la cible (qui apparaît indirectement quand on consolide dans les comptes de la mère tous les actifs de la cible moins toutes ses dettes).

Lors de la première consolidation, donc, le travail des comptables va consister notamment à affecter la plus grande partie de cet écart (4 000) sur les actifs de la cible acquise, pour justifier une partie du prix.

En imaginant que l'on réévalue les incorporels de la cible à hauteur de 1 000, les bâtiments à hauteur de 800, il en résulte que le *goodwill* sera de 4 000 – 1 800 = 2 200.

Entendons-nous bien, nous ne disons pas que les actifs de la cible sont réévalués dans les comptes sociaux de la cible, cela est interdit. Nous disons que lors de la première consolidation des comptes de la cible dans ceux de la mère, on va donner *dans les comptes consolidés* une valeur aux actifs de la cible plus élevée que leur valeur dans les comptes sociaux de la cible. Ladite valeur devra naturellement correspondre à la valeur de marché de l'actif concerné le jour de l'acquisition.

Bilan *consolidé* à fin N			
Actif		**Passif**	
AI net		Capitaux propres	2 500
Incorporels	1 500		
Goodwill	2 200		
Corporels	3 800	Dettes bancaires	6 100
Financiers	–	Dettes exploitation	3 900
Actifs circulants	5 000		
Total Actif	**12 500**	**Total Passif**	**12 500**

Pourquoi assimile-t-on généralement le goodwill *à du risque ?*

Le *goodwill* est véritablement la partie non « identifiable » du prix, c'est-à-dire celle que l'on ne peut pas rattacher à des actifs. Cela ne signifie pas, bien sûr, que l'acquéreur a fait une mauvaise affaire. Cela signifie simplement qu'il a acquis une capacité bénéficiaire plus que des actifs (ce qui en soit est une bonne nouvelle). Ceci est plus représentatif d'un risque qu'un actif.

Prenons l'exemple d'un restaurant de 300 m² situé sur les Champs-Élysées. Il réalise un CA de 3 M€ pour un résultat d'exploitation de 600 k€. La société qui le détient a à son actif les murs du restaurant, acquis il y a bien longtemps et comptabilisés pour 200 k€. En estimant que le prix au m² est de 10 k€, les murs du restaurant ont une valeur « aujourd'hui » de 3 M€.

Un groupe de restauration acquiert la société sur les Champs-Élysées pour 6 M€. Lors de la consolidation, on réévaluera l'immeuble à 3 M€ et on fera apparaître un *goodwill* de 3 M€. Ce *goodwill* est entièrement dû à la capacité du restaurant à générer un excédent net d'exploitation (ENE) de 600 k€. Si celui-ci tombe à 100 k€, la valeur d'exploitation est divisée par 6 alors que les murs continuent à valoir 3 M€.

De même, à chaque fois qu'un acquéreur paie plus que la valeur intrinsèque de la cible, au motif qu'il va dégager des synergies futures, il se met en risque car toutes les études démontrent que la probabilité d'obtenir les synergies est faible.

Et ce risque est repris intégralement dans le *goodwill.*

Goodwill *et cash*

Le *goodwill* qui apparaît dans les actifs incorporels a bien été décaissé, lors de l'acquisition de la cible, puisque c'est une composante du prix.

En revanche, l'amortissement du *goodwill* est une charge du compte de résultat qui n'est pas décaissée.

Goodwill *et rentabilité*

En normes françaises, le *goodwill* s'amortit linéairement et obligatoirement sur une très longue période (comprise entre 5 et 40 ans). La dotation aux amortissements correspondante est comptabilisée en résultat exceptionnel et ne correspond à aucune sortie de cash. Mais elle contribue à réduire significativement le résultat net et pour longtemps ! Rappelons que cette dotation n'est pas fiscalement déductible.

En normes IFRS, le *goodwill* ne fait pas l'objet d'un amortissement obligatoire. En revanche, le maintien de sa valeur doit être justifié tous les ans par le commissaire aux comptes *via* les *impairment tests*, qui sont des tests vérifiant la capacité de la cible à générer du cash.

En cas de crise économique ou de problèmes rencontrés par la cible acquise, la plus faible capacité à générer du cash imposera de passer une dotation pour dépréciation du *goodwill* dans les comptes consolidés. Cette dotation viendra réduire le résultat opérationnel. Une dotation sur *goodwill* ne se reprend pas, contrairement à toutes les autres dotations. Même si la filiale retrouve une rentabilité indécente, la provision ne pourra être reprise, la perte de valeur du *goodwill* est définitive.

Normes françaises et normes IFRS, qu'est-ce que cela change ?

Un point sur les normes IFRS

Il existe quelques différences notables entre un bilan en normes françaises et un bilan en normes IFRS :

- les actifs peuvent être évalués à leur « juste valeur », ce qui signifie que leur valeur varie tous les ans ;
- la logique juridique de présentation s'efface au profit de la logique économique : on comptabilisera un actif dans le bilan, non pas parce qu'on en est propriétaire, mais parce que l'on porte le risque économique de l'actif en question. Pour cette raison, la notion de « dettes bancaires hors bilan » disparaît quasiment en normes IFRS. Il n'est donc plus nécessaire de « retraiter » les effets escomptés non échus et les crédits-bails, le bilan en normes IFRS présente la vision la plus endettée possible de l'entreprise ;
- les charges à répartir ont disparu et sont intégrées directement dans les actifs incorporels ;
- les dettes bancaires sont ventilées en dettes LT (dettes financières non courantes) et dettes CT (dettes financières courantes) ;
- les actifs immobilisés sont appelés actifs non courants, et les actifs circulants actifs courants ;
- il est obligatoire de comptabiliser les engagements de retraite.

Exemple des comptes consolidés Danone

(En millions d'euros)		**1er janvier 2010**	**31 décembre 2010**	**31 décembre 2011**
Passif et capitaux propres				
Capital		162	162	161
Primes		3 596	3 627	3 452
Bénéfices accumulés		8 437	9 251	10 192
Écarts de conversion (1)		– 869	30	– 23
Autres résultats enregistrés directement en capitaux propres		197	– 117	– 118
Actions propres et options d'achat d'actions Danone (2)	22	– 1 027	– 1 216	– 1 564
Capitaux propres (part du groupe)		**10 496**	**11 737**	**12 100**
Intérêts ne conférant pas le contrôle	22	54	47	98

(En millions d'euros)		1er janvier 2010	31 décembre 2010	31 décembre 2011
Capitaux propres		**10 550**	**11 784**	**12 198**
Financements		2 967	2 941	3 431
Instruments dérivés - passifs		57	147	113
Dettes liées aux options accordées aux détenteurs d'intérêts ne conférant pas le contrôle		3 068	3 858	3 622
Dettes financières non courantes	23	6 092	6 946	7 166
Provisions pour retraites et autres avantages à long terme	29	313	412	458
Impôts différés	24	937	1 129	1 108
Autres provisions et passifs non courants	25	582	545	534
Passifs non courants		**7 924**	**9 032**	**9 266**
Dettes financières courantes	23	1 702	2 529	1 865
Fournisseurs et comptes rattachés	26	1 981	2 417	2 706
Autres passifs courants	27	2 173	2 240	2 354
Passifs liés aux actifs détenus en vue de leur cession	5		– 18	37
Passifs courants		**5 856**	**7 204**	**6 962**
Total du passif et des capitaux propres		**24 330**	**28 020**	**28 426**

(1) Le retraitement des comptes consolidés publiés en 2010 est présenté en note 2.
(2) Options d'achat d'actions Danone acquises par la société.

Source : rapport annuel du groupe Danone, 2011.

Comme souvent, chaque entreprise ou chaque interlocuteur propose sa propre vision. Dans le cas de Danone, le rapport annuel présente deux notions : la dette financière nette et la dette nette. Une fois que l'on a compris le principe d'une dette financière nette, on peut comprendre les finesses apportées au concept général.

Le passage de la dette nette à la dette financière nette est présenté dans le tableau ci-dessous :

Exercice clos le 31 décembre (en millions d'euros)	2010	2011
Dettes financières non courantes (1)	6 946	7 166
Dettes financières courantes	2 529	1 865
Placements à court terme	– 1 111	– 1 114

Exercice clos le 31 décembre (en millions d'euros)	2010	2011
Disponibilités	– 1 054	– 1 027
Instruments dérivés – actifs	– 236	– 257
Dette nette	**7 074**	**6 633**
Dettes liées aux options accordées aux détenteurs d'intérêts ne conférant pas le contrôle	– 3 858	– 3 622
Dettes financières non courantes exclues de la dette financière nette	– 3 858	– 3 622
Dette financière nette	**3 216**	**3 011**

(1) Y compris instruments dérivés – passifs.

UN POINT SUR LE JARGON ANGLO-SAXON

Le bilan

Vocabulaire anglo-saxon du bilan

Balance sheet	
Assets	***Liabilities***
Fixed assets (actifs immobilisés)	*Equity* (capitaux propres)
Working capital (BFR)	*Net financial debt* (DFN)
Capital employed (capitaux employés)	*Invested capital* (capitaux investis)

Voir en annexe pour plus de détails sur le vocabulaire anglo-saxon du bilan.

À savoir

Attention à la définition de la dette bancaire CT car elle diffère selon les écoles :

- la dette bancaire CT de « l'école française » ne contient que des dettes CT « à l'origine », donc du découvert et des effets escomptés ou assimilés ;
- la dette bancaire CT de « l'école anglo-saxonne » rajoute au montant évoqué ci-dessus la partie de la dette LT qui va être remboursée dans l'année.

Il faut donc en réalité bien vérifier, au-delà du vocabulaire, que l'on parle de la même notion.

L'effet de levier

La rentabilité économique s'appelle ROCE (*return on capital employed*).

La rentabilité financière s'appelle ROE (*return on equity*).

Le levier est appelé *gearing*.

Les ratios d'analyse de la structure financière

- DFN/EBE = *leverage ratio* ;
- frais financiers/EBE = *interest cover ratio* ou IC ratio ;
- DPO (*days payable outstanding*) = délai de paiement fournisseurs ;
- DSO (*days sales outsantding*) = délai de paiement clients ;
- DSI (*days sales of inventories*) = rotation des stocks ;
- DSCR (*debt service cover ratio*) = FCF/*debt service* (le concept de FCF sera abordé dans le chapitre suivant).

BILAN ET POLITIQUE DE DISTRIBUTION

Définitions

Deux notions sont importantes dès qu'il s'agit de dividendes :

- le taux de distribution ;
- le résultat distribuable.

Un actionnaire investit dans une entreprise pour obtenir une performance, mesurée par une rentabilité obtenue ou espérée sur une période d'investissement fixée (un TRI). Cette performance sera obtenue de deux façons :

- la perception annuelle de dividendes ;
- la plus-value lors de la cession des titres détenus.

Tous les ans (au plus tard six mois après la date de clôture des comptes), les entreprises doivent réunir obligatoirement leurs actionnaires en assemblée générale ordinaire pour voter un certain nombre de résolutions :

- le quitus de la gestion ;
- l'affectation du résultat de l'exercice...

En règle générale, les sociétés cotées ont une politique de dividende extrêmement régulière. En France, elles versent en moyenne 45 % de leur résultat net annuel (47 % au titre de 2010, 59 % au titre de 2009, 35 % au titre de 2008 et 42 % au titre de 2007).[1]

---

1. Source : lettre Vernimmen.

En résumé

Taux de distribution = dividendes versés au titre de l'exercice/résultat net de l'exercice.

Avant d'affecter le résultat net de l'exercice, on détermine le résultat distribuable, pour vérifier que l'on peut juridiquement verser un dividende.

En résumé

Résultat distribuable = résultat net de l'exercice + report à nouveau + réserves distribuables.

Seules deux composantes des capitaux propres ne peuvent être distribuées : le capital social et la réserve légale.

Les réserves distribuables sont donc toutes les réserves moins la réserve légale.

En résumé, et de manière très contre-intuitive, une entreprise bénéficiaire (RN positif) peut ne pas être en mesure de verser de dividendes si elle a suffisamment accumulé de pertes antérieures… Inversement, une société déficitaire pourra verser un dividende. Mais il faut comprendre qu'en réalité, elle distribuera un dividende au titre d'un résultat net passé.

Enfin, une société pourra verser plus que le résultat net de l'exercice : cela traduira le fait que les actionnaires prélèvent sur le matelas accumulé lors des précédents exercices pour assurer le service de la dette. Cela revient d'une certaine façon à décapitaliser l'entreprise (à réduire ses fonds propres).

Détermination du résultat distribuable

Bilan comptable				
Actif	**Passif**	**Cas n° 1**	**Cas n° 2**	**Cas n° 3**
	Capital social	5,0	5,0	5,0
	Réserve légale	0,5	0,5	0,5
	Réserves réglementées	40,0	40,0	40,0
	RAN	10,0	10,0	– 55,0
	Résultat net de l'exercice	8,0	– 20,0	8,0
Total Actif	**Total Passif**			
	Résultat distribuable	58,0	30,0	– 7,0
	Distribution de l'exercice	4,0	4,0	0,0
	Taux de distribution	50 %	ns	0 %

Le cas n° 1 correspond au cas standard dans lequel la société ne distribue qu'une partie du résultat généré en année N. Dans le cas n° 2, elle verse une partie du résultat généré en N – 2. Dans le dernier cas, elle ne pourra pas verser de dividendes car le résultat distribuable est négatif.

Bilan avant répartition

Le bilan avant répartition est un bilan dans lequel le résultat net apparaît en clair dans les fonds propres.

Le bilan après répartition est présenté post-AGO, donc environ à mi-exercice, et tient compte de l'affectation du résultat. Le résultat net a donc disparu.

CAS PRATIQUES

Exercice n° 1

Ce premier exercice va vous permettre de faire le lien, si important, entre rentabilité, cash généré et bilan, et ce, à partir d'un exemple très simple : la vente d'un actif. Nous vous donnons les informations relatives à la cession d'un bien et vous demandons de déterminer les impacts hors fiscalité de cette cession sur la rentabilité de l'entreprise (compte de résultat), sur le bilan et sur la trésorerie…

Actif	Valeur brute	Amortissements	Valeur nette comptable (VNC)	Passif
Bâtiment	1 000	600	400	

	Cas n° 1	Cas n° 2
Prix d'achat du bâtiment	1 000	
Prix de vente du bâtiment	800	200

Entraînez-vous sur ce cas très simple. Une fois que vous serez convaincu de ce raisonnement basique, vous serez capable de raisonner dans des contextes plus complexes, la gymnastique restant toujours la même !

Exercice n° 2

IndusPME présente ses comptes en normes françaises.

Sur la base des données de la liasse donnée dans les annexes en fin d'ouvrage, retrouvez des indicateurs de cash généré en N.

Corrigé de l'exercice n° 1

Cas n° 1 : prix de vente 800

Compte de résultat cas n° 1	
CA	
RCAI	
Résultat exceptionnel	+ 400
dont produit de cession	+ 800
dont VNC actifs cédés	– 400

Dans ce premier cas, le dirigeant vend 800 quelque chose qu'il a acquis à l'origine 1 000, mais qui, compte tenu de l'obsolescence des actifs, ne vaut plus que comptablement 400 (notion de valeur nette comptable des éléments d'actifs cédés). L'impact sur la rentabilité est donc un profit de 400.

Actif cas n° 1	**Valeur nette comptable (VNC)**	**Passif**	
Bâtiment	– 400	Capitaux propres	+ 400
Cash	+ 800		
Total actif	**+ 400**	**Total passif**	**+ 400**

L'impact sur le cash est simple : je vends mon actif 800, je vais donc augmenter ma trésorerie de 800. Au passage, notez que l'impact sur la trésorerie (800) n'est pas identique à l'impact sur la rentabilité (400).

Voilà, vous y êtes, rentabilité ne signifie pas directement cash généré… Dans le cas n° 1, la cession se traduit par une augmentation de la rentabilité et du cash, mais pas pour les mêmes montants !

En termes de bilan, il va falloir traduire le fait que l'on a vendu un actif, dont on n'est donc plus propriétaire : les actifs vont baisser pour la valeur nette comptable qui préexistait, soit 400. Dans le même temps, le cash va augmenter du prix de la cession. Vendre un actif revient à rendre liquide un actif qui ne l'était pas. L'actif augmentant de 400, il va falloir accroître également le passif (un bilan tant toujours équilibré, actif = passif). Cet accroissement va apparaître en capitaux propres, ce qui revient à acter le fait que le RN augmente de 400 (le profit sur cession augmente le RN qui, à la fin de l'année, va venir grossir les capitaux propres...).

Cas n° 2 : prix de vente 200

Compte de résultat cas n° 2	
CA	
RCAI	
Résultat exceptionnel	– 200
dont produit de cession	+ 200
dont VNC actifs cédés	– 400

Dans ce deuxième cas, le dirigeant vend 200 quelque chose qui vaut comptablement 400. L'impact sur la rentabilité est donc une perte de 400.

L'impact sur le cash va être de 200 (le prix de cession).

Actif cas n° 2	Valeur nette comptable (VNC)	Passif	
Bâtiment	– 400	Capitaux propres	– 200
Cash	200		
Total Actif	– 200	Total Passif	– 200

Dans ce cas atypique, le dirigeant vend à perte un actif pour « faire du cash ». Cette décision a du sens dans un contexte de crise de trésorerie où, l'urgence étant de sauver l'entreprise, la priorité n'est plus de maximiser le profit global de l'entreprise mais de récupérer du cash. Plus schématiquement, nous sommes dans un cas où une décision a un impact négatif sur la rentabilité (pertes de 200) et un impact positif sur le cash (cession pour 200).

Corrigé de l'exercice n° 2

Les différents agrégats de cash peuvent être du plus simple au plus élaboré (à ce stade) !

(Remarquez que nous avons reconstitué l'EBE de deux façons différentes.)

EBE	**290**
= Résultat d'exploitation	114
– Reprises sur provisions	0
+ Dotations aux provisions	12
+ Dotations aux amortissements	164

EBE	290
– IS	5
= EBE fiscalisé	**285**

MBA = CAF	**201**
= RN	25
– Reprises sur provisions	0
+ Dotations aux provisions	12
+ Dotations aux amortissements	164

Chapitre 3

Ce qu'il faut retenir d'un tableau de flux

Ce que va nous montrer ce chapitre :

- **que la compréhension des mouvements de trésorerie passe par la compréhension des tableaux de financement/tableaux de flux ;**
- **qu'il existe une très grande variété dans les présentations, et qu'il est donc important de faire un effort de compréhension des grands mécanismes avant d'entrer dans les détails.**

Le tableau de financement va nous permettre de comprendre :

- **comment l'entreprise a généré du cash ;**
- **si l'exploitation courante dégage du cash ;**
- **si l'entreprise a investi lourdement ou au contraire cédé des actifs ;**
- **l'évolution de sa structure financière (dettes et fonds propres)... ;**
- **et, dans l'idéal, appréhender si les risques financiers pris sont raisonnables.**

Comment se lit un tableau de financement/ tableau de flux ?

Nous avons montré dans la première partie de cet ouvrage à quel point les pratiques professionnelles avaient évolué, en privilégiant de plus en plus une analyse par les *cash flows*.

La compréhension de la génération du cash annuel, et de son affectation, est primordiale pour les managers. Pour autant, celle-ci n'est pas facilitée par une présentation des plus variées.

Il faut d'abord comprendre qu'il existe une même logique de construction, que nous allons décrire ci-dessous, et deux formats de présentation, selon que l'on travaille « à la française » (on parlera alors de tableau de financement) ou plus à l'anglo-saxonne (on parlera alors de tableau de flux). Enfin, nous montrerons la variété des présentations en matière de tableaux de flux.

Quelle est la logique d'un tableau de financement/tableau de flux ?

Pour aller plus loin

Que se passe-t-il entre deux bilans ?

L'entreprise achète des matières premières, les transforme, les vend... Ce sont les éléments « cash » du compte de résultat.

Elle constate aussi que ses clients la règlent, que les stocks s'accumulent ou diminuent : ce sont des éléments de bilans.

Elle décide aussi des investissements et désinvestissements.

Les points 2 et 3 ne sont identifiables que dans le tableau de financement !

Le but de cet outil, si important, est de comprendre comment on passe d'un bilan N – 1 à un bilan N. Construire ce tableau, quel que soit le format retenu, revient à expliquer la déformation de la structure financière d'une année sur l'autre, aboutissant à comprendre l'évolution de la trésorerie nette.

On perçoit dès lors l'intérêt d'un tableau de financement/tableau de flux :

- il explique une dynamique (alors que le bilan n'est qu'une photo statique) ;
- il appréhende tous les mouvements de trésorerie pendant un an ;
- il permet de s'extraire des options comptables parfois sophistiquées qui améliorent la rentabilité temporairement (le cash ne ment jamais, la rentabilité quelquefois) ;
- il colle au plus près de la réalité de ce qui s'est réellement passé dans l'entreprise ;
- c'est l'outil qui permet le mieux de qualifier la qualité et la réactivité de l'équipe de direction.

Comment est construit un tableau de financement/ tableau de flux ?

La construction du tableau va se faire à partir de deux bilans consécutifs, poste à poste, en calculant les écarts d'une année sur l'autre, et l'on procédera ainsi à la fois à l'actif et au passif.

Pour les créances clients, par exemple, on considérera que leur variation se détermine par différence entre la valeur du poste en fin d'année N et la valeur du poste l'année précédente.

Si le poste clients a baissé (compte clients à l'actif du bilan N < compte clients à l'actif du bilan N – 1), cela signifiera qu'en solde (variation du compte clients dans le tableau de flux de l'année N), les clients ont rendu du cash : on traduira cela par une ressource supplémentaire (entrée de cash) pour le montant correspondant.

Pour aller plus loin

Le BFR : emploi ou ressource ?

L'exemple ci-dessus sur le poste clients montre que le BFR peut être un emploi (consommer du cash), ce qui est en général le cas lorsque l'activité augmente, ou être une ressource (générer du cash), c'est le cas lorsque les clients règlent leurs factures.

COMMENT CONSTRUIRE ET ANALYSER UN TABLEAU DE FINANCEMENT ?

La construction

Pour aller plus loin

Pourquoi une liasse fiscale ?

Ce document étant par nature normé, il permet une analyse « à tous les coups ». Les comptes présentés autrement que dans la liasse fiscale peuvent ne pas présenter tous les éléments nécessaires à la réalisation du tableau de financement. On abordera ce cas par la suite.

Un tableau de financement est construit à partir de deux bilans fonctionnels consécutifs et supposés ici réalisés à partir d'une liasse fiscale. Le travail des retraitements (EENE et crédit-bail) et des reclassements (split des dettes long terme et des dettes court terme) a déjà été effectué.

La mise en évidence des fonds de roulement, besoins en fonds de roulement et trésorerie nette a été faite.

Le tableau de financement est construit à partir de cette logique temporelle. Son format est ancien, très normé, quasiment sans variante.

Tableau de financement résumé

Tableau de financement de l'année N	
Emplois	**Ressources**
+ Investissements	+ CAF
+ Dividendes	+ Augmentation de capital
+ Remboursement de dettes bancaires LT	+ Augmentation des dettes bancaires LT
+ Remboursement de comptes courants (CCA)	+ Augmentation des CCA
	+ Cessions d'actifs
= Total A	**= Total B**
Solde entre total B et total A = Variation de fonds de roulement (I) entre N – 1 et N	
Augmentation du poste clients, des stocks… Diminution du compte fournisseurs	Diminution du poste clients, des stocks… Augmentation du poste fournisseurs
Variation de besoin en fonds de roulement (II) entre N – 1 et N	
Variation de trésorerie nette (III) entre N – 1 et N	

On retrouvera tout naturellement que :

Variation du FDR (I) – Variation BFR (II) = Variation TN (III).

Pour aller plus loin

Long terme ?

En comptabilité, tout ce qui a plus d'un an est du long terme. Tout ce qui est à moins d'un an est du court terme.

Toute variation se traduisant par une entrée de cash sera reprise à droite du tableau de financement, et s'appellera une ressource (une cession d'actif, une augmentation de capital). Toute sortie de cash apparaîtra à gauche du tableau et sera qualifiée d'emploi.

Dans la partie haute du tableau de financement, on travaillera exclusivement sur les variations d'actifs et passifs à long terme des deux bilans fonctionnels consécutifs : on obtiendra la variation du fonds de roulement.

Une variation du FDR positive indiquera qu'en année N, on aura trouvé plus de nouvelles ressources à long terme que l'on a eu de besoins à long terme. On dira alors que l'on a « surfinancé » à long terme. Cet excédent de ressources longues viendra soit compenser une augmentation des BFR, soit améliorer la trésorerie nette.

On remarquera que chaque étape s'intéresse à des événements de même nature :

- pour la variation du FDR, on aura par exemple les investissements (en emplois), les dotations aux amortissements (inclus dans la CAF) et les cessions d'actifs (en ressources) ;
- pour la variation de BFR, on aura en emplois l'augmentation des stocks et en ressources leur éventuelle diminution.

Points particuliers :

- en ce qui concerne la variation des dettes bancaires LT, on peut présenter soit de manière détaillée (en emplois les remboursements et en ressources la souscription de nouveaux emprunts), soit en solde net (nouveaux emprunts – remboursement de l'exercice). Tout dépend du niveau des informations dont on dispose ;
- le prix de cession des éléments d'actifs cédés (cessions d'actifs) est une information obligatoire dans les liasses fiscales (donnée du tableau de détermination des plus et moins-values) ;
- les dividendes sont bien ceux versés aux actionnaires, et non ceux reçus des filiales (qui apparaissent en résultat financier dans le compte de résultat). Rappelons qu'il existe un décalage d'un an entre le versement des dividendes au titre de l'exercice N et la CAF de l'année N qui a généré le cash correspondant (CAF = RN + dotation aux amortissements et provisions) ;
- en termes de variantes du tableau de financement, on présente les variations de BFR soit de manière globale soit en détaillant les variations de créances clients, de stocks et de compte fournisseurs (plus rare car plus lourd).

Les subtilités de construction du tableau de financement

Nous avons repris ci-dessous quelques aspects qui peuvent poser des difficultés à des personnes non averties, de manière à les approfondir.

Détermination des investissements de l'exercice

C'est un point incontournable dans la construction du tableau de financement. On appréhende les investissements en détaillant l'évolution des VNC des actifs immobilisés d'une année sur l'autre comme suit :

Actifs immobilisés $nets_{n-1}$

– dotation aux amortissements N du parc existant à fin N – 1

+ acquisitions (investissements de l'exercice N, que l'on ne connaît pas *a priori*)

– dotations aux amortissements N sur parc acquis en N

– VNC des éléments d'actifs cédés

= actifs immobilisés $nets_{n}$.

Il découle que l'on reconstitue le montant des investissements de l'exercice comme suit :

Acquisitions (ou investissements) = Actifs immobilisés $nets_n$ – Actifs immobilisés $nets_{n-1}$ + dotations aux $amortissements_N$ [1] + VNC des actifs cédés.

Le compte de résultat et le calcul de la CAF

Cas pratique : PommeDistrib

On maintient les mêmes données que dans notre cas d'origine (introduction) en se référant à l'année 2. Notre fondateur, Pierre Robert, avait acquis deux étals pour 4 000 € d'une durée de vie d'un an. Après six mois, il a l'opportunité de céder ces deux étals pour 3 000 € et d'acquérir un étal plus sophistiqué, coûtant 12 000 €, mais de durée de vie estimée à quatre ans. Les nouvelles données sont résumées ci-dessous.

On se pose la question de la reconstitution du tableau de financement à partir du compte de résultat et des bilans fin d'année 1 et fin d'année 2.

Le compte de résultat comparé ancienne situation (pas de renouvellement en cours d'année) et nouvelle situation (telle que décrite) est présenté ci-dessous :

Cession étal à mi-année	3 000
Amortissements cumulés	2 000
Plus-value	1 000

1. Dotations aux amortissements de l'exercice = dotation aux amortissements N du parc existant à fin N – 1 + dotations aux amortissements N sur parc acquis en N.

Achat nouvel étal	
Achat	12 000
Durée de vie (années)	4
Amortissement annuel	3 000

Quelles sont les différences ? On constate que l'EBE est identique (normal, rien n'est modifié dans les conditions opérationnelles avant ce solde intermédiaire de gestion).

Le résultat d'exploitation augmente : c'est logique ! La dotation aux amortissements du matériel plus sophistiqué est de 3 000 € par an contre 4 000 pour le modèle acquis à l'origine. Avec une demi-année de chaque équipement, on a bien une dotation aux amortissements « moyennée » de 3 000 €. Le résultat d'exploitation est donc en augmentation.

Sous le résultat d'exploitation, nous avons trois nouvelles lignes :

– le produit de cession d'actifs (ligne HB de la liasse fiscale) de 3 000 (c'est le prix de cession hors taxes) ;

– la VNC (valeur nette comptable) des actifs cédés (ligne HF de la liasse fiscale) ;

– la plus-value correspond à la différence de ces deux lignes.

Il résulte que le résultat net augmente à la fois du fait d'un actif plus performant (c'est un gain récurrent) et du fait de la cession avec profit de l'ancien actif (c'est un gain « non récurrent »).

Là où Pierre Robert est surpris, c'est en constatant qu'avec un résultat net plus élevé, il obtient une capacité d'autofinancement plus faible ! Ceci provient du fait que la CAF est définie comme le résultat net (33 533) augmenté des dotations aux amortissements (3 500) diminué de la plus-value sur les actifs cédés (1 000). Et donc 33 533 + 3 500 – 1000 = 36 033.

Compte de résultat	Année 2	Année 2 bis
Chiffre d'affaires	132 000	132 000
– Achats consommés	66 000	66 000
– Salaires	40 320	40 320
– Location emplacement	8 800	8 800
– Transport	4 400	4 400
= Excédent brut d'exploitation	**52 800**	**52 800**
– Dotation amortissements	4 000	3 500
= Résultat d'exploitation	**48 800**	**49 300**

Compte de résultat	Année 2	Année 2 bis
+ Produit de cession d'actifs		3 000
– VNC actifs cédés		2 000
= Plus-value sur actifs		*1 000*
= Résultat avant IS		**50 300**
– IS	16 267	16 767
= Résultat net	**32 533**	**33 533**
CAF	36 533	36 033

Les bilans sont résumés ci-dessous :

Bilan fin d'année 1			
Actif		**Passif**	
Immobilisations	–	Fonds propres	1 000
Stock	200	Profit	9 000
Créances	1 000	Emprunts	1 000
Trésorerie	9 800		
Total	**11 000**	**Total**	**11 000**
Bilan fin d'année 2 bis			
Actif		**Passif**	
Immobilisations	10 500	Fonds propres	1 000
Stock	1 500	Profit cumulé	42 533
Créances	4 500	Emprunts	–
Trésorerie	30 033	Fournisseurs	3 000
Total	**46 533**	**Total**	**46 533**

La reconstitution des investissements

Cas pratique

En appliquant la formule ci-dessus (AI $nets_N$ – AI $nets_{N-1}$ + dotations aux amortissements N + VNC des actifs cédés), on obtient les résultats suivants : on constate que la société PommeDistrib a bien investi 16 000 €, soit les étals achetés en début d'année pour 4 000 € (et revendus à mi-année pour 3 000 €) et l'étal plus durable acquis en remplacement pour 12 000 €.

Le choix de travailler sur la valeur nette et non la valeur brute des actifs cédés résulte des informations dont on est certain de disposer : en effet, les comptes nous fournissent systématiquement le prix de cession et la VNC des actifs cédés (voir commentaire plus haut), mais pas la valeur brute des actifs cédés…

Il faut rappeler également que la comptabilité ne fournit comme seule information que la dotation aux amortissements de l'exercice ; elle ne distingue pas la dotation induite par les anciennes immobilisations des dotations sur acquisitions de l'année.

+ AI net N	10 500
– AI net N – 1	–
+ Dotation amortissements N	3 500
+ VNC des éléments cédés	2 000
= Investissements	**16 000**

Qu'advient-il de la valeur nette comptable des éléments d'actifs cédés ?

Quand on débute dans la pratique des tableaux de financement, le traitement des cessions d'actifs peut rendre perplexe. En effet, la CAF (capacité d'autofinancement) s'obtient à partir du résultat net en retraitant l'impact des cessions d'actifs. La CAF ne prend donc en compte ni le prix de cession des actifs ni la VNC des actifs cédés qui sont pourtant des éléments du compte de résultat.

Le prix de cession va apparaître de manière isolée dans le tableau de financement (c'est la raison d'ailleurs pour laquelle on a retraité la CAF), mais la VNC des actifs cédés n'apparaît nulle part dans le tableau de financement (et c'est normal, car la VNC ne correspond pas à un mouvement de cash !). De là à penser qu'elle a disparu…

La valeur nette comptable des éléments d'actifs cédés n'apparaît pas en clair, de manière isolée ; pour autant, on l'utilise pour déterminer le montant des investissements : nous voilà donc totalement rassurés !

Lien entre variation du haut de bilan et variation du fonds de roulement

Si l'on procède par variation poste à poste des actifs immobilisés nets et des capitaux propres, on obtient mécaniquement le tableau suivant :

Détermination des variations d'actifs immobilisés et de capitaux propres (tableau I)

AI net N – 1	AI net N	Var AI net N – N – 1	Capitaux propres N – 1	Capitaux propres N	Variation capitaux propres
		= Capex[1] N			= RN N
		– Dot N			
		– VNC actifs cédés			

Si vous ne comprenez pas la variation des actifs immobilisés, relisez le paragraphe précédent sur la détermination des investissements de l'exercice.

Cette première étape ne nous satisfait guère car le résultat mécanique nous donnerait le tableau de financement suivant :

Première ébauche de la variation du FDR (tableau II)

Tableau de financement année N			
Capex N	x	RN N	x
		Dotations N	x
		VNC actifs cédés	x

Le passage entre le tableau I et le tableau II revient à considérer qu'on ne laisse jamais des montants négatifs dans un tableau de flux : un montant négatif en emplois devient un montant positif en ressources. La présentation est ainsi plus lisible !

Or, un des premiers postulats évoqué en matière de construction d'un tableau de financement, c'est qu'on ne fait apparaître que des éléments cash. Et ni le résultat net, ni la dotation aux amortissements, ni la VNC des actifs cédés ne sont des éléments cash…

À ce stade, on a l'impression de ne plus rien comprendre ! Sauf qu'à y regarder de plus près, les choses s'éclairent très naturellement : il suffit de regrouper les termes dans la partie ressources du tableau. On obtient dès lors : RN + dotations aux amortissements + VNC des actifs cédés. Voilà qui nous rappelle vaguement quelque chose… : la CAF !

1. Capex : *Capital expenditure*, c'est-à-dire investissements de l'année N.
10 MOD : Main-d'œuvre directe.

Pour terminer la démonstration, souvenons-nous que le tableau de financement isole les cessions (car il est important de comprendre si les flux à long terme sont générés de manière récurrente ou exceptionnelle).

Présentation aboutie de la variation du FDR

Tableau de financement année N				
Capex	x	RN	x	CAF
		Dotations N	x	
		VNC actifs cédés	x	
Effet neutre		– Prix de cession des actifs cédés	x	
		Prix de cession des actifs cédés		

Voici la version communément utilisée de tableau de financement, qui masque finalement les étapes que l'on vient d'évoquer. Dans la mesure où l'on veut isoler les cessions d'actifs (qui sont bien des mouvements de trésorerie) au niveau des ressources, alors qu'elles n'apparaissent pas dans la première ébauche de notre tableau, on passe par une dernière étape qui consiste à rajouter et soustraire les cessions d'actifs :

- rajouter le prix de cession permet d'isoler le cash obtenu des cessions dans le tableau de financement (objectif atteint !) ;
- soustraire le prix de cession permet de reconstituer définitivement la CAF telle que décrite dans l'introduction.

Rappelons que la variation des dettes financières long terme n'a pas été évoquée dans la démonstration ci-dessus, tout simplement parce qu'elle ne pose aucun problème calculatoire, et que l'évoquer aurait alourdi le propos. Pour autant, elle fait bien partie intégrante de la variation du FDR !

Comment les charges à répartir sont-elles prises en compte ?

Dans l'introduction, nous avons mentionné la rentabilité et la difficulté d'analyse de celle-ci en présence de charges à répartir (CAR).

Cas de transferts de charges à l'actif (CAR)

Liasse fiscale résumée	Année N Cas sans CAR	Année N Cas avec CAR
CA	100,0	100,0
+ Transferts de charges	0,0	**5,0**
+ Produits d'exploitation	0,0	0,0
– Charges d'exploitation	60,0	60,0
– Dotations aux amortissements et provisions	20,0	20,0
= Résultat d'exploitation (RE ou REX)	**20,0**	**25,0**
– Résultat financier	6,0	6,0
= RCAI	**14,0**	**19,0**
– Résultat exceptionnel	0,0	0,0
– IS	4,2	5,7
= Résultat net (RN)	**9,8**	**13,3**
CAF	29,8	33,3

Actif avec CAR	VNC
Actifs immobilisés	x
Stocks	y
Clients	z
Cash disponible	t
Charges à répartir	**5**
Total actif	x + y + z + t + 5

Nous ne reviendrons que sur le cas dans lequel des charges avaient été neutralisées (pour 5 M€) au compte de résultat pour être transférées à l'actif du bilan. Avec cette écriture de fin d'année, l'entreprise présente un résultat net amélioré de 3,5 M€, ce qui correspond au montant exact du transfert de charges fiscalisé. Quand on calcule la CAF mécaniquement, on obtient un montant de 33,3 M€ (RN de 13,3 M€ + dotations de 20 M€). Mais les charges d'exploitation de 5 M€ ont bien été décaissées ; si les charges sont annulées par le transfert de charges, ce dernier ne peut annuler les chèques qui ont été versés tous les mois au personnel du bureau d'études. Notre CAF calculée ainsi est erronée… Quelle présentation doit-on donc retenir dans un tableau de financement ? Si l'on a compris le raisonnement ci-dessus, deux solutions sont possibles.

Tableau de financement			
Emplois		Ressources	
CAR	5	CAF	33,3
CAR		CAF	28,3

Soit on présente une CAF non retraitée des charges à répartir de 33,3 M€, mais on fait apparaître un investissement non décaissé de 5 qui vient contrebalancer (la CAF et la CAR sont fausses, mais la balance des deux est correcte).

Soit on retraite la CAF d'un produit non cash (la charge à répartir), la CAF est réduite à 28,3 M€.

La seconde solution est largement préférable, dans la mesure où elle ne fait pas apparaître d'investissement (dans la première solution, les CAR apparaissent par construction en emplois, mais ne correspondent à aucune sortie de cash), et où la CAF correspond vraiment au cash généré (ce qui n'était pas le cas dans la première solution).

À savoir

Nous avons simplifié la réalité car les charges, une fois transférées à l'actif, sont amorties sur une durée habituelle de trois ans. La dotation aux amortissements des charges à répartir, qui apparaît en compte de résultat, a été éludée dans notre exemple.

Comment traiter une augmentation de capital par incorporation de réserves ?

Les augmentations de capital font partie des éléments à prendre en compte dans un tableau de financement. Pour autant, une incorporation de réserves ne va pas se traduire par une entrée de cash dans l'entreprise... Pour cette raison, et bien qu'il s'agisse d'une augmentation de capital, elle n'apparaîtra pas en tant que ressources.

D'autres types d'opérations seront traités avec la même logique :

- conversion d'obligations convertibles en actions ;
- remboursement d'ORA en actions ;
- capitalisation de comptes courants d'associé ;
- capitalisation de dettes bancaires en fonds propres.

Cas pratique : IndusPME

Reprenons notre exemple et essayons de reconstituer par variation poste à poste des deux bilans N et N – 1, le tableau de financement de l'année N.

Bilan actif	N – 1	N	Bilan passif	N – 1	N
Fonds commercial brut	5	5	Capitaux propres	1 465	1 490
Immobilisations corporelles brutes	1 792	2 259	Provisions pour R&C	–	–
Immobilisations financières	26	26	Emprunts et dettes bancaires LT (9)	295	324
Total des immobilisations brutes	**1 823**	**2 290**	Amortissements et provisions	1 188	1 359
Stocks produits finis	232	379	**Total ressources LT**	**2 948**	**3 172**
Stocks emballages + matières premières	255	189	Fonds de roulement	1 125	883
Créances clients brutes	954	861			
Autres créances	242	218	Dettes fournisseurs	546	510
Charges constatées d'avance	27	51	Dettes fiscales et sociales	321	385
Besoin en fonds de roulement	**841**	**794**	Dettes diverses	2	9
Disponibilités	288	123	Découvert bancaire	4	34
Trésorerie nette	**284**	**89**			

Source : bilan fonctionnel en k€

La CAF

Elle a été calculée ainsi :

RN : 25

+ Dotation aux amortissements : 164

+ Dotation aux provisions : 12.

Détermination des investissements

Les investissements ont par ailleurs été déterminés comme suit (il n'y a pas eu de cession en N + 1) :

Actifs nets N	697
– DAP N + 1	164
+ Investissements N + 1	x
– VNC	–
= Actifs nets N + 1	1 005
Investissements N + 1	471

Construction du tableau de financement

Construire un tableau de financement revient à prendre en compte toutes les variations poste à poste. Nous en avons isolé trois :

– la variation des dettes bancaires LT : 324 – 295 = 29. Les dettes LT ont augmenté. En solde, les banques nous ont plus prêté, on a donc obtenu un complément de cash : les 29 k€ apparaissent en ressources de l'année, dans la colonne de droite du tableau de financement ;

– la variation des BFR : 794 – 841 = – 47 k€. Le BFR est positif dans cette entreprise. Le BFR s'est réduit ; cela correspond à une entrée de cash (les clients nous ont réglé, par exemple) ;

– la variation de la trésorerie nette : la trésorerie nette est positive à la fin de chaque exercice. Son montant se réduit de 284 à 89 k€, soit 195 k€. On retrouve par validation ce montant en posant : Var FDR – Var BFR = Var TN soit – 242 + 47 = – 195 k€.

Tableau de financement année N + 1			
EMPLOIS		**RESSOURCES**	
Investissements	471	CAF	201
Dividendes	–	Augmentation dettes LT	29
	Variation FDR	– 242	
	Variation BFR	– 47	
	Variation TN	– 195	

L'analyse d'un tableau de financement

L'analyse d'un tableau de financement démarre par la CAF. Elle doit être *a minima* positive (ici, c'est le cas, à 201).

Pour aller plus loin

CAF < investissement = « Pas bon signe » ?

Pas toujours : une entreprise en croissance peut investir plus que sa CAF. La limite c'est : peut-on assurer le maintien des installations existantes avec la CAF ?

Pour savoir si elle est suffisante, on compare avec les investissements : en N + 1, la société a investi 471, ce qui est largement supérieur à la CAF. Elle n'a donc pas pu assurer par elle-même le financement de ses investissements, ce qui n'est pas bon signe.

Nous aimerions pouvoir analyser le tableau de financement des années précédentes pour éclairer le point ci-dessus, mais nous n'avons pas les données correspondantes. Doit-on abandonner ? Non, il y a d'autres moyens pour répondre à notre interrogation.

La question que l'on se pose en réalité est la suivante : la CAF est-elle trop faible, ou bien les investissements en année N sont-ils trop forts ?

Regardons les dotations aux amortissements du compte de résultat : elles étaient de respectivement 146 et 164 k€ en année N et N – 1, ce qui revient à dire que le rythme habituel d'investissement est de l'ordre de 150 k€ (on se rappelle que quand la société ne fait que renouveler son parc machines, on a dotations aux amortissements de l'exercice = investissements). En année N, on peut donc affirmer que l'entreprise a fait un effort particulier en matière d'investissement, ce qui vient adoucir notre premier propos très négatif. On peut même ajouter que l'entreprise dispose encore, malgré la baisse de son résultat net, d'une CAF suffisante pour financer le renouvellement de son matériel.

Pour aller plus loin

CAF < investissement ! Et alors ?

Ce que cela signifie, c'est que quelqu'un a dû injecter du cash dans l'entreprise. Ce cash a pu provenir :

– des actionnaires ;

– des banques ;

– d'une réduction du BFR.

Pour revenir à ce qui s'est passé en N, la CAF (201) a été largement inférieure aux investissements (471). Comment l'entreprise a-t-elle financé le delta ? Elle ne l'a quasiment pas financé (enfin, à long terme) puisqu'on a une augmentation de 29 seulement de dettes LT. C'est pourquoi on se retrouve avec une variation de FDR négative de 242 (201 + 29 – 471). Ne pas avoir financé à long terme induit obligatoirement un financement à court terme (toutes choses égales par ailleurs au niveau du BFR) : dans la réalité, la société a puisé dans son matelas de trésorerie accumulé à l'actif du bilan.

Mais pourquoi alors la trésorerie nette n'a-t-elle pas baissé de 242 ? Tout simplement parce que la bonne gestion des BFR a rendu du cash à l'entreprise pour 47 : ce qui permet de vérifier que :

Variation FDR (– 242) – Variation BFR (– 47) = Variation de la trésorerie nette (– 195).

Difficultés d'analyse d'un tableau de financement

La lecture d'un tableau de financement n'est pas toujours très intuitive, surtout en ce qui concerne la variation des BFR.

Quand on constate une variation négative de BFR, on se demande toujours s'il s'agit d'une génération ou d'une consommation de cash, surtout que certaines présentations peuvent induire en erreur (problème de convention des signes…).

À savoir

Pour être tout à fait à l'aise avec cet outil, il suffit de vérifier très simplement *via* le bilan fonctionnel deux choses :

- le BFR est-il positif ou négatif ?
- le BFR baisse-t-il ou augmente-t-il ?

Se souvenir qu'un BFR positif qui baisse, c'est du cash qui rentre en caisse (et inversement...). La langue française est utilisée logiquement : un « besoin » qui « baisse », c'est de l'argent qui rentre !

De l'importance de la CAF

Le tableau ci-dessous a été établi à partir des données des 1 200 premières capitalisations boursières mondiales (29 trillions $), soit 55 % de la capitalisation boursière totale (53 trillions $). Il montre que :

- la capacité d'autofinancement (appelée ici autofinancement) reste de très loin la principale ressource de l'entreprise ;
- quand la CAF se réduit, les investissements se réduisent également.

Évolution sur neuf ans des ressources

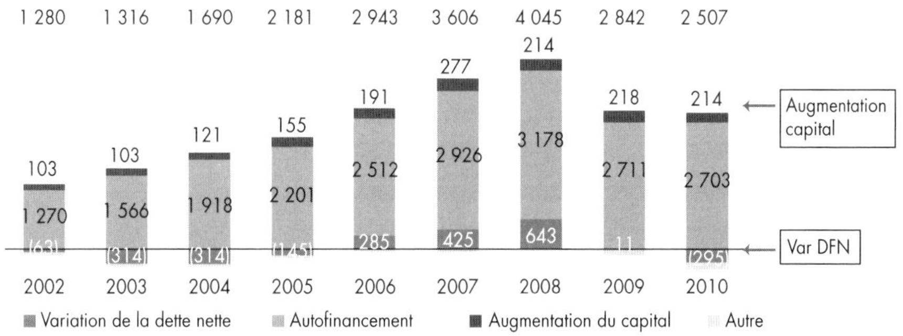

Évolution sur neuf ans des emplois

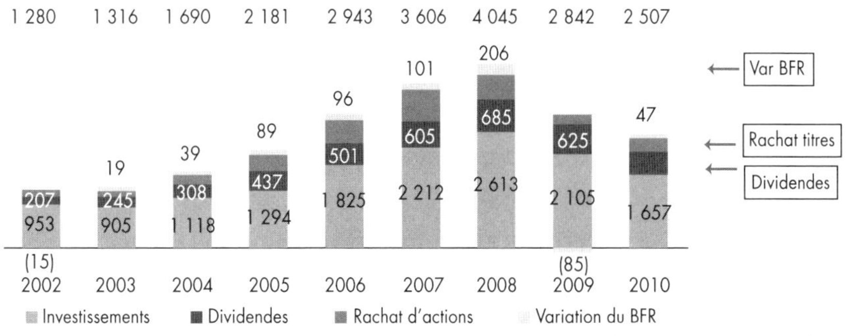

Source : lettre Vernimmen n° 99, juillet 2011.

LA NOTION DE *FREE CASH FLOW*

Une logique très centrée sur le business

Les Anglo-Saxons ont une approche décalée de la compréhension du cash généré. Ils préfèrent centrer l'analyse en partant du cœur, du business. Le point de départ ne sera donc pas la CAF, et donc indirectement le résultat net – sorte de filet garni pollué par les éléments exceptionnels et les éléments financiers –, mais plutôt l'EBE, l'excédent brut d'exploitation.

La logique du tableau de flux anglo-saxon

	Approche anglo-saxonne		
	EBE	Cash futur mais quand ?	Cash réellement généré dans l'exercice
	– IS (calculé sur le RE)		
Cash affecté à la croissance →	– Variation de BFR		
	= **Excédent de trésorerie d'exploitation (ETE)**		
Cash affecté à la croissance →	– Capex (investissements nets de cessions)		
	= FCF (*free cash flow*)	Banquiers	
	– Service de la dette		
	+ Augmentations de dettes LT		
	+/– Augmentation de capital	Actionnaires	
	+/– Compte courant d'associé		
	– Dividendes versés aux actionnaires		
	– Rachat de titres		
	= Variation de la trésorerie nette		

Le *free cash flow* (FCF) indique le cash réellement généré par l'entreprise sur l'année considérée, après avoir assumé le financement de la croissance, c'est-à-dire d'une part les investissements et d'autre part les augmentations du BFR.

Ensuite, on considère l'affectation de ce *cash flow* aux bailleurs de fonds :

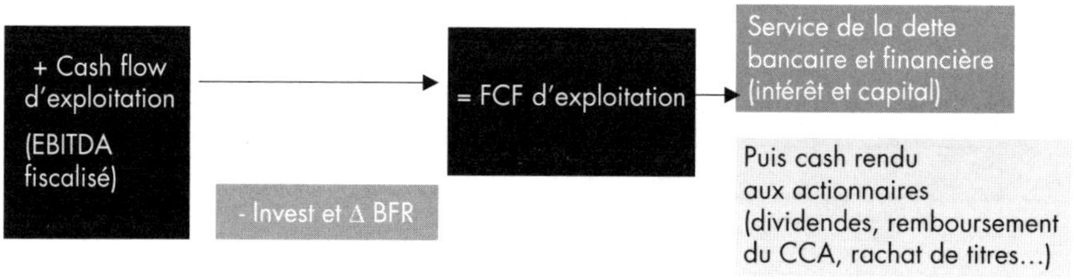

Les banquiers

- Ils sont prioritaires car le lien avec l'entreprise est contractuel (l'entreprise s'est engagée à respecter le tableau d'amortissement en timing et en montants, faute de quoi le banquier peut déclarer la déchéance du terme[1]) ;
- ils perçoivent « le service de la dette », c'est-à-dire deux choses :
  – le remboursement du principal,
  – les frais financiers pour la partie décaissée[2].

Pour aller plus loin

Les limites de la CAF

Certes, c'est ce que génère comme cash l'activité de l'entreprise, mais cela ne nous renseigne pas totalement sur sa capacité à financer sa croissance. Pour ceci, il faut passer aux FCF qui incluent les investissements et les variations de BFR.

Les actionnaires

- Ils perçoivent le *cash flow* résiduel, dividendes ou rachat de titres ;
- ils peuvent être amenés à participer à des augmentations de capital, mais cette option arrive souvent en dernier parmi toutes les solutions de financement.

QUEL USAGE POUR LES *FREE CASH FLOWS* ?

On rencontrera le concept de *free cash flows* (FCF) en entreprise à chaque fois qu'il y aura un actionnaire financier au capital ou que l'entreprise devra convaincre ses banques qu'elles seront remboursées.

La logique des FCF est tout à fait adaptée à la construction de business plans prévisionnels, pour déterminer la capacité future d'une entreprise à rembourser de la dette. Ainsi, dans les sociétés sous LBO, cette présentation est extrêmement répandue, qu'il s'agisse de PME ou de grands groupes. Les FCF sont ainsi devenus l'outil indispensable en matière d'ingénierie financière et de montage financier. Le chapitre 8 de cet ouvrage en décrit le fonctionnement.

On verra dans la seconde partie de l'ouvrage que les *free cash flows* sont par ailleurs un excellent outil de pilotage du cash.

1. Et l'entreprise risque donc la cessation de paiement.
2. Certains crédits prévoient des frais financiers dont une partie est dite « capitalisée », c'est-à-dire non décaissée immédiatement et incorporée au capital du crédit.

Enfin, dès que l'on se préoccupe de valorisation d'entreprise, surtout si l'entreprise est déjà d'une certaine taille, on voudra utiliser la méthode dite des DCF (*discounted cash flows*). Cette méthode exprime le fait que la valeur d'une entreprise se détermine par sa capacité à générer du cash sur le long terme ; elle s'établit à partir des FCF qui seront actualisés.

LES TABLEAUX DE FLUX

La logique d'un tableau de flux

Nous venons de présenter le principe d'un tableau de financement, qui était dans les années 1980 le seul outil utilisé pour comprendre ce qui se passait en matière de génération de cash et d'évolution bilancielle.

Aujourd'hui, toutes les sociétés du CAC 40 présentent dans leur rapport annuel des tableaux de flux.

Un tableau de flux classique se présente la plupart du temps en trois blocs logiques :

- flux d'exploitation ;
- flux d'investissement ;
- flux de financement.

L'objectif étant comme toujours d'expliquer la variation de la trésorerie nette au bilan d'une année sur l'autre.

Flux d'exploitation

La partie haute du tableau de flux permet de déterminer le cash généré par le business. Quels que soient l'agrégat utilisé en point de départ et le nom donné au flux, il sera toujours pris en compte déduction faite :

- de l'IS ;
- de la variation des BFR.

À savoir

Les sociétés communiquent souvent sur des notions de flux de trésorerie généré par l'exploitation, mais incluent dans ce flux les intérêts versés aux banques. Le terme s'avère en réalité trompeur... Il s'agit en réalité de flux d'exploitation mais après prise en compte du coût de la dette bancaire !

Flux d'investissement

On retrouvera systématiquement :

- les investissements (acquisitions d'actifs corporels et incorporels) ;
- les cessions d'actifs corporels et incorporels ;
- les investissements et désinvestissements financiers (acquisitions de sociétés).

Dans certains rapports annuels, le bloc « investissement » sera divisé en deux blocs : investissements financiers et investissements industriels.

Flux de financement

On aura systématiquement les flux vis-à-vis des actionnaires et les flux vis-à-vis des banquiers.

Quand l'agrégat de départ (flux d'exploitation) tient compte des frais financiers, les flux vis-à-vis des banques correspondent uniquement au remboursement des emprunts. Quand l'agrégat de départ (flux d'exploitation) ne tient pas compte des frais financiers, les flux vis-à-vis des banques correspondent au service de la dette (remboursement + intérêts).

Au bout du compte, on dira que flux d'exploitation + flux d'investissement (généralement systématiquement négatifs) + flux de financement = variation de la trésorerie (et non pas variation de la trésorerie nette comme dans un tableau de financement).

EXEMPLES DE PRÉSENTATION D'UN TABLEAU DE FLUX (GROUPES FRANÇAIS COTÉS AU CAC 40)

Notre lecteur pourra prendre connaissances des trois exemples de tableaux de flux que nous avons mis en annexe en commençant par celui de Danone (voir également Christian Dior puis Carrefour), et qui illustrent la variété dans les vocabulaires et les présentations, la logique restant fort heureusement la même !

Ainsi, dans nos trois exemples, nous avons :

	Christian Dior	Carrefour	Danone
Résultat opérationnel	X		
+ Dividendes reçus des filiales	X		
– Intérêts décaissés nets	X		
= Résultat avant impôt		X	
– IS	X	X	
= Résultat net			X

La présentation du tableau de flux de Danone partant du résultat net, c'est celle qui se rapproche au plus près de la présentation du tableau de financement à la « française ».

Le tableau de flux du groupe Carrefour démarre à partir du RCAI, et celui de Christian Dior du résultat opérationnel.

Selon l'agrégat de départ retenu, un certain nombre de retraitements seront effectués (ou pas !).

Si l'on démarre du RN :

- on retraitera immédiatement des dotations qui ne sont pas des écritures cash. Si l'on démarre de l'EBIT ou du RCAI (résultat opérationnel), il faudra faire la même chose ;
- on retraitera également la quote-part des sociétés mises en équivalence et on remplacera par les dividendes versés par les sociétés mises en équivalence.

Si l'on démarre de l'EBE, ces retraitements ne seront pas nécessaires.

Exercice : compréhension du tableau de flux 2010-2011 Danone

Reprenez connaissance des données comptables consolidées du groupe Danone pour 2011 et commentez en détail le tableau de flux. On vous fournit :

- le compte de résultat 2011 ;
- le bilan 2011 ;
- le tableau de flux 2011.

	Compte de résultat consolidé Danone			
	(En millions d'euros)	**Notes**	**2 010**	**2 011**
	Chiffre d'affaires net	**6**	**17 010**	**19 318**
	Coût des produits vendus		– 7 957	– 9 541
	Frais sur vente		– 4 663	– 5 092
	Frais généraux		– 1 494	– 1 564
	Frais de recherche et de développement		– 209	– 233
	Autres produits et charges	7	– 90	– 45
	Résultat opérationnel courant		**2 597**	**2 843**
	Autres produits et charges opérationnels	8	– 80	– 114
	Résultat opérationnel		**2 517**	**2 729**
	Produits de trésorerie et d'équivalents de trésorerie		*87*	*67*
(a)	*Coût de l'endettement financier brut*		*– 230*	*– 241*
(b)	Coût de l'endettement financier net	9	– 143	– 174
(c)	Autres produits et charges financiers	9	123	– 120
	Résultat avant impôts		**2 497**	**2 435**
	Impôts sur les bénéfices	10	– 578	– 626
	Résultat des sociétés intégrées		**1 919**	**1 809**
[A]	Résultats des sociétés mises en équivalence	14	121	46
	Résultat net		**2 040**	**1 855**
[B]	• Part du groupe		1 875	1 671
[C]	• Part des intérêts ne conférant pas le contrôle		165	184

Source : Rapport annuel Danone 2011

Le compte de résultat donne une idée de la performance d'exploitation et une certaine information sur le cash généré, notamment lorsqu'il présente l'EBITDA.

On voit ici que Danone a choisi une présentation par nature qui ne donne aucune information sur le caractère cash ou non des dépenses.

Actif	**Notes**	**2010** **Au 1er janvier**	**2010**	**2011**
			Au 31 décembre	
Marques	12	3 903	4 267	4 258
Autres immobilisations incorporelles	12	355	546	531
Goodwill	12	10 227	11 311	11 289
Immobilisation incorporelles	12	14 485	16 124	16 078
Immobilisations corporelles	13	3 180	3 810	3 916
Titres mis en équivalence	14	801	941	1 030
Autres titres non consolidés	15	521	125	123
Prêts à plus d'un an	16	27	42	53
Autres immobilisations financières	17	127	138	166
Instruments dérivés – actifs	32	134	236	257
Impôts différés	24	648	700	691
Actifs non courants		**19 923**	**22 116**	**22 314**
Stocks	18	765	975	1 061
Clients et comptes rattachés	19	1 682	1 924	1 981
Autres comptes débiteurs	20	645	767	820
Prêts à moins d'un an		41	34	40
Placements à court terme	21	454	1 111	1 114
Disponibilités	23	644	1 054	1 027
Actifs détenus en vue de leur cession	5	176	39	69
Actifs courants		**4 407**	**5 904**	**6 112**
Total de l'actif		**24 330**	**28 020**	**28 426**

Source : Rapport annuel Danone 2011, page 66

Passif et capitaux propres	**Notes**	**2010** **Au 1er janvier**	**2010**	**2011**
			Au 31 décembre	
Capital		162	162	161
Primes		3 596	3 627	452
Bénéfices accumulés		8 437	9 251	10 192
Écarts de conversion		– 869	30	– 23
Autres résultats enregistrés directement en capitaux propres		197	– 117	– 118
Action propres et option d'achat d'actions DANONE	22	– 1 027	– 1 216	– 1 564

Passif et capitaux propres	Notes	2010 Au 1er janvier	2010	2011
			Au 31 décembre	
Capitaux propres (part du groupe)		**10 496**	**11 737**	**12 100**
Intérêts ne conférant pas le contrôle	22	54	47	98
Capitaux propres		**10 550**	**11 784**	**12 198**
Financements		2 967	2 941	3 431
Instruments dérivés – passifs		57	147	113
Dettes liées aux options accordées aux détenteurs d'intérêts ne conférant pas le contrôle		3 068	3 858	3 622
Dettes financières non courantes	23	6 092	6 946	7 166
Provisions pour retraites et autres avantages à long terme	29	313	412	458
Impôts différés	24	937	1 129	1 108
Autres provisions et passifs non courants	25	582	545	534
Passifs non courants		**7 924**	**9 032**	**9 266**
Dettes financières courantes	23	1 702	2 529	1 865
Fournisseurs et comptes rattachés	26	1 981	2 417	2 706
Autres passifs courants	27	2 173	2 240	2 354
Passifs liés aux actifs détenus en vue de leur cession		5	– 18	37
Passifs courants		**5 856**	**7 204**	**6 962**
Total du passif et des capitaux propres		**24 330**	**28 020**	**28 426**

Source : Rapport annuel Danone 2011, page 67

En théorie, le passage du bilan d'un exercice au suivant donne une première idée des variations de flux. Par exemple, le passage de 975 M€ de stock à 1 061 M€ donne en lecture directe une augmentation du poste et une consommation de cash égale à 86 M€.

En revanche, le passage de 2 941 M€ de financements à 3 431 M€ ne nous dit pas ce qui s'est passé. A-t-on emprunté 390 M€ sans rien rembourser ou a-t-on emprunté 1 390 M€ et remboursé 1 milliard ? Chacun conviendra aisément que cela n'est pas pareil.

Tableau de variation des flux de trésorerie consolidés				
Exercice clos le 31 décembre				
(En millions d'euros)		**Notes**	**2010**	**2011**
[B]	Résultat net – Part du groupe		1 875	1 671
[C]	Part des tiers détenteurs d'intérêts ne conférant pas le contrôle dans les bénéfices des sociétés consolidées		165	184
[A]	Résultat des sociétés mises en équivalence	14	– 121	– -46
[D]	Dotations aux amortissements	13	592	637
[E]	Dividendes reçus des sociétés mises en équivalence		52	30
[F]	Autres ressources (emplois) ayant un impact sur la trésorerie		– 78	– 96
[G]	Autres ressources (emplois) sans impact sur la trésorerie		– 86	63
[J]	**Marge brute d'autofinancement**	**28**	**2 399**	**2 443**
	Variation des stocks		– 63	– 92
	Variation des créances clients		– 54	– 125
[H]	Variation des dettes fournisseurs		275	306
	Variation des autres comptes débiteurs et créditeurs		– 81	73
[I]	Variation des éléments du besoin en fonds de roulement		77	162
	Trésorerie provenant de l'exploitation	**28**	**2 476**	**2 605**
[K]	Investissements industriels		– 832	– 885
	Cessions d'actifs industriels		44	152
[L]	Investissements financiers nets de la trésorerie acquise	28	– 327	– 60
[M]	Cessions d'actifs financiers (y compris endettement des sociétés cédées à la date de cession)	28	562	23
	Variation nette des prêts et autres valeurs immobilisées	16	– 17	13
	Trésorerie provenant des opérations d'investissement/ désinvestissement	**28**	**– 552**	**– 767**
	Augmentation du capital et des primes		36	37
[O]	Acquisition d'actions propres (nettes de cession) et d'options d'achats d'actions Danone (2)	28	– 233	– 659
[N]	Dividendes versés aux actionnaires de Danone	22	– 737	– 783
	Transactions avec les tiers détenteurs d'intérêts ne conférant pas le contrôle (3)	22	– 155	– 214
	Flux nets d'instruments dérivés		– 47	– 20
[P]	Financements obligataires émis ou souscrits au cours de l'exercice	23	442	822

Tableau de variation des flux de trésorerie consolidés				
Exercice clos le 31 décembre				
(En millions d'euros)		Notes	2010	2011
[P]	Financements obligataires remboursés au cours de l'exercice	23	– 106	– 912
[P]	Variation nette des autres dettes financières courantes et non courantes (4)	23	– 185	– 158
	Variation des placements à court terme	23	– 601	23
	Trésorerie affectée aux opérations de financement	**28**	**– 1 586**	**– 1 864**
	Incidence des variations de taux de change		72	– 1
[Q]	**Variation globale de la trésorerie**		**410**	**– 27**
	Disponibilités au 1er janvier		**644**	**1 054**
	Disponibilités au 31 décembre		**1 054**	**1 027**
	Informations complémentaires			
	Flux de trésorerie liés au paiement			
	• d'intérêts financiers nets		112	195
	• d'impôts sur les bénéfices		433	548

(2) Options d'achats d'actions Danone acquises par la société.

(3) Aux 31 décembre 2010 et 2011, cette ligne comprend les dividendes versés aux détenteurs d'intérêts ne conférant pas le contrôle pour respectivement 110 M€ et 197 M€.

(4) Papier commercial, financement bancaire des filiales et dettes liées aux contrats de location financement.

Source : Rapport annuel Danone 2011, page 68

Le tableau de variation des flux de trésorerie est un élément clé d'appréciation de la performance et de la solidité d'une entreprise.

Ce tableau de flux démarre du résultat net et reconstitue la MBA (variante de la CAF à la française, revoir l'introduction pour les définitions).

On retrouve les trois blocs logiques :

- flux d'exploitation (trésorerie provenant de l'exploitation), soit 2 605 M€ en 2011 ;
- flux d'investissement (trésorerie provenant des opérations d'investissement), soit des investissements nets de 767 M€ en 2011 ;
- flux de financement (trésorerie affectée aux opérations de financement), soit un flux négatif de 1 864 M€.

Analyse du premier bloc : « Trésorerie provenant de l'exploitation »

(B) + (C) RN part du groupe + part des tiers : on reconstitue le résultat net.

(A) Résultat des sociétés mises en équivalence :

- on voit dans le compte de résultat consolidé que les sociétés mises en équivalence ont généré un bénéfice en 2011 (quote-part correspondant à la participation de Danone dans la société pour 46 M€) ;
- cette quote-part de bénéfices ne s'est traduite par aucun mouvement de trésorerie ; le montant correspondant (un gain) est retraité (annulé) dans le tableau de flux. Le fait de retirer 46 M€ (A) au RN 2011 consolidé revient à annuler le gain de 46 M€ au niveau des filiales consolidées par mise en équivalence ;
- pour autant, les sociétés mises en équivalence ont versé un dividende qui correspond cette fois à un mouvement de trésorerie, pour 30 M€ (E) en 2011, que l'on rajoute.

Dotations aux amortissements (D) et aux provisions et cessions d'actifs (G) :

- rajouter au résultat net de l'exercice la dotation aux amortissements revient à annuler le caractère non cash des dotations aux amortissements et à reconstituer la CAF ;
- l'aspect dotation aux provisions n'apparaît pas en direct mais est traité (retraité) *via* la ligne « autres ressources (emplois) » sans impact sur la trésorerie ;
- l'impact des cessions d'actifs (aboutissant à la CAF) n'apparaît qu'en indirect également *via* le même poste (G).
- Le mystérieux poste (F) de 96 M€ reprend en grande partie les frais financiers courus sur 2010 et qui ont été payés en 2011. Les intérêts courus sur 2011 et non payés sont repris dans le poste (G) et inclus en [F'] ci-dessous.

Extrait du rapport annuel 2010 du groupe Danone

Exercice clos le 31 décembre		
(En millions d'euros)	**2010**	**2011**
(Plus) ou moins-value de cession d'actifs immobilisés	20	– 50
(Plus) ou moins-value de cession d'actifs financiers	– 239	– 1
Dotations (reprises) de provisions et impôts différés	– 7	– 16
Charges liées aux options d'achat d'actions et aux actions sous conditions de performance	28	22
Intérêts financiers non encore décaissés [F']	105	68
Autres	7	40
Total [G]	**– 86**	**63**

Source : rapport annuel Danone 2011, page 52

Ainsi, on fait deux lectures différentes des frais financiers 2011 :

- la charge générée par la dette bancaire (notion de compte de résultat) pour 241 M€ ;
- le montant décaissé (notion de tableau de flux) égal à 278 M€ = 241 (le [A] du CDR) – 68 généré en 2011 mais décaissable en 2012 [F'] + 105 généré en 2010, mais décaissé en 2011 [F'].

En résumé, la marge brute d'autofinancement est largement positive et en augmentation de 2010 à 2011 (on passe de 2,4 milliards d'euros à 2,44). Cela revient à dire que le résultat net de 1 855 k€ en 2011 s'est transformé en 2 443 k€ de cash généré (ce cash généré ne provient que de la transformation de marges en cash).

On se préoccupe ensuite des variations de BFR (I) (on va chercher les effets cash induits par le bilan) :

- en 2010, la variation de BFR a généré un cash de 77 M€ ;
- en 2011, la variation de BFR a généré 162 M€, alors même que le chiffre d'affaires est en croissance ;
- plus globalement, le groupe Danone a généré 2 605 M€ de cash en 2011, dont 2 443 M€ provenant du compte de résultat, c'est-à-dire du fait que les marges sont positives, et beaucoup plus marginalement grâce à une bonne maîtrise de son BFR, c'est-à-dire de son bilan (pour 162 M€).

L'année précédente, les 2,4 milliards de cash générés par l'exploitation (trésorerie provenant de l'exploitation) provenaient de 2 399 M€ générés du fait des marges (*via* le compte de résultat) et aussi d'une bonne maîtrise des BFR (77 M€).

On voit bien dans cet exemple que les BFR ne sont pas un enjeu pour le groupe Danone et qu'ils sont volatils, quoique faibles.

Analyse du deuxième bloc : « Trésorerie provenant des opérations d'investissements/désinvestissements »

Sur la période, on peut mettre en évidence :

- la politique d'investissements corporels (usines, machines…), en raisonnant (K) :
  - investissements nets de cessions en valeur absolue (885 – 152 en 2011, 832 – 44 en 2010),

– investissements relatifs au CA (832/17 010, soit 4,9 % en 2010 puis 885/19 038, soit 4,6 % en 2011) ;

- la politique de croissance externe (L) et (M), en comparant les acquisitions et les cessions de titres : sur les deux exercices étudiés, Danone a été vendeur net de titres en 2010 (562 – 327) contre 23 – 60 en 2011. Sur la période, le groupe a plutôt désinvesti, ce qui s'est traduit par une source de financement ;
- la politique d'investissement, plus globalement, qui consomme 767 M€ en 2011 contre 552 M€ en 2010.

On constate donc que la trésorerie affectée aux investissements n'est pas un problème pour Danone (c'est un petit tiers du *cash flow*).

La trésorerie provenant de l'exploitation varie peu, autour de 2,5 milliards en 2010 et 2011. Dans le même temps, les investissements récurrents (investissements industriels) absorbent entre 700 et 800 M€, ce qui est peu en proportion. Si l'on ajoute que le groupe est en phase de cession de participations, on réalise que le cash résiduel, disponible pour désintéresser les banques et les actionnaires, est très positif, et ce sur les deux exercices.

Analyse du troisième bloc : « Trésorerie affectée aux opérations de financement »

L'excès de cash généré évoqué plus haut a permis en 2010 et 2011 :

- de verser un dividende (N) important de respectivement 737 M€ et 783 M€ ;
- complété par des rachats d'actions (O) qui représentent aussi des sommes versées aux actionnaires pour respectivement 233 M€ et 659 M€ ;
- s'agissant des emprunts (dettes financières non courantes), Danone en a en 2011 remboursé plus (912 M€) qu'il n'a emprunté (822 M€) ;
- au total, la trésorerie à l'actif s'est améliorée en 2010 (de 644 M€ à 1 054 M€) mais pas en 2011.

Nous avons présenté ci-dessous le tableau explicatif des variations de la dette bancaire fourni par Danone.

Note 26	Au 31 décembre 2010	Émission de financements obligataires ou augmentation nette des autres postes	Remboursement des financements obligataires ou diminution nette des autres postes	Passage à moins d'un an des dettes non courantes	Incidence des variations des taux de change	Autres	Au 31 décembre 2011
Instruments dérivés – actifs (i)	**236**	**1**	**–**	**–**	**–**	**20**	**257**
Disponibilités	1 054	–	– 15	–	– 1	– 11	1 027
Placements à court terme	1 111	–	– 23	–	19	7	1 114
Disponibilités et placements à court terme (ii)	**2 165**	**–**	**– 38**	**–**	**18**	**– 4**	**2 141**
Financements obligataires – part à moins d'un an	*894*	–	*– 912*	*235*	–	–	*217*
Autres dettes financières courantes	*1 635*	–	*– 100*	*342*	*1*	*– 229*	*1 648*
Dettes financières courantes (a)	**2 529**	**–**	**– 1 013**	**577**	**1**	**– 229**	**1 865**
Financements obligataires – part à plus d'un an	2 514	822	–	– 235	55	– 3 155	
Autres financements non courants	427	–	– 58	– 342	18	230	276
Financements	2 941	822	– 58	– 577	72	230	3 431
Instruments dérivés – passifs	147	–	–	–	– 45	11	113
Dettes liées aux options de vente accordées aux détenteurs d'intérêts ne conférant pas le contrôle	3 858	–	–	–	–	– 236	3 622
Dettes financières non courantes (b)	**6 946**	**822**	**– 58**	**– 577**	**27**	**5**	**7 166**
Dettes financières (iii) = (a) + (b)	9 475	822	– 1 071	–	28	– 224	9 031
Dette nette (iii) – (ii) – (i)	**7 074**	**821**	**– 1 033**	**–**	**10**	**– 240**	**6 633**

Source : rapport annuel Danone 2011, page 106.

Ce tableau donne une indication complémentaire : la maturité des financements. Sur l'ensemble des dettes de 9 031 M€, 1 865 M€ sont à moins d'un an (financements court terme) et 7 166 M€ à plus d'un an.

Les opérations de financement ont notablement consisté à allonger la durée des financements du groupe puisque 912 M€ d'emprunts obligataires à moins d'un an ont été refinancés à plus d'un an (en général, ce sont des émissions à cinq ans). À noter que le risque de liquidité de Danone est relativement faible : la trésorerie et les placements à court terme de 2 141 M€ sont supérieurs aux dettes à court terme.

Danone précise également sa vision des FCF, établis à partir des flux d'exploitation là encore. Rappelons qu'il ne s'agit pas à proprement parler de FCF, dans la mesure où Danone calcule son flux d'exploitation à partir du résultat net sans retraiter les frais financiers….

Le passage de la trésorerie provenant de l'exploitation au *free cash flow* est présenté dans le tableau ci-dessous :

Exercice clos le 31 décembre		
(En millions d'euros)	**2010**	**2011**
Trésorerie provenant de l'exploitation	2 476	2 605
Investissements industriels	– 832	– 885
Cessions et réalisations d'actifs industriels	44	152
Frais d'acquisitions avec prise de contrôle (1)	25	2
Free cash flow	1 713	1 874

(1) Ces frais auparavant qualifiés de flux d'investissement impactent la trésorerie provenant de l'exploitation à partir du 1er janvier 2010, en application de la norme IFRS3 révisée, regroupements d'entreprise.

COMMENT APPRÉHENDER LE RISQUE INDUIT PAR LA POLITIQUE D'INVESTISSEMENT ?

La politique d'investissement comporte plusieurs réalités : les investissements de renouvellement et les investissements de développement.

Ces derniers peuvent être réalisés sous forme d'investissements industriels (des actifs, des machines) ou de type croissance externe (acquisition de titres de sociétés).

Pour aller plus loin

Et si l'on ne connaît pas les investissements de renouvellement ?

On peut toujours les estimer grossièrement à partir des dotations aux amortissements : en première approche, une entreprise doit investir à la hauteur de ses dotations aux amortissements pour le maintien de l'outil de travail.

Dans un tableau d'investissement, ou tableau de flux, on ne donne pas systématiquement d'informations qualitatives sur les types d'investissement (même si l'on a vu que Danone distinguait les investissements industriels de ceux en titres).

Pour autant, les banquiers sont très friands de pouvoir distinguer entre investissements de capacité (on augmente le nombre de machines) et investissements de renouvellement.

Les investissements de renouvellement sont en effet considérés comme indispensables, faute de quoi l'entreprise risque d'accumuler un retard d'investissement qui va l'amener à devenir progressivement moins compétitive.

En revanche, les investissements de capacité sont ceux qui permettent à l'entreprise de croître. La croissance va permettre une augmentation de la valeur de l'entreprise, qui permettra à l'actionnaire de dégager un TRI satisfaisant.

Le banquier, lui, ne profitera pas dudit TRI. Mais il se préoccupe de ce qui se passe en cas de difficultés.

Reprenons la logique des *free cash flows*. Le tableau de détermination des FCF peut être modifié en utilisant les deux formats affinés ci-dessous :

Approche anglo-saxonne
EBE
– IS
– Variation de BFR
= Excédent de trésorerie d'exploitation (ETE)
– Capex de renouvellement
= FCF récurrents
– Capex de croissance
= FCF prévisionnels
– Service de la dette
+ Augmentations de dettes LT

Approche anglo-saxonne
EBE
– IS
– Variation de BFR
= Excédent de trésorerie d'exploitation (ETE)
– Capex de renouvellement
= FCF récurrents
– Service de la dette
+ Augmentations de dettes LT
= FCF après service de la dette
– Capex de croissance

Approche anglo-saxonne
+/– Augmentation de capital
+/– Compte courant d'associé
– Dividendes versés aux actionnaires
– Rachat de titres
= Variation de la trésorerie nette

Approche anglo-saxonne
+/– Augmentation de capital
+/– Compte courant d'associé
– Dividendes versés aux actionnaires
– Rachat de titres
= Variation de la trésorerie nette

Cette présentation fournit le grand intérêt pour le banquier de pouvoir calculer un premier ratio, FCF récurrent/service de la dette puis un second ratio : FCF global (ou prévisionnel)/service de la dette.

Le premier ratio mesure le vrai risque du banquier, le second est plutôt celui de l'actionnaire. Bien entendu, cette approche traduit un rapport de force en faveur du banquier, qui se sent capable d'imposer un décalage de tout ou partie des investissements de croissance pour sécuriser le service de sa dette.

Chapitre 4

Cash et valorisation d'entreprise

Ce que va nous montrer ce chapitre :

- **la création de valeur passe par une amélioration des marges *et* par une bonne gestion du bilan ;**
- **la dette financière nette est un agrégat très impactant sur la valeur d'une entreprise.**

Il n'est pas nécessaire d'être un grand spécialiste en évaluation pour comprendre les raisonnements conduisant à déterminer le prix d'une entreprise.

Introduction à la valeur

Introduction

L'objectif de ce chapitre n'est pas de transformer nos lecteurs en spécialistes de toutes les méthodes de valorisation d'entreprise, il y a des livres entiers dédiés à ce sujet spécifique ! Il s'agit plutôt de donner à un manager quelques notions clés qui lui permettront de mieux comprendre son environnement et les attentes de son président, notamment en établissant l'importance du cash dans la valeur.

Afin d'être le plus clair et le plus bref possible, nous allons procéder par comparaison avec un bien immobilier.

Analogie avec un raisonnement immobilier simple

Si un studio vaut (beaucoup) plus cher dans le centre de Paris que dans la ville du Puy-en-Velay (près de 10 000 €/m^2 à Paris contre 1 100 €/m^2 au Puy-en-Velay), c'est pour deux raisons : il y a plus de demandes à Paris qu'au Puy et la location rapporte (beaucoup) plus.

Pour une entreprise, c'est pareil : ce qui fait son prix, c'est sa « rareté » (point de vue industriel du positionnement stratégique et des avantages compétitifs) mais aussi « ce qu'elle rapporte » (point de vue financier).

Un investisseur qui recherche un studio de 20 m^2 devrait débourser 20 m^2/1 100 €/m^2, soit 22 000 € au Puy. Le même acquéreur devrait payer 200 000 € dans Paris pour la même surface (20 m^2/10 000 €/m^2).

Admettons que notre investisseur achète un studio à Paris pour 200 000 €. Si le vendeur lui précise qu'il est bien propriétaire du studio, mais *via* une SCI, et que ce sont les titres de la SCI qui sont à vendre (la SCI doit encore 50 000 € d'emprunt), l'investisseur achètera les titres de la SCI pour 150 000 €, soit la valeur de l'actif moins les dettes résiduelles.

L'équivalent du nombre de mètres carrés est le résultat d'exploitation, tandis que l'équivalent du prix au mètre carré est le multiple de valorisation. En d'autres termes, une PME se valorise début 2012 entre 4 et 8 fois son résultat d'exploitation de l'année en cours (avec une forte concentration autour d'un multiple de 5 fois).

Cas pratique

Si l'on revient à notre cas introductif (PommeDistrib), avec un résultat d'exploitation de 50 k€ environ, peut-on en déduire que Pierre Robert pourrait céder les titres de son entreprise pour 250 k€ ? (5 x 50). Pas tout à fait !

Revenons à notre immobilier : le prix de vente d'un appartement, c'est ce que paie l'acquéreur, ce n'est pas toujours le montant que conserve le vendeur : si le bien a été financé à crédit (pour l'acquisition ou des travaux, par exemple), le banquier va d'abord prendre une part du prix (remboursement anticipé contractuel obligatoire) et le propriétaire ne touchera que la valeur du bien moins la dette éventuelle adossée au bien en question.

Cas pratique

Dans l'exemple de PommeDistrib, il n'y a pas de dette mais de la trésorerie (pour environ 40 k€). Pierre Robert serait donc susceptible de céder les titres de sa société pour 250 k€ (la valeur de l'exploitation) + la trésorerie disponible (40 k€), soit un total d'environ 290 k€.

Il y a donc deux étapes pour valoriser les titres d'une société.

MÉTHODOLOGIE POUR VALORISER UNE ENTREPRISE

Savoir distinguer VE (Valeur d'entreprise) et VT (Valeur des titres)

Présentation schématique de la relation entre VE et VT

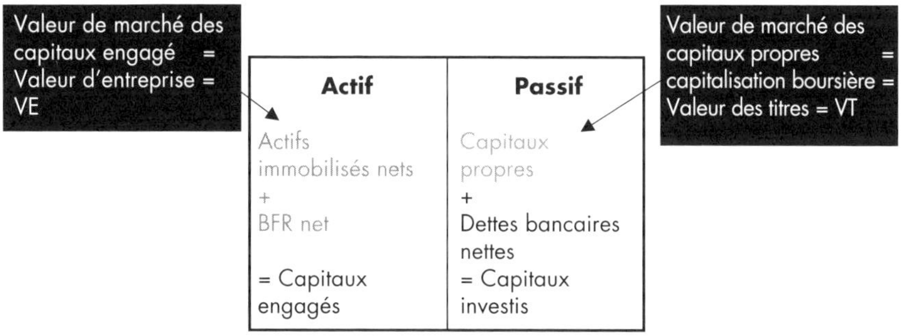

Nous avons déjà présenté dans le chapitre 2 sur le bilan le concept d'actif économique[1] quand nous avons parlé de l'effet de levier.

Nous retrouvons dans la colonne de gauche de la figure ci-dessus cette notion d'actif économique (encore appelé capitaux engagés, pris en net pour que le bilan s'équilibre, car en comptabilité, un bilan s'équilibre à partir des actifs pris pour leurs valeurs nettes).

Vocabulaire

Quand on parle d'actif économique, on peut également dire : capitaux engagés, capitaux investis. À chaque fois, on raisonne à partir de données comptables (valeurs à l'origine en normes françaises, valeurs de marché estimées à la date des derniers comptes arrêtés en normes IFRS).

1. Actif économique = actif immobilisé + BFR (le tout en brut ou en net).

Quand on parle de valeur d'entreprise (souvent notée VE) ou de valeur des titres (souvent notée VT), on parle de valeur de marché, qui pourrait servir de base à une transaction.

Quand on parle de valeur des titres, on peut dire capitalisation boursière ou « Capi » (pour capitalisation boursière) ; si la société est cotée en Bourse, on parlera de prix quand on sera en environnement de PME non cotée.

La relation entre VE et VT

À savoir

Attention à ne pas confondre VT pour « valeur des titres » avec VT pour « valeur terminale », terme qui va/peut être utilisé dans une méthode de valorisation par les DCF (voir paragraphes suivants).

Bilan en valeur de marché			
		VT	
VE			
		DFN	

En matière de valeur, et quel que soit le contexte, on a toujours cette relation : VE = VT + DFN.

Bilan en valeur de marché			
		VT	60
VE	100		
		DFN	40
Total	**100**	**Total**	**100**

Ici, la DFN est positive, la société a donc plus de dettes bancaires que de cash : l'acquéreur paiera donc la valeur du business moins la valeur des dettes.

Bilan en valeur de marché			
		VT	140
VE	100		
		DFN	– 40
Total	**100**	**Total**	**100**

Ici, la DFN est négative : une fois toutes les dettes bancaires remboursées, il reste encore du cash à l'actif. L'acquéreur va payer un prix de 140 qui revient à acheter le business pour sa valeur de 100 et acheter le cash pour son montant 40.

La valeur d'entreprise (VE), c'est ce que vaut l'activité, indépendamment de sa structure financière (comme l'appartement vaut indépendamment de la façon dont le propriétaire a financé l'acquisition).

En résumé

Valeur des titres (VT) = valeur d'entreprise (VE) – dettes financières[1] + trésorerie disponible.

LES GRANDES FAMILLES DE MÉTHODES

Il existe, en matière d'évaluation, trois grandes méthodes :

- les méthodes patrimoniales ;
- les méthodes analogiques ;
- les méthodes intrinsèques.

Méthodes patrimoniales

Ces méthodes permettent d'appréhender une entreprise par son passé, par ce qu'elle a été capable d'accumuler.

Sans entrer dans les détails de chacune d'entre elles, ces méthodes tournent autour des capitaux propres. On dira ainsi que la société vaut peu ou prou ses capitaux propres[2].

Souvent, un patron de PME, actionnaire de son entreprise, refusera de céder son entreprise pour un prix inférieur à la situation nette comptable. En effet, si l'entreprise est profitable (résultat net positif), les fonds propres comptables augmentent naturellement et mécaniquement tous les ans du RN qui est mis en report à nouveau – RAN) ou en réserves.

Une version plus élaborée (et pratiquée) consiste à réévaluer les actifs (sans oublier les passifs !), à déduire la fiscalité latente sur les réévaluations d'actifs, et à majorer les capitaux propres comptables de la plus-value estimée, nette de la fiscalité latente. Cette méthode est encore appelée « actif net réévalué ».

En matière de réévaluation des passifs, on trouvera par exemple très souvent en PME la non-comptabilisation des engagements de retraites, qui pour un acquéreur en normes IFRS est une dette latente qu'il faut considérer.

1. Dettes financières : toutes les dettes : CT – MT – LT – après retraitement du crédit-bail, des effets escomptés…
2. Capitaux propres, fonds propres, situation nette, actif net : autant de termes pour désigner la même réalité.

Méthodes analogiques

Ces méthodes (approche par les « multiples de sociétés cotées » et les « multiples de transactions récentes ») procèdent de comparaisons successives :

- on sélectionne des sociétés cotées en Bourse, comparables, donc positionnées sur le même secteur et présentant des caractéristiques proches de la société à évaluer (en termes de clientèle, technologie, taux de croissance, rentabilité…) ;
- on trouve leur cours de Bourse et le nombre de titres qui composent leur capital social ;
- on reconstitue leur capitalisation boursière (nombre de titres en cours) puis leur VE (VT + DFN) ;
- on va comparer leur VE avec leur CA et leur EBITDA (année en cours si on a des données prévisionnelles, derniers exercices clos sinon) ;
- on en déduira un multiple ;
- que l'on appliquera à la société que l'on cherche à évaluer.

Tout le raisonnement se fait par comparaison : à l'instant T, si mon concurrent coté vaut 10 fois son EBITDA, ma société doit valoir 10 fois son propre EBITDA.

Il faut bien comprendre qu'avec cette méthode, on donne raison au marché ! En effet, si la Bourse dévisse (et on sait que cela peut arriver brutalement !), le multiple peut être divisé par deux en 6 mois, et la valeur des titres avec…

Méthodes intrinsèques

Ces méthodes ont une approche radicalement différente : elles disent qu'une société ne vaut que par sa capacité à générer du cash (tiens tiens, revoilà le cash !).

Par ailleurs, ce postulat ne s'applique qu'au futur, à partir d'aujourd'hui jusqu'à la fin des temps.

On raisonnera donc systématiquement à partir d'actualisation de flux, soit des dividendes (Gordon Shapiro), soit des *free cash flows* (*DCF – discounted cash flows*).

Savoir utiliser les méthodes à bon escient

En fonction de ce que l'on cherche à mettre en avant, on utilisera les méthodes comme suit :

Usage selon les caractéristiques de l'entreprise

Temporalité	Passé	Présent	Futur
Approche patrimoniale	XXX		
Approche par les multiples		XXX	X
Approche par les DCF			XXX

Un vendeur utilisera une méthode patrimoniale pour valoriser une société en pertes (elle faisait des bénéfices avant, elle a donc des fonds propres encore largement positifs...) ; sinon, les deux autres approches seront préférables.

Rentabilité	Négative	Positive
Approche patrimoniale	XXX	
Approche par les multiples		XXX
Approche par les DCF		XXX

En ce qui concerne les sociétés qui anticipent de belles croissances, les vendeurs retiendront une approche DCF.

Croissance	Faible	Forte
Approche patrimoniale	XXX	
Approche par les multiples	XX	XX
Approche par les DCF		XXX

Usage selon les contextes

On a déjà évoqué le fait que l'approche par les multiples donnait des résultats très volatils (le prix dépend des niveaux de valorisation en Bourse...), alors que l'approche par les DCF n'utilisait que des données endogènes de l'entreprise (c'est la raison pour laquelle on parle de méthode intrinsèque).

Un industriel qui achète une cible sur un horizon long terme aura plutôt tendance à privilégier l'approche par les DCF. Un financier qui investit sur un horizon court (3-5 ans) peut se retrouver obligé de « déboucler » pour assurer la liquidité de ses propres actionnaires. Il aura pour cette raison une tendance naturelle à raisonner « approche par les multiples » : il est plus exposé au risque de liquidité et donc de volatilité du prix au moment de la sortie.

LA MÉTHODE DES MULTIPLES

Les grands principes

Les financiers qui sont des gens simples (si, si…) se sont dit que l'on pouvait raisonner par « analogie ». C'est comme dans l'immobilier : si un appartement s'est vendu dans un immeuble, on peut raisonner par analogie pour d'autres appartements du même immeuble ou du même quartier. On essaiera de regarder si l'appartement que l'on souhaite estimer est mieux (situé à un étage plus élevé, par exemple) ou moins bien (en mauvais état ou refait à neuf) que celui dont on connaît le prix.

Pour valoriser une entreprise, on va donc :

- la comparer à des entreprises dont on connaît le prix ;
- repérer les différences avec celle que l'on cherche à évaluer ;
- puis « ajuster la valeur ».

Et justement, il y a beaucoup d'entreprises donc on connaît la valeur : ce sont toutes les entreprises cotées (d'où le terme de « comparables cotées » : ce sont les sociétés comparables en de nombreux points à celle que l'on cherche à évaluer, et qui sont cotées en Bourse) : leur prix est dans le journal et sur Internet ! Il y a également celles qui viennent d'être cédées (on parlera alors de « multiples de transactions »).

Ce que l'on trouve aisément, c'est la valeur des titres (ce sont les titres de l'entreprise qui sont cotés, pas la valeur de l'activité).

Il nous faut donc faire les calculs comme indiqués ci-dessous :

	Société cotée
CA	100
(5) EBE	10
(3) VE	80
(1) VT	50
(2) Dettes nettes	30
(4) Multiple = (3)/(5)	8

La valeur des titres (VT), on l'a, c'est ce qu'on appelle la capitalisation boursière : le nombre de titres émis/la valeur d'un titre (cours de Bourse). Les dettes nettes, on les trouve dans le bilan (c'est public puisque la société est cotée). On calcule donc aisément la VE (3) comme étant (1) + (2). L'EBE étant lui aussi dans les comptes de l'entreprise, on en déduit le multiple (4) = (3)/(5).

Si l'on doit évaluer une entreprise « similaire » à la société cotée, on fait la démarche inverse : à partir de son EBE et du multiple de la société cotée (8 dans notre exemple), on calcule la valeur d'entreprise puis, en déduisant la dette financière nette de la société à évaluer, on obtient la valeur des titres.

En résumé

Valeur d'entreprise (VE) = agrégat (€) × multiple de valorisation.

Valeur des titres (VT) = VE – DFN.

Les différents multiples

On trouve de nombreux types de multiples. Certains donnent directement la VT, d'autres donnent la VE.

Type de multiple	**CA**	**EBITDA**	**EBIT**	**RN**
VE	X	X	X	
VT				X

Ceux qui ne sont pas familiers de ces méthodes se souviendront de la règle suivante : tant que l'agrégat est « avant frais financiers », on raisonne sans se préoccuper de la structure financière, on obtient donc la VE (CA – EBITDA et EBIT sont déterminés avant prise en compte des frais financiers).

Le multiple le plus utilisé (qui permet de gommer le maximum de biais !) est l'EBITDA (ou EBITDAR[1] dans les sociétés à forte connotation immobilière, voir introduction).

Au final, ce n'est que du bon sens : à rentabilité égale, une société endettée vaut moins cher qu'une société qui dispose de cash !

1. EBITDAR : *Earning before interest, taxes, depreciation, amortization and rental.*
Calcul de EBITDAR = EBITDA retraité des loyers.

Multiples et récurrence

À savoir

Appliquer un multiple à un agrégat sous-entend que cet agrégat est récurrent : si l'on valorise un métier 8 fois l'EBIT, cela revient à acheter d'une certaine manière 8 années de performances. Il est donc impératif d'avoir conscience de cela : tout élément non récurrent qui participe à la formation de l'agrégat doit être retraité. Les marges récurrentes sont valorisées par le biais des multiples, les éléments non récurrents sont isolés et traités pour leur valeur en cash.

Exemple de détermination de la VE en deux temps

Données	N – 1	N	
		Comptable	Retraité
CA	100,0	110,0	110,0
EBE	25,0	30,8	27,5
EBE/CA	25 %	28 %	25 %
Valorisation			
Multiple		5	5
VE sur EBE comptable		**154**	
VE sur EBE retraité			137,5
Valeur actuelle du contrat			6,6
VE globale			**144,1**

Dans cet exemple, un contrat très rentable vient améliorer significativement le taux de marge opérationnelle en année N (année de la cession !). Une analyse historique approfondie a montré que le taux de marge était très normé autour de 25 %.

Pour évaluer cette cible, il est recommandé d'isoler la marge inhabituelle (30,8 – 27,5 M€), et d'appliquer un multiple sectoriel (5) à l'EBITDA retraité donc récurrent (27,5 M€). On obtient une VE récurrente de 137,5 M€. À cela on rajoute deux années de sur-rentabilité (3,3 M€) générée par le contrat inhabituel car il lui reste deux ans à courir ; il n'est certes pas récurrent, mais l'entreprise aura bien deux années de cash induit par cette marge.

APPROCHE PAR LES DCF

Comparaison avec l'immobilier

Pour aller plus loin

Actualisation… c'est quoi ?

L'actualisation est un raisonnement simple :

– un euro demain vaut moins qu'un euro aujourd'hui (car l'euro que j'ai aujourd'hui, je peux le placer et il vaudra donc plus cher demain) ;

– un euro demain risqué vaut moins qu'un euro demain sûr (en 2012, un euro à verser par l'État grec en 2015 vaut moins que le même euro à verser à la même date par l'État allemand).

Il importe de bien garder à l'esprit la différence entre la valeur d'entreprise (VE) et la valeur des titres (VT).

La valeur d'entreprise est intimement liée aux perspectives futures de *cash flow*. Encore une fois, la comparaison avec l'immobilier va nous éclairer : on dit souvent que l'immobilier parisien rapporte 5 % par an. Cela signifie qu'un bien de 500 000 € se loue 25 000 € par an. Réciproquement, un bien qui se loue 50 000 € par an vaudra 50 000/5 %[1], soit 1 000 000 €.

Les mathématiciens ont théorisé cette valeur en disant que la valeur de 50 000 par an, actualisée au taux T pour l'éternité, c'est : 50 000/T (en pourcentages).

L'élément clé de l'hypothèse est que le loyer du jour (50 k€ par an) est représentatif des loyers futurs (en d'autres termes, on attend ni augmentation ni réduction du loyer).

La valeur d'un appartement, c'est donc l'actualisation des revenus… à l'infini !

Valorisation d'entreprise

Pour une entreprise, c'est pareil : la valeur d'entreprise est la valeur actualisée des *cash flows* futurs (les *cash flows*, c'est comme les loyers : le cash qui va être disponible dans le futur). Et les *cash flows* futurs sont nos fameux *free cash flows* :

1. 5 % est ce qu'on appelle le taux de capitalisation.

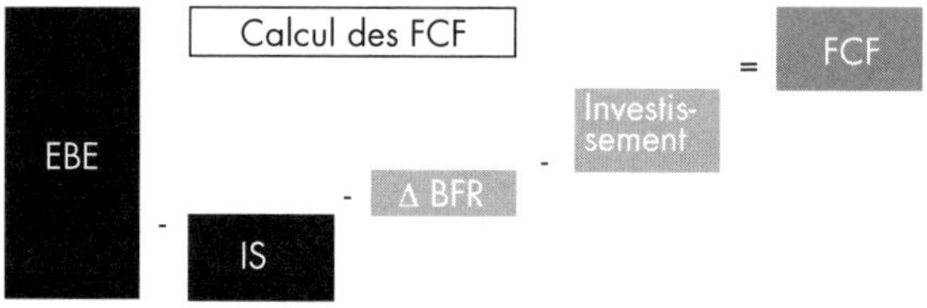

L'EBE et l'IS (fond noir) sont des éléments liés au compte de résultat, tandis que les variations de BFR et les investissements sont liés... au bilan (fond gris).

Donc augmenter la rentabilité, c'est bien... sauf si c'est en réalisant beaucoup trop d'investissements ou en laissant dériver le BFR.

Pour aller plus loin

Les investissements, c'est « mauvais » ?

Non, bien évidemment : les investissements, c'est du cash qui sort. Les investissements sont donc « bons » si le cash qui sort aujourd'hui est générateur demain de FCF « intéressants » (c'est-à-dire que les FCF futurs générés par l'investissement et actualisés sont supérieurs au montant de l'investissement).

Comment calculer la valeur avec les free cash flows *?*

La méthode des DCF consiste à « ramener » tous les *free cash flows* futurs en valeur « aujourd'hui ». C'est normal, on se demande en effet combien vaut la société aujourd'hui. Un DCF est une VAN[1] calculée à l'infini.

La formule de calcul est alors la suivante :

$$\Sigma_{n=0}^{n=\infty} \frac{FC_n}{(1+t)^n} = VE$$

L'actualisation des *free cash flows* nécessite des estimations complexes sur deux points clés :

- quels seront les *cash flows* futurs (les FCF de chaque année N) ?
- et à quel taux les actualiser (le « t » de la formule) ?

En revanche, un point est acquis, le raisonnement se fait à l'infini (n = 0 à ∞), d'où la formule : somme à l'infini des FCF actualisés au taux t.

1. VAN : Valeur actuelle nette.

Le grand intérêt de la méthode est de s'interroger sur les FCF futurs et leurs différentes composantes, ce qui revient à réaliser un business plan détaillé.

Nous ne rentrerons pas plus en détail sur cette méthode d'évaluation mais nous soulignerons cependant que le lien avec le cash est évident : le BFR et les investissements qui augmentent, c'est du cash qui sort ; donc, des *free cash flows* qui diminuent (dans l'espoir de *cash flows* futurs supérieurs) et donc une valeur qui baisse.

Pour information, le taux t est un taux d'actualisation. Plus précisément, c'est le coût global des ressources de l'entreprise (dettes bancaires + capitaux propres).

En termes de vocabulaire, on peut trouver : Wacc (*weighed average cost of capital*), CMPC (coût moyen du capital) ou coût du capital (attention à ne pas confondre capital et capital social...).

En termes d'ordre de grandeur, disons que les sociétés du CAC 40 ont un Wacc proche de 7 à 8 %, que les sociétés cotées sur Alternext (donc les PME) ont un Wacc qui oscille entre 11 et 14 %.

Et le cash dans tout ça ?

La valeur des titres (VT) d'une entreprise est donc fonction de l'EBE, du multiple et de la dette financière nette. Cette dernière est intimement liée à la situation de cash de l'entreprise.

Le cash est lié à deux éléments fondamentaux : l'intensité capitalistique (plus on a besoin d'actifs immobilisés pour réaliser un EBE donné, plus on aura en général de dettes) et le BFR (qui lui aussi consomme du cash s'il est largement positif).

Si l'on revient à notre formule de base :

valeur des titres (VT) = valeur d'entreprise – dettes financières + trésorerie disponible.

Pour augmenter la valeur des titres, on peut :

- augmenter la valeur d'entreprise (et donc l'EBE, c'est une question de volume de CA et de marge) ;
- diminuer les dettes financières (qui sont liées aux actifs, donc cela revient à faire « plus » avec « moins »).

Détour par le bilan

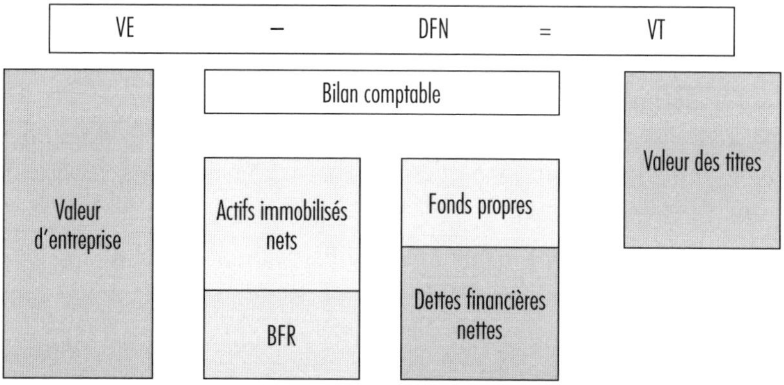

Les colonnes du milieu représentent le bilan comptable tandis que celles extérieures indiquent le bilan « en valeur ». Pour estimer la valeur des titres d'une société, tout part de la valeur d'entreprise. Elle est liée aux *cash flows* futurs ; il n'y a aucun lien mathématique entre la taille du bilan comptable (la somme du BFR et des actifs immobilisés) et la valeur d'entreprise. En clair, et cela peut paraître curieux, pour déterminer la valeur d'entreprise (VE), le bilan n'a aucun intérêt !

En revanche, pour déterminer la valeur des titres (et ce qui *in fine* intéresse l'actionnaire), on utilise le bilan – et plus spécifiquement la dette financière nette. C'est ici que le cash entre en jeu de manière fondamentale : plus il y a de cash et moins il y a de dette[1] et... plus, à valeur d'entreprise constante, la valeur des titres augmente.

Comment augmenter la valeur des titres ?

On revient ici à ce que nous avons dit : cela consiste à essayer d'obtenir une même valeur d'entreprise en utilisant moins d'actifs et avec moins de BFR (ou plus de valeur d'entreprise avec autant d'actifs et de BFR). En effet, si une entreprise réduit son BFR, elle « libère du cash », donc réduit sa dette et, *in fine*, augmente la valeur des titres pour l'actionnaire.

En conclusion, il faut retenir quelques éléments clés[2] :

- FCF = *EBE* – IS – **variations de BFR** – **investissements** ;
- VE = *EBE* × multiple de valorisation ;
- VT = VE – **dettes financières nettes.**

1. C'est simple, la finance !
2. En gras, ce qui est concerné par le cash et en italique ce qui relève de la rentabilité.

En résumé

Pour augmenter la valeur des titres, il y a trois pistes (non exclusives) :

– augmenter l'EBE (voir chapitre 5) ;

– réduire le BFR (voir chapitre 5) ;

– réduire les investissements (ou les « optimiser », voir les chapitres « Acheter ou louer » et « Cash et *business model* »).

PARTIE 2

DES OUTILS POUR GÉRER LE CASH AU QUOTIDIEN

Chapitre 5

Comment améliorer la génération de cash ?

Ce que va montrer ce chapitre :

- **que la génération de cash peut dans certaines situations devenir prioritaire par rapport à la rentabilité ;**
- **que le cash se cache dans les tréfonds du fonctionnement de l'entreprise et nous allons aborder comment augmenter le cash ;**
- **que le cash est de la responsabilité d'un nombre important de personnes dans l'entreprise et que les systèmes de rémunération doivent permettre d'appréhender la partie cash dans bon nombre de fonctions opérationnelles.**

LES LEVIERS D'AMÉLIORATION DU CASH GÉNÉRÉ

Dans quels contextes l'objectif de génération de cash est-il prioritaire ?

Un manager doit savoir reconnaître les situations en entreprise dans lesquelles la maîtrise du cash est indispensable. Il existe pour schématiser trois grands types de contexte :

- contexte 1 : les situations structurelles ;
- contexte 2 : les situations d'urgence, non anticipées, qui demandent une grande réactivité ;
- contexte 3 : l'actionnariat de l'entreprise.

Dans le contexte 1, on peut citer :

- une situation financière dégradée ;
- des covenants[1] bancaires à respecter.

Situation financière dégradée

Une situation financière dégradée se mesure directement dans les comptes par des ratios déjà évoqués, principalement DFN/*equity* (qui se rapproche de 1) et DFN/EBITDA (revoir chapitre 2). Quand elle est très dégradée, elle s'accompagne généralement d'un allongement du délai de paiement des fournisseurs, voire d'une utilisation excessive des lignes de découvert.

Elle se perçoit également par une relation qui se tend avec les banquiers : difficultés à renouveler des crédits court terme et difficultés en général à se financer.

Plus la société fonctionne avec un nombre limité de banquiers, plus cela est vrai.

Dans un contexte tel que celui-là, le risque qu'encourt la société est de ne pas pouvoir faire face à ses échéances de prêt, ce qui peut mettre la société en cessation de paiement. L'urgence est, dans ce cas, totale.

Covenants bancaires à respecter

L'existence de covenants ne se déduit pas à la lecture des comptes. Elle se présume si l'entreprise est sous LBO. Dès lors, il faut vérifier dans les contrats de prêts si ceux-ci sont assortis de telles clauses.

Dans les grandes entreprises, ou dans celles qui ont fait l'objet de plusieurs LBO, les covenants font partie du *reporting*, ils sont donc facilement repérables pour un manager qui a de l'information interne. Mais dans de nombreux autres cas, les covenants ont été, comme le contrat de prêt qui l'héberge, mis au coffre et oubliés, sans conséquences tant que tout va bien… et surtout, les opérationnels ne sont pas informés des impacts de leurs décisions sur ces engagements à respecter.

Le risque induit par l'existence de covenants est donc plus pernicieux et moins brutal : il impose à l'entreprise une meilleure maîtrise de sa trésorerie

1. Un covenant est un ratio imposé par les banques dans le contrat de prêt et que l'entreprise doit respecter faute de quoi le prêt devient exigible (en théorie) ou la marge du banquier augmente (dans la pratique).

faute de quoi le coût de la dette augmente[1] (voire les prêts peuvent être rendus exigibles).

Dans le contexte n° 2 (situation d'urgence), on peut citer :

- la perte d'un contrat ou d'un client significatif ;
- le retournement de conjoncture fort et brutal ;
- une crise de liquidité bancaire.

Pour aller plus loin

Non anticipées... ou non prévisibles ?

La nature humaine est optimiste, et les entrepreneurs le sont encore plus. Si, dans les affaires, l'optimisme est souvent un moteur, c'est quelquefois un danger. Les crises sont prévisibles mais elles sont rarement anticipées. L'enjeu n'est donc plus tant de savoir si un événement va se produire et de conclure que sa probabilité est si faible qu'il n'a pas à être pris en compte, que de se demander ce que l'on fera s'il se produit (on pourra se reporter à l'excellent ouvrage *Dance With Chance* de Spyros Makridakis, Robin Hogarth et Anil Gaba, paru en 2009 puis 2010 aux éditions Oneworld – Oxford).

Le premier point est à effet immédiat ; s'il n'a pas été anticipé, il génère à très court terme des difficultés de rentabilité et de cash (en supposant bien entendu qu'il générait des marges positives). L'indication de la part que représente le 1er client dans le CA et dans l'EBITDA est d'ailleurs une information clé pour juger de l'extérieur de la qualité du fonds de commerce d'une entreprise.

Le deuxième point peut s'anticiper dans les activités à contrats.

Le troisième point aura des conséquences immédiates et aggravées si l'entreprise fonctionne beaucoup avec des financements à court terme.

Dans le contexte n° 3 (actionnariat), on peut citer :

- l'actionnariat familial : il faut dès lors se demander si l'actionnaire a les moyens de faire face à des situations d'urgence et s'il en a envie :
  - – existence de dividendes importants habituels,
  - – existence de comptes courants importants et maintenus,
  - – absence de dissensions entre actionnaires ;

1. Voir le chapitre 8 consacré aux montages et opérations de LBO.

- l'actionnariat groupe : le financement est-il intégralement assuré par la maison mère *via* un *cash pooling* ou un compte courant ?
- l'actionnariat financier : la présence d'un financier majoritaire au capital va se traduire immanquablement par une culture financière forte et une exigence de suivi fin des *free cash flows* quel que soit le contexte.

Quel outil de mesure des flux retenir ?

En préalable à la recherche de levier pour améliorer la génération de cash, il est important de s'accorder sur un instrument de mesure compréhensible par tous, expliqué à tous et inclus dans les différents éléments de mesure de performance.

Le tableau de financement et le tableau de flux sont des outils très utiles au directeur financier pour analyser finement et décider des financements en vue d'assurer le développement futur de l'entreprise.

C'est un outil trop détaillé et trop complexe pour les opérationnels, surtout que ces derniers n'ont en aucune façon la main sur la politique de distribution et de financement. Dès lors, travailler avec les opérationnels sur la base des *free cash flows* semble vraiment être la solution pragmatique et adaptée.

Bien entendu, il faut tenir compte de la culture de l'entreprise, et si celle-ci n'est pas prête à « jargonner du franglais », on peut toujours tout aussi efficacement parler de flux d'exploitation ou de flux disponible…

Quels sont les leviers d'amélioration envisageables ?

Principales actions permettant l'amélioration du cash généré

Leviers d'amélioration		Moyens d'y parvenir
EBE ou EBITDA	→	Accélérer la croissance
EBE ou EBITDA	→	Améliorer les marges
EBE ou EBITDA	→	Restructurer le portefeuille produits/clients
– IS	→	Intégration fiscale
– Variation BFR	→	Meilleure maîtrise des BFR

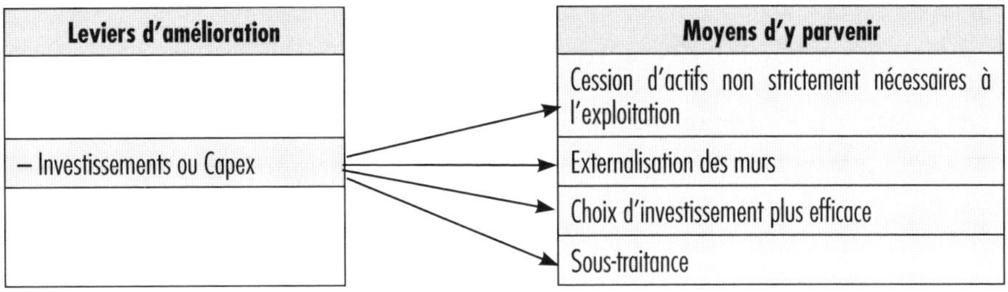

En repartant des FCF, nous avons schématisé ci-dessus les principales sources d'amélioration. Chacune d'entre elles sera reprise et détaillée ci-dessous.

Comment déterminer les priorités d'action ?

Chaque entreprise est particulière, et donner un plan de bataille type n'aurait aucun sens. Nous préférons sensibiliser les managers sur la bonne hiérarchisation des actions à mener en fonction de leur efficacité.

Les montants les plus importants en assiette

Analysons donc les tableaux de flux de quelques groupes déjà cités (les extraits des rapports annuels des groupes cités sont fournis en fin d'ouvrage) et demandons-nous quels sont les enjeux en matière de génération de cash de ces quatre groupes sur les années considérées ?

Extrait des tableaux de flux des rapports annuels des groupes référents

Grandes masses tableau de flux	Carrefour		Christian Dior		
En M€	2010	2009	2010	2009	2008
Autofinancement	3 392	3 380	3 811	2 808	2 993
Variation BFR	– 598	295	280	149	– 737
Capex corporels hors cessions	– 2 122	– 2 074	– 1 103	– 783	– 1 071
Capex financiers	– 48	– 38	– 1 724	– 93	– 155

Grandes masses tableau de flux	Danone		Iliad	
En M€	2010	2009	2005	2004
Autofinancement	2 399	2 092	217	112
Variation BFR	77	– 92	25	– 6
Capex corporels hors cessions	– 832	– 699	– 218	– 173
Capex financiers	– 327	– 40	– 55	– 2

Iliad

En 2004-2005, les investissements sont supérieurs au cash généré. Cela ne traduit pas une situation dramatique, la société étant largement bénéficiaire sur cette période. Voilà donc en 2004 une société rentable (40 M€), qui dégage un cash important avec son business (112 – 6,2 M€ d'IS). Quel est donc le problème ? La vitesse de développement. Cette société est « en déséquilibre sur l'avant », elle investit énormément en capacité pour assurer une croissance forte. L'enjeu de cette entreprise en 2004[1], c'est la vitesse de développement (est-elle maîtrisée ?), la rentabilité à terme des investissements (risque opérationnel) et la façon dont ils sont financés (le risque financier). Dans le cas présent, la maîtrise des BFR n'est pas un enjeu car ils sont insignifiants...

Précisons que nous avons choisi de travailler sur les données 2004-2005 qui correspondaient à une période de très forte croissance.

Carrefour

On voit deux enjeux chez Carrefour en 2009-2010 :

- les montants très élevés des investissements corporels (les magasins) ;
- la forte volatilité des BFR (écart de presque 900 M€ en deux ans).

Le cas Carrefour permet de souligner un point : ce qui importe, ce sont les variations de BFR. On a l'habitude de dire que les BFR (qui sont un solde entre un actif et un passif) sont en général une ressource dans la grande distribution car ils sont négatifs. Jouer sur la partie actif du BFR (souvent les stocks), permet quand même de le réduire et de générer du cash.

Christian Dior

Deux enjeux :

- la politique d'acquisitions (forts Capex financiers en 2010, 1 103 M€) ;
- la volatilité des stocks (gros dérapage en 2008 avec l'accroissement des stocks qui ont consommé 737 M€).

Danone

Les commentaires sur cette entreprise ont déjà été faits dans le chapitre 3 et dans le cas d'un exercice approfondi en fin d'ouvrage.

1. On remarquera que l'enjeu 2012 reste identique.

L'écart le plus important par rapport à la norme du secteur

Constater, comme dans le cas d'Iliad décrit ci-dessus, que les variations de BFR ne sont pas un enjeu, ne veut pas nécessairement dire qu'il n'y a pas de sujet en matière de BFR.

On pourrait très bien imaginer une société (voir tableau ci-dessous), avec un ratio BFR/CA bien installé historiquement à 2 % du CA. Un tel BFR aurait un impact très négligeable en N + 1 en termes de tableaux de flux : même si le CA double et passe de 1 000 à 2 000, cela se traduirait par une consommation de cash bloqué dans le BFR de 2 % de cet accroissement de CA ! Le BFR passerait de 20 M€ à 40 M€, d'où une consommation de cash de 20 M€.

Mais si, dans le même temps, les concurrents ont un ratio moyen BFR/CA de – 5 % (c'est-à-dire un BFR négatif au lieu de positif), cela veut dire qu'en optimisant ses propres BFR, l'entreprise peut récupérer du cash ! Ainsi, au lieu d'avoir une consommation de cash de 20 M€, on se retrouverait avec une entrée de cash de 120 M€ !

Prise en compte grossière de l'impact d'une meilleure gestion des BFR sur le FCF

Vision théorique	Donnée N	Données N + 1	
		Roll over	Norme secteur
CA	1 000	2 000	2 000
EBE	40	80	80
IS	14	– 27	– 27
BFR	*20*	*40*	*– 100*
Variation BFR		– 20	120
FCF		33	173

Ne disposant pas des données concernant l'année N – 1, on ne peut établir le FCF de l'année N (incapacité à déterminer la variation de BFR).

Prise en compte réaliste de l'impact d'une amélioration des FCF par les BFR

Vision pragmatique	Donnée N	*Roll over*	Objectif N + 1	Objectif N + 2	Objectif N + 3
CA	1 000	2 000	2 000		
EBE	40	80	80		
IS	14	– 27	– 27		
BFR	*20*	*40*	–	– 40	– 100
Variation BFR		– 20	20		
FCF		33	73		

À savoir

Attention toutefois à ne pas rêver. Il est prudent d'envisager un retour à la norme progressif car la mise en œuvre des programmes d'amélioration n'est pas toujours évidente. Dans notre exemple, nous avons imaginé un temps de mise en œuvre de l'amélioration de trois ans.

Concrètement, plus l'écart par rapport à la norme est important, plus il faut être prudent dans le temps de retour à la normale. Il faut surtout commencer par identifier le pourquoi de cette différence. S'agit-il d'un *business model* différent ou non, de clients différents ou non… ?

Le plus simple à mettre en œuvre (en timing, en investissement et en risques)

La hiérarchisation des actions à mener passe également par une analyse du ratio gain/investissement.

Quand on est dans un timing serré, il faut choisir en priorité les actions qui rapportent beaucoup et vite, et qui sont simples à mettre en œuvre.

Quand on n'est pas dans l'urgence, mais dans l'optimisation des choses, on peut travailler sur des pistes longues à mettre en œuvre, induisant des risques opérationnels dans une période de transition, mais à impacts majeurs en termes de cash.

Il faut donc gérer les euros et le calendrier selon les urgences.

Attention aux sociétés à BFR négatifs

Nous attirons l'attention de nos lecteurs sur le rôle des BFR en situation de crise.

Dans les contextes de BFR positifs (les clients mettent du temps à payer), une baisse brutale de chiffre d'affaires va se traduire immédiatement par une baisse encore plus brutale de l'EBITDA (raisonnement de rentabilité).

Mais du point de vue du cash, cette baisse de l'EBITDA va être accompagnée d'une baisse des BFR (les clients facturés il y a un trimestre continuent à payer…). Par conséquent, un BFR important pose des problèmes de financement à l'entreprise, mais joue le rôle d'amortisseur en cas de retournement de conjoncture.

En termes de FCF, l'évolution négative de l'EBITDA est pour partie compensée par l'effet BFR.

En résumé

FCF = EBITDA – IS – delta BFR – Capex !

Prenons maintenant le cas d'une société qui fonctionne avec des BFR négatifs. En réalité, ses clients la financent. En cas de baisse brutale des ventes, non seulement l'EBITDA va baisser brutalement (même conséquence que dans notre exemple précédent), mais le phénomène va être aggravé par un BFR négatif qui va baisser aussi. En termes de FCF, les deux évolutions jouent négativement.

En résumé

En résumé, un manager doit savoir que dans les activités à BFR négatifs, le temps de réaction pour faire face à une baisse d'activité doit être minimum. Le pilotage du cash doit être le plus fin possible.

LES LEVIERS D'AMÉLIORATION DE L'EBE

Nous allons maintenant reprendre chaque levier d'amélioration du cash pour voir de plus près comment l'actionner.

Amélioration des marges

L'amélioration de l'EBE par la croissance ou par l'amélioration des taux de marge est généralement un domaine bien maîtrisé par les managers. Ce n'est pas sur ce volet-ci que les financiers ont le plus à apporter aux opérationnels. C'est souvent aussi un « sujet à inertie longue ».

En revanche, la restructuration d'un portefeuille produits ou d'un portefeuille clients est une opération moins habituelle, qui nécessite de plus une comptabilité analytique de bonne qualité.

Là encore, le point de départ de cette analyse réside dans une double démarche :

- de *benchmarking* : qui sont mes concurrents, quel niveau de marges dégagent-ils, quel est le ratio moyen du secteur ?
- et d'analyse historique approfondie : comment évolue mon taux sur les cinq derniers exercices ?

Si la performance historique se dégrade et/ou si le ratio est inférieur à la moyenne du secteur, une action corrective doit être envisagée. La dégradation résulte parfois du développement d'une nouvelle activité, d'une nouvelle famille produits ou d'une nouvelle typologie de clients peu rentables (au moins lors du lancement de l'activité).

Pour aller plus loin

Détecter un* reporting *inadéquat

Un *reporting* est inadéquat quand :

– à la fin de l'exercice, les marges ne bouclent pas avec les comptes ;

– on gagne des marchés là où l'on pensait faire des prix élevés et on perd des marchés que l'on pensait avec des prix tirés ;

– on perd (ou on gagne) systématiquement des marchés sur un type de clients.

Arrêt d'une famille de produits

Arrêter l'activité ou la famille concernée peut s'avérer très efficace, en vérifiant préalablement la problématique de la couverture des frais fixes... et que le *reporting* est juste.

Réduction de l'impôt

Nous avons également évoqué un levier, celui de la réduction de l'impôt sur les sociétés. Il peut s'obtenir :

- soit par la mise en place d'un périmètre d'intégration fiscale ;
- soit par le crédit impôt recherche.

La décision de mettre en place un périmètre d'intégration fiscale ne relève pas des opérationnels. Nous n'entrerons donc pas dans les détails de ce levier. Rappelons juste que ce que l'on recherche en optant pour l'intégration fiscale[1], c'est à réduire l'impôt au niveau d'un groupe de sociétés (et donc la sortie de cash correspondante).

Mettre en place un périmètre d'intégration fiscale s'avère judicieux :

1. L'intégration fiscale permet de définir un groupe fiscal dont on déterminera le résultat courant avant impôt : les pertes de certaines entités viennent défiscaliser les bénéfices des entités rentables. En cas d'absence d'intégration fiscale, chaque entité bénéficiaire paie son IS et les entités en pertes constatent un report déficitaire (ce qui permettra peut-être dans un, deux ou trois ans de payer moins d'IS, mais n'aura aucun effet à court terme).

- quand certaines entités sont très rentables et d'autres déficitaires ;
- quand un ou des *holdings* portent une dette importante et que les sociétés d'exploitation sont très rentables.

LES LEVIERS D'AMÉLIORATION DES BFR

Les conditions d'amélioration des BFR

Nous avons déjà évoqué à quel point la notion de BFR était peu intuitive, et l'urgence qu'il y avait pour un manager à correctement en maîtriser les variations.

Notre expérience nous a montré qu'il y avait deux conditions redoutables pour aboutir à une bonne maîtrise des BFR :

- l'existence d'un outil de gestion de bonne qualité ;
- mais également, et surtout, la volonté des dirigeants.

En effet, améliorer les BFR est un travail collectif, de tous les instants, ingrat et peu gratifiant : rien n'est jamais acquis (on n'a pas signé le contrat du siècle !) et tout relâchement se répercute immédiatement en dégradation du BFR. Voilà qui est dit, la tâche n'est pas simple.

L'apport des financiers

Pour autant, il faut bien avouer que les financiers ont montré une grande capacité à améliorer la maîtrise des BFR dans les entreprises qu'ils rachetaient (sous LBO). Il faut dire que ce sont des actionnaires très motivés, si l'on reprend le point précédent, et donc « ça marche ».

Dans les opérations de types LBO 1[1], la réduction des BFR est l'un des leviers de création de valeur le plus couramment cité. La première chose que fait donc un financier qui rachète une entreprise, c'est de mettre en place un *reporting* qui tient la route (c'est-à-dire, quel que soit le format retenu, qui « boucle avec la compta » : toutes les informations proviennent de la comptabilité, ce qui évite les interventions manuelles et les sources d'erreur...).

1. Un LBO 1 est l'opération qui consiste pour un fonds d'investissement à racheter une entreprise en l'endettant. Un LBO 2 est une opération qui consiste pour un fonds à racheter une société qui vient de faire l'objet d'un premier LBO.

Si cette amélioration n'est pas toujours prise en compte dans les business plans d'origine qui sous-tendent le deal, elle est très utile dès que les performances en termes d'EBITDA sont décevantes… Elle apparaît donc comme un très bon amortisseur de mauvaises nouvelles.

Comment réduire le compte clients ?

Réduire le compte clients apparaît vraiment comme la première démarche, la plus efficace et la plus simple à mettre en œuvre.

Cette réduction s'obtient en plusieurs étapes, de la plus simple à la plus lourde.

Suppression des créances échues

À court terme, et dans l'urgence, la première des choses à faire est de demander une balance âgée du compte clients. Cet état est très commun et s'obtient normalement facilement de la comptabilité. Si l'entreprise n'en dispose pas, il suffit très souvent de vérifier le paramétrage du logiciel de comptabilité.

Définition d'une balance âgée

La balance âgée[1] est un document extrait de la comptabilité qui fournit le compte clients édité selon l'antériorité des soldes (c'est une balance âgée : du plus vieux solde vers le plus récent). Il s'agit d'un document d'analyse très utile qui indique par client, par commercial, par région, par catégorie de clients, les sommes dues par échéances successives (échues voire non échues). C'est un outil de communication efficace entre le service de recouvrement et les commerciaux.

Usage de la balance âgée

L'urgence consiste bien entendu à récupérer en priorité les montants les plus anciens (sont-ils provisionnés ?) et les plus élevés pour réduire le risque d'impayés autant que pour faire rentrer le cash.

1. La balance comptable est un état d'une période, établi à partir de la liste de tous les comptes du grand livre de l'entreprise (qu'ils soient de bilan ou de gestion) et regroupant tous les totaux (ou masses) en débit et crédit de ces comptes et par différence tous les soldes débiteurs et créditeurs.

Analyse historique de la balance âgée

Quand on a un peu plus de temps devant soi, il est déterminant, quand on aborde l'objectif de réduction du compte clients, de comprendre pourquoi le délai de paiement moyen des clients est trop long :

- est-ce que le délai de paiement accordé aux clients est trop long ?
- est-ce que les clients ne respectent pas les délais de paiement contractuels ?

Il faut donc obtenir de la comptabilité un état régulier du montant des créances échues. Là encore, un minimum d'informations va être très utile pour aider à réduire ce poste :

- les clients contestent-ils les factures parce que le produit/service ne correspond pas ? Dans ce cas, le compte clients trop important masque un problème latent de manque de qualité, c'est donc un problème opérationnel qu'il faut résoudre (responsabilité : direction générale) ;
- les clients contestent-ils les factures parce qu'il manque des documents ou qu'elles sont mal libellées ? Il va falloir travailler sur le process de facturation qui est défaillant. L'entreprise connaît mal ses clients (responsabilité : direction financière) ;
- sont-ce toujours les mêmes clients qui contestent les factures parce qu'il manque toujours des informations ? Une partie de la clientèle est de mauvaise foi, il va falloir s'en séparer ou la traiter en amont différemment (responsabilité : direction commerciale) ;
- les factures sont-elles établies dès que faire se peut ? Si un client paie à 30 jours fin de mois, établir la facture le 31 au lieu du 1er du mois suivant permet de gagner un mois. Cela peut relever de la DRH (motiver toute l'entreprise à « finir » ce qui est possible à la bonne date) ou de la direction commerciale (arrêter les comptes des marchés pour facturation au 20 pour facturer avant la fin du mois).

Coût de mise en œuvre

Au-delà du reparamétrage éventuel du logiciel de comptabilité, et selon l'importance des créances échues, il peut être nécessaire de recruter une personne dédiée à la relance clients, mais le retour sur investissement ne pose pas de problème !

Réduction du délai de paiement

Réduire plus globalement le délai de paiement s'avère plus long et plus lourd. Alors que la réduction des créances échues incombe très largement au personnel de la direction financière, réduire significativement les comptes clients implique nécessairement les opérationnels de l'ensemble du process de fabrication (si l'on est industriel) ainsi que les commerciaux.

Dès lors, il faut expliquer à toutes ces personnes pourquoi il est important de réduire les BFR, comment on peut le faire, les enjeux pour l'entreprise... Cela demande de l'énergie, de la motivation, de la patience, de la constance, mais au bout du compte, on se rend compte que les masses que l'on peut récupérer sont substantielles !

Peut-on réellement réduire le délai de paiement moyen ?

Trois validations permettent de répondre à cette question :

- quel est le délai de paiement moyen hors créances échues ? Si le délai est élevé en valeur absolue, on peut *a priori* le réduire ;
- *benchmark* vis-à-vis des concurrents : si le délai est supérieur à celui des principaux concurrents, on peut *a priori* le réduire ;
- analyse de la typologie des clients : si la typologie des clients est identique à celle des concurrents, on peut confirmer le point. Sinon, il faut plutôt raisonner eu égard aux spécificités de ses propres clients (collectivités locales...).

Les commerciaux et les délais de paiement

Impliquer très en amont les commerciaux, surtout dans les activités à contrats, est déterminant dans le succès de la démarche. En effet, un commercial pense toujours marges obtenues, mais jamais effet cash global sur l'entreprise.

Il est de la responsabilité des hommes clés de l'entreprise de leur expliquer justement les implications pour l'entreprise d'une meilleure gestion des contrats et prises de commande[1], en proposant bien sûr des outils (dont ils sont très demandeurs, par d'ailleurs).

De quels leviers dispose-t-on pour faire baisser le délai moyen ?

- Facturer des acomptes quand le cycle de production est long.

1. Voir le chapitre 6 sur l'outil courbe de cash.

- Facturer les prototypes ou la phase étude à la fin de cette phase.
- Négocier un délai de paiement plus court.

Attention aux fausses bonnes idées

Certains groupes ont cherché à réduire les coûts de traitement administratifs en regroupant dans des plateformes CSP (centres de services partagés), qui ne sont pas physiquement dans les mêmes locaux que les commerciaux, le personnel RH et finance. Ainsi, les personnes qui facturent les clients ne sont pas celles qui ont le contact direct, ce qui peut induire des dysfonctionnements et finalement un rallongement du délai clients.

À savoir

Dans la mise en place de CSP, ne pas déplacer un problème de coût vers un problème de BFR !

Comment accroître le compte fournisseurs ?

Augmenter le compte fournisseurs est devenu plus délicat depuis la mise en œuvre de la loi LME (voir chapitre 2). Le délai de paiement est ainsi bloqué à 60 jours calendaires ou 45 jours fin de mois. Pour autant, on peut là encore tenter d'accroître ce poste, par exemple en réduisant dans la mesure du possible les acomptes versés. Si l'on n'est pas au maximum du délai légal, on peut négocier avec les fournisseurs des délais plus longs… en échange d'une meilleure visibilité sur les commandes. L'enjeu est à la créativité et au partenariat gagnant-gagnant.

Pour aller plus loin

En situation financière tendue, ne jamais :

– prendre des marchés avec des conditions de paiements plus longues que d'habitude ;

– améliorer les marges en payant comptant les fournisseurs ;

– acheter des marchandises à ses clients pour les transformer (voir plus loin).

Comment réduire le montant des stocks ?

Comment détecter une situation de stocks excessifs ?

Analyse des ratios historiques

C'est le point de départ de toute analyse : on regarde s'il y a une détérioration du taux de rotation des stocks sur la période. Si tel est le cas, il faut déterminer :

- si ce sont tous les types de stocks qui augmentent, ou juste une catégorie ;
- si la stratégie de l'entreprise a évolué.

S'il s'agit d'une seule catégorie, le problème est circonscrit à un type de stocks, la solution est donc ciblée :

- stocks d'achats ou de matières premières (problématique achat principalement : pourquoi achète-t-on autant d'avance ?) ;
- stocks d'en-cours (problématique de process de production : pourquoi est-il si long ? Avec le Kanban, les constructeurs automobiles japonais ont révolutionné la gestion des en-cours) ;
- stocks de produits finis (problématique de production ou de commercial suivant le cas).

Si tous les types de stocks sont concernés, leur réduction va être plus compliquée.

Enfin, il est déterminant de vérifier préalablement à toute action si le *business model* de l'entreprise n'a pas évolué, parce qu'on l'aura décidé ou (pire) parce que les clients imposent des modalités qui font progressivement (et à notre insu) dévier du modèle original.

Exemple de dérive d'un modèle économique vers du « full service »

Imaginons un équipementier automobile spécialisé dans la fabrication de volants pour véhicules particuliers. Il entretient depuis de nombreuses années de très bonnes relations avec ses clients constructeurs automobiles.

Lors d'un renouvellement de contrat trisannuel, l'un des clients demande à notre entreprise de lui livrer non plus des volants non équipés, mais des volants incluant un airbag.

Les commerciaux sont ravis, le chiffre d'affaires généré est plus important, en valeur et en volume, et les marges sont bonnes. Les commerciaux disent que la société remonte dans la chaîne de valeur. Tout cela est bon signe et très excitant…

Oui mais voilà, accéder à la demande de ce client revient à acquérir les airbags, pour les revendre. L'entreprise va donc se retrouver avec une marge un peu améliorée (augmentation de l'EBE qui deviendra du cash) *et* un niveau de stocks très supérieur (augmentation du BFR). Cette évolution peut être fatale à notre entreprise en termes de cash car elle va générer un à-coup dans la génération de cash.

Le chapitre 9 est dédié à ce lien entre modèle économique et cash.

Analyse de benchmark

Comme pour la réduction du compte clients, l'analyse en *benchmark* permet de définir des objectifs réalistes de baisse du niveau de stocks.

Moyens à mettre en œuvre

La réduction des stocks est la partie la plus difficile à obtenir en termes de gestion des BFR. Elle peut s'obtenir par plusieurs moyens.

Mise en place d'un reporting *de qualité*

Il permet de connaître la vitesse de rotation des stocks par produit ou par famille de produits. Cela suppose de disposer d'un système informatique performant. On parle donc d'un investissement logiciel *a minima* et de l'éventuel recrutement d'un contrôleur de gestion qui saura concevoir le *reporting*, l'analyser et le faire vivre.

Travail de réflexion à conduire avec les acheteurs

Quelle est la stratégie d'achat ? Y a-t-il un effet volume sur les prix d'achat ? Y a-t-il souvent eu des ruptures de stocks de matières premières ? Les clients nous imposent-ils des stocks de sécurité ? Les contrats prévoient-ils des pénalités en cas de retard de livraison ?

Il faut distinguer *via* ces discussions ce qui relève du contractuel (stocks de sécurité) de ce qui relève plutôt de la zone de confort que vont s'octroyer les acheteurs et les responsables de production (plus on achète, plus on est certain qu'il n'y aura pas de rupture d'approvisionnement des chaînes de production).

Et là, très clairement, il est important que les acheteurs connaissent les priorités : ne pas risquer de fâcher le client (qui a tous pouvoirs et qui représente 30 % des ventes) ou maîtriser les stocks car la société est en situation financière délicate.

Pour aller plus loin

Quelques réflexions sur les stocks de produits finis

Un vendeur aime le stock : c'est ce qui lui permet de ne pas rater une vente ! C'est pourquoi les chaînes de distribution sélectives ne laissent généralement pas le réassort aux directeurs de magasin.

La nature a horreur du vide : un entrepôt finira toujours par être plein.

Remise à plat de la chaîne logistique

Ce chantier peut se traduire par :

- le regroupement de plusieurs stocks régionaux en un stock central ;
- la relocalisation d'une usine ;
- l'externalisation de la chaîne logistique.

On voit bien que là encore, travailler à réduire les stocks relève d'une démarche de longue haleine qui nécessite des investissements pouvant s'avérer significatifs (et générer des risques opérationnels).

ATTENTION AUX FAUSSES BONNES IDÉES : LIEN ENTRE NIVEAU DE STOCKS ET MODÈLE ÉCONOMIQUE

De nombreux repreneurs fantasment (quand ils regardent une cible à acquérir en LBO) sur le cash qu'ils espèrent retirer d'une meilleure gestion des BFR. Il est vrai que sur certains dossiers « débouclés » (c'est-à-dire que la cible a été acquise puis revendue dans les cinq ans qui ont suivi), les montants ont été significatifs.

Toutefois, avant de se réjouir définitivement, il faut impérativement et préalablement vérifier que le niveau élevé des stocks n'est pas un corollaire indispensable du modèle économique…

Prenons l'exemple d'un distributeur de petit matériel *B to B* dans le domaine de la robinetterie. Cette société est en passe d'être reprise par un fonds d'investissement qui a prévu, dans son business plan de reprise, une réduction substantielle des BFR (à savoir, cash qui rentre dans les caisses et donc source de financement pour l'entreprise…).

En discutant avec les dirigeants de la cible, il apparaît que le modèle économique de l'entreprise – qui la distingue de ses concurrents directs – est que l'intégralité de ce qui se fabrique ou s'est fabriqué récemment est disponible en magasin. Les clients viennent donc car ils savent qu'ils trouveront toujours le mouton à cinq pattes en rayon.

Mais on comprend bien que la contrepartie de ce positionnement, c'est la nécessité de maintenir des stocks plus substantiels que les concurrents (faute de quoi l'avantage concurrentiel disparaît...). La réflexion devrait plutôt porter sur les marges : sont-elles supérieures pour les produits qui ont une faible rotation ?

Cet exemple, réel, montre bien qu'on ne peut pas uniquement analyser sur le papier, par les chiffres, mais qu'il faut toujours revenir au terrain, et à la compréhension fine du métier de l'entreprise que l'on cherche à comprendre. En l'espèce, l'amélioration, si elle existe, viendra de l'analyse des marges : si notre distributeur a des marges équivalentes à celles de ses concurrents alors qu'il offre un service qui mobilise plus de stocks, il y a un problème : l'arbitrage entre marges et bilan est mal fait...

COMMENT MOTIVER LES TROUPES ?

C'est une chose d'obtenir une réduction ponctuelle des BFR (ça peut vraiment aider à la date de clôture, par exemple pour respecter les covenants bancaires), mais ce que tout manager recherche, c'est l'amélioration progressive dans le temps, et qui perdure !

La chose n'étant pas évidente, il est important de motiver efficacement ses troupes.

Par la formation/information

Donner de l'information/donner du sens

L'un des intérêts des opérations de LBO en termes de management, c'est de faire accéder les hommes clés dans l'entreprise à des informations destinées aux actionnaires. Ainsi, ces derniers disposent d'une vue globale de l'entreprise dans laquelle ils ont des responsabilités opérationnelles. Ils connaissent les comptes, la stratégie à cinq ans, et les enjeux du business plan, notamment en termes d'amélioration attendue des BFR.

Les managers font le lien entre l'amélioration des BFR, la réussite de l'opération et la création de valeur (y compris pour eux !).

Former les équipes et diffuser la culture cash

Certains fonds d'investissement n'hésitent pas à former les équipes dirigeantes des opérations de LBO pour les sensibiliser et les motiver aux enjeux de leur opération.

Souvent, quand les hommes clés comprennent et partagent les enjeux, ils veulent sensibiliser le niveau N – 1 et N – 2. Et c'est toute l'entreprise qui acquiert progressivement des réflexes financiers, et en premier lieu en matière de BFR.

Baisse des BFR et rémunération

Un autre moyen, très efficace également, consiste à intéresser les opérationnels à des performances cash.

Via la rémunération, on peut très vite sensibiliser les commerciaux, par exemple aux délais de paiement et aux impayés, ou les industriels aux stocks.

On peut ainsi remplacer la prime versée aux commerciaux, indexée sur les ventes, par une prime liée aux ventes encaissées (on intègre au passage les délais de paiement et le risque d'impayés…). La DRH est souvent ainsi un élément clé de la bonne gestion du BFR.

Baisse des BFR et Capex

Très souvent, les patrons de *business units* sont déçus de l'allocation annuelle qui leur est faite en matière d'investissement. Pour les sensibiliser (responsables d'usine ou de magasin) aux niveaux de stocks, il est astucieux de leur expliquer les grandes lignes du tableau de financement de l'entreprise, y compris au niveau de la variation de BFR. Dès lors, on montre le lien direct entre les investissements et le cash qui est absorbé par les variations de stocks.

Si l'on revient à notre outil du FCF, les responsables industriels constateront très vite que les variations de BFR et les investissements font partie du même « rectangle de consommation de cash ».

Impact sur les investissements d'une meilleure gestion des BFR

Tableau de flux N en M€	Données comptables	Réduction BFR	Ajustement des Capex
EBE	50	50	50
– IS	5	5	5
– Variation BFR	20	15	15
– Capex	10	10	15
= FCF opérationnel	15	20	15
BFR/CA	**20 %**	**15 %**	**15 %**
CA N	200		
CA N – 1	100		

Dans cet exemple, ramener les BFR de 20 % (derniers comptes arrêtés) à 15 % (norme du secteur) permet d'augmenter de 50 % le budget des investissements : c'est une bonne source de motivation !

Benchmark interne si filiales ou agences

Un autre moyen très efficace consiste à réunir régulièrement les patrons de sites ou les patrons de filiales pour les faire réfléchir sur les bonnes pratiques dans le groupe.

Nous avons rencontré de nombreux petits groupes qui s'étaient constitués par acquisitions successives d'entreprises familiales : on retrouve ce schéma dans le nettoyage, par exemple, la distribution électrique *B to B* mais également dans le secteur du BTP. Dans tous ces exemples, les PME acquises avaient des pratiques différentes et des *reportings* hétérogènes (quand il y en avait !).

C'est pourquoi il peut être extrêmement efficace d'effectuer au préalable une sorte de *benchmark* interne sur les niveaux de BFR, puis de regrouper les patrons des entités.

En comparant les performances effectives, et en interrogeant les responsables sur les différentes façons de faire et les résultats obtenus, on parvient à ramener les mauvais élèves du groupe vers la moyenne. Il est en effet plus difficile de soutenir que les clients, par exemple, refusent systématiquement de verser des acomptes, quand la filiale installée sur la région voisine, avec le même type de clients, obtient dans 80 % des cas un acompte représentant 30 % du montant du contrat…

Là encore, mettre en place des primes de fin d'année conditionnées à l'obtention par les commerciaux d'acomptes à la commande, peut donner une bonne motivation aux commerciaux concernés.

LES LEVIERS DE RÉDUCTION DE L'INVESTISSEMENT

Que peut-on envisager ?

Il existe plusieurs pistes à creuser si l'on souhaite réduire le poids des investissements tout en continuant à développer l'entreprise. Nous avons sélectionné ci-dessous les plus représentatives :

- externalisation des murs (les actifs immobiliers représentant du cash qui rapporte peu) ;
- recours à la sous-traitance (certes, les marges peuvent être plus faibles, mais il n'y a pas besoin d'investir) ;
- partage des investissements ;
- amélioration de la procédure d'investissement (trop souvent, elle ne laisse pas place au choix – car il n'y a pas d'alternatives crédibles présentées – mais est juste une « autorisation ») ;
- prise en charge de tout ou partie de l'investissement par le client.

L'externalisation des murs

« L'externalisation des murs » est un phénomène qui a pris de l'ampleur avec la vague des opérations de LBO (ces dix dernières années), surtout quand elles ont commencé à concerner des sociétés déjà d'une certaine taille.

Antérieurement, on parlait d'opérations de *lease back*.

Objectif

Le principe de ces opérations consiste à céder un actif, et donc à dégager un montant significatif de cash, pour le relouer ensuite.

À l'origine, cette pratique correspondait assez généralement à une situation tendue de trésorerie. La société concernée, prise dans les difficultés, cédait son siège social pour gagner du temps et améliorer sa structure financière de manière brutale. En contrepartie de quoi elle s'engageait à verser des loyers sur une longue période.

Définition

- Un *lease back* est une opération de cession suivie d'une opération de location d'un actif immobilier, généralement le siège social. À la fin du contrat, l'entreprise a la possibilité de verser une soulte pour retrouver la propriété du bien.
- Une opération d'externalisation revient à céder une partie significative de ses actifs d'exploitation en vue de les louer :
  - murs d'hôtels, de restaurants, de magasins (le fonds d'investissement Colony a cherché à forcer Carrefour – en s'invitant à son capital – à externaliser ses magasins, sans succès),
  - le loueur prend ainsi le risque sur le business du locataire : les actifs étant dédiés, si le locataire va mal, le loueur aura du mal à trouver un autre locataire,
  - flotte de véhicules.

Intérêts et limites de ce montage

- Il permet d'encaisser un montant important de cash immédiatement, et ce cash peut être réinjecté dans le développement du business ; c'est ce qu'a fait Accor ces vingt dernières années dans l'hôtellerie. Cet usage de l'externalisation est extrêmement vertueux.
- Il contribue à améliorer le ROCE, et donc la performance opérationnelle : au numérateur, l'EBIT va baisser un peu, mais dans le même temps, le dénominateur (actif économique) baisse massivement. Le ratio s'améliore donc en règle générale.
- Il permet de faire coïncider risque opérationnel et risque financier : ainsi, les dirigeants devront réfléchir sur les emplacements qu'ils jugent stratégiques en termes de chalandise ou d'image (restaurants, magasins…). Pour ceux-ci, la décision de les externaliser sera rarement prise.
- Une limite toutefois à ce type d'exercice : dans les contextes de LBO, ce type de montage ne vise pas à redresser une situation financière dégradée, mais à optimiser la performance pour l'actionnaire, soit par une plus forte croissance (vertueux du point de vue de l'entreprise), soit par une remontée de dividende exceptionnelle (dramatique du point de vue de l'entreprise, puisque cela la décapitalise…).

Un chapitre entier est dédié au sujet de l'arbitrage entre « acheter ou louer » (chapitre 7).

Recours à la sous-traitance

Les contextes adaptés

Les commerciaux viennent de prendre une belle commande, mais :

- l'entreprise n'a pas les moyens (aujourd'hui) d'investir dans la machine qu'il est indispensable d'avoir pour produire. Le recours à la sous-traitance peut s'avérer être une solution astucieuse, au moins temporairement, dans des contextes de structure financière dégradée (les banquiers ne veulent pas financer la machine) ;
- l'entreprise n'a pas l'assurance de pouvoir charger durablement cette machine, qui est chère à l'achat et qui présente des caractéristiques très spécifiques. On parle ici de taux d'utilisation prévisionnel de la machine incertain, ce qui fait peser un risque de non-rentabilité de l'investissement, mais surtout d'un décaissement important au moment d'investir (aujourd'hui), assorti d'une série de flux futurs, certains faibles, sur l'ensemble de la durée de vie de la machine.

De l'intérêt de la sous-traitance

Sous-traiter de la capacité, outre que l'on n'a pas à décaisser le montant des investissements correspondants, offre de la souplesse au *business model* : les sociétés du secteur automobile l'ont bien compris, qui ont recours à la sous-traitance pour pouvoir rapatrier la charge en cas de baisse d'activité… Agir de la sorte revient à abaisser le point mort (le seuil de rentabilité, le niveau de CA minimum pour dégager un RN nul).

Simulation des effets de la sous-traitance

Sous-traitance	Situation *ante*	Nouveau contrat	
		En interne	Sous-traité
CA	200	250	250
EBE	50	62,5	60
Taux de marge	25 %	25 %	24 %
Actifs immobilisés bruts	250	312,5	250
BFR bruts	40	50	50
BFR/CA	20 %	20 %	20 %
ROCE	17,2 %	17,2 %	20,0 %

Nous avons repris le dernier exemple pour illustrer notre propos.

Nous avons dans la colonne de gauche la situation *ante*, dans celle du milieu le traitement en interne du contrat (nécessite un investissement complémentaire) et dans la colonne de droite le cas illustrant la sous-traitance :

- la société a réalisé en N – 1 un CA de 200 M€ ;
- elle peut prendre un nouveau contrat de 50 M€, mais ne peut financer les investissements à réaliser pour honorer le contrat ;
- en supposant que le taux d'investissement du contrat corresponde au taux moyen de l'entreprise (250/200), on obtient un besoin en investissement de 50 (CA du nouveau contrat) × (250/200) : les actifs passent de 250 M€ à 312 M€ dans le cas du contrat traité en interne, ils ne bougent pas dans le cas de la sous-traitance ;
- on a supposé par simplification que l'entreprise maintenait ses BFR dans les mêmes proportions. Le montant du BFR est donc identique que l'on ait recours à la sous-traitance ou non.

Il ressort de notre exemple, certes simpliste, que le ROCE progresse significativement de 17,2 % à 20 % (on a supposé que la marge passait de 25 % à 20 % sur le nouveau contrat sous-traité). Bien entendu, plus le sous-traitant est gourmand, moins l'opération s'avère intéressante.

Les freins à la sous-traitance

On ne peut pas sous-traiter un savoir-faire cœur de métier de l'entreprise, cela la fragiliserait à terme.

Sous-traiter revient à abandonner une partie de sa marge au sous-traitant. On se trouve ici typiquement dans une situation d'arbitrage entre marges, risques et cash.

	Marge	**Risque**	**Cash**
Faire (investir)	++	– –	–
Sous-traiter	–	+	++

Dans une activité non cyclique, l'aspect risque n'intervient pas. On privilégiera donc la sous-traitance quand l'entreprise présente une structure financière dégradée, et inversement quand elle est en dette financière nette positive.

Dans une activité cyclique, on peut imaginer accepter une légère baisse du ROCE dans la mesure où le niveau de risque baisse (la volatilité des résultats baisse).

La mutualisation des coûts

Dans les métiers à marges moyennes et à forts enjeux d'investissements, les opérateurs sont tentés de se regrouper pour partager les coûts sur certaines parties de la production. L'exemple récent de General Motors, qui entre au capital de PSA (7 %) début 2012, illustre parfaitement le propos. Dans ce cas précis, les deux parties prenantes vont mutualiser les coûts de fabrication des plateformes des véhicules (ce qu'il y a de plus neutre), mais également les coûts commerciaux de distribution en Asie. Le succès de l'alliance Renault/Nissan est largement passé par une mutualisation des coûts.

Prise en charge de tout ou partie de l'investissement par les clients

Cette pratique est courante dans certains métiers, mais peut très bien être utilisée dans de nombreux secteurs.

Dans le secteur de la fonderie, par exemple, le client (constructeur ou équipementier de premier rang) commande une pièce à son fournisseur. Celui-ci va réaliser un moule dans lequel sera coulé le métal en fusion pour obtenir la pièce. De manière très courante, le client reste propriétaire du moule. Dans ce cas très particulier, la problématique est moins une optimisation du cash du point de vue du fournisseur, qu'une stratégie de réduction du risque du point de vue du client : en cas de difficulté du fournisseur, le constructeur récupère les moules et fait fabriquer chez un concurrent, ce qui permet de ne pas mettre en panne une chaîne de fabrication du fait d'une rupture des approvisionnements sur une pièce représentant une infime partie du prix d'un véhicule.

Dans le secteur des transports, l'exemple est plus flagrant : au départ, des collectivités locales (ayant les moyens financiers) ont demandé à des sociétés de type familial et régional (ayant de faibles moyens financiers) de prendre en charge le transport des personnes (secteur du transport urbain). Les PME ne pouvant assumer financièrement le poids des investissements, les appels d'offres des collectivités locales prévoyaient en règle générale que ces dernières portent le matériel roulant, les opérateurs ne « faisant que » assurer la gestion du personnel, une bonne régularité et adaptation du trafic ainsi qu'une qualité de service. Aujourd'hui, les opérateurs étant devenus de grands groupes (par exemple en France Veolia, Transdev, Keolis) et les collectivités locales ayant des difficultés à se financer, certains appels d'offres exigent des opérateurs qu'ils prennent en charge le matériel roulant.

En résumé, une société de type PME, qui travaille avec de grands donneurs d'ordre, doit pouvoir faire prendre en charge une partie de ses investissements par ses clients (et à tout le moins « y penser »). En réalité, il s'agit de la partie qui lui est dédiée. Cette approche n'est pas naturelle, mais elle est économiquement pertinente. Elle nécessite, pour être mise en œuvre, de la pédagogie et un fort pouvoir de conviction (et que le client ait un vrai besoin de la technicité de son fournisseur).

L'amélioration de la procédure de décision d'investissement

Nous abordons ce levier en dernier, car c'est celui qui aura l'effet le plus limité sur le montant annuel des Capex.

En réalité, ce qui est recherché ici, c'est moins de réduire le montant des Capex que d'éviter d'autoriser des investissements peu rentables (c'est-à-dire investir là où c'est pertinent et de la manière la plus pertinente).

Les points les plus importants à traiter sont les suivants :

- définition d'un investissement : qu'est-ce qu'un investissement dans une entreprise donnée ? La réponse n'est pas si évidente :
  - bien entendu, on pense immédiatement à la définition comptable d'un investissement, à savoir un actif corporel (bâtiment, machine ou véhicule),
  - on peut dans certains secteurs trouver la R&D (Alstom, Faiveley, Rhodia...),
  - la publicité est un investissement principal dans des sociétés spécialisées dans le luxe (parfum, bijouterie...),
  - la formation est déterminante également dans certains métiers,
  - le coût des réponses aux appels d'offres pourrait être considéré comme un investissement (dépense importante en montant, non récurrente et générant du CA futur),
  - gérer de manière strictement comptable les investissements sans englober la R&D chez Safran serait une hérésie... qui ne permettrait pas de maîtriser la génération de cash ; même si comptablement la R&D est une charge, elle doit faire partie de la décision d'investissement, qui ne concerne pas que les achats machines !
- existence et validation de la procédure :
  - existe-il une procédure (ou plusieurs) ? Revue de ces procédures,

– la procédure tient-elle compte des variations de BFR ? Il est commun de découvrir des procédures qui raisonnent sur la base des flux générés par l'investissement sans tenir compte de l'impact des BFR,

– quel est le TRI retenu et est-il adapté ? Les sociétés du CAC 40 retiennent un TRI correspondant à leur Wacc[1] (donc voisin de 7-8 %). Les sociétés cotées sur Alternext ont des Wacc plus proches de 11-14 %,

– la procédure exige-t-elle de présenter plusieurs solutions pour répondre à la question, incluant l'acquisition d'un matériel d'occasion (si la machine n'est acquise que pour un contrat court ou un volume faible) ou le recours à la location simple ou à la sous-traitance ? Imposer de proposer une/des alternatives possibles reste une mesure de bon sens, peu coûteuse à mettre en œuvre, et qui présente qui plus est des vertus pédagogiques évidentes.

Pour aller plus loin

Les pièges du TRI ?

L'objectif de ce livre n'est pas de détailler les modalités de choix d'investissement, mais on illustrera un des pièges classiques du TRI comme critère. Une machine avec une capacité de 100 000 unités fera l'objet d'un calcul de TRI… sur 100 000 pièces, alors que la capacité du reste de la chaîne n'est que de 50 000.

POLITIQUE DE CROISSANCE EXTERNE ET AMÉLIORATION DU CASH (L'EXEMPLE ALTRAN)

Nous avons choisi d'illustrer notre propos par le cas d'Altran Technologie, société cotée qui a connu de graves difficultés en 2003.

Ce groupe s'est développé par acquisitions successives, à un rythme soutenu, de l'ordre de 7 à 15 acquisitions par an sur la période 1996-2000. La stratégie d'acquisition est apparue très vertueuse à tout l'environnement, jusqu'en 2002.

1. Wacc (*weighed average cost of capital*) ou CPMC (coût moyen pondéré du capital), ou coût du capital, soit le coût global des ressources : fonds propres et dettes bancaires. Formule = coût de la dette fiscalisée × [DFN/(DFN +*equity*)] + coût des fonds propres × [*equity*/(DFN +*equity*)]. Avec coût de la dette fiscalisée = taux d'intérêt × (1 – taux d'IS) et Equity = valeur de marché des fonds propres.

Là, les analystes ont réalisé entre autres (l'origine des difficultés était multiple) que les modalités d'acquisition des cibles, quoique vertueuses sur le papier, avaient généré un réel problème de cash :

- le rythme des acquisitions s'est accéléré fortement sur 2001-2002 (une trentaine d'acquisitions par an) ;
- chaque acquisition était payée moyennant un prix fixe et une clause d'*earn out*[1]. Et plus précisément, le complément de prix éventuel dépendait de l'obtention d'un certain niveau de résultat net. Les personnes physiques, qui étaient actionnaires, vendeurs et dirigeants (conservés par Altran pour leurs qualités professionnelles) ont par conséquent cherché à forcer la croissance en essayant de préserver les marges pour obtenir leur complément de prix. Elles y sont parvenues dans la plupart des cas, mais sans se préoccuper de l'effet rebond des BFR : le groupe a donc dû en parallèle verser les compléments de prix (une partie du rebond en RN, décaissé) et subir de fortes variations de BFR…

En résumé, les leviers sont nombreux, mais leur mise en œuvre dépend de l'urgence plus ou moins grande de la situation :

- s'il y a urgence (quelques semaines) :
  - – faire régler les clients en retard,
  - – déstocker les produits finis,
  - – ralentir les achats de matières premières ;
- si l'on a un peu de temps (quelques mois) :
  - – revoir la production pour réduire les produits intermédiaires ;
- si l'on a du temps (quelques trimestres) :
  - – revoir la politique commerciale,
  - – revoir la politique de rémunération.

1. Une clause d'*earn out* est une clause d'indexation d'une partie du prix, conditionnée à l'obtention d'un niveau de performance.

Chapitre 6

Les courbes de cash

Ce que va nous montrer ce chapitre :

- **l'outil des courbes de cash est extrêmement pédagogique, et permet de visualiser les effets cash de décisions opérationnelles du type choix d'investissement ou acceptation d'un contrat ;**
- **il permet de faire se parler les opérationnels et les financiers (les opérationnels appréhendent la culture financière et les directeurs financiers touchent du doigt les contraintes opérationnelles) ;**
- **se forcer à modéliser, même simplement, les grandes lignes d'un contrat ou d'un projet, permet de réfléchir précisément et objectivement ;**
- **les courbes de cash devraient être un outil de base pour les managers.**

Ce chapitre est destiné à tous les managers qui travaillent dans des activités à contrats, qui nécessitent de répondre à des appels d'offres, ou qui font l'objet de signatures de contrats pluriannuels ou, de manière plus modeste, de contrats qui vont avoir un impact sur l'entreprise pendant plusieurs mois. Tous les industriels qui ont un cycle de fabrication long sont concernés, comme la construction navale, aéronautique, ferroviaire mais aussi les activités à prestation de services (installateurs clés en main de cuisines professionnelles, métiers de l'ingénierie, immobilier...).

Description de l'outil courbe de cash

Que recherche-t-on ?

De premier niveau, un manager va accepter les conditions d'une vente en fonction du taux de marge obtenu. Ainsi, si l'objectif annuel de l'entreprise est de dégager une marge EBITDA/CA de 20 %, un contrat négocié avec une marge de 22 % sera un contrat bien négocié.

C'est du moins le point de vue du commercial, surtout si sa rémunération est indexée sur la marge générée par les contrats qu'il a engrangés dans l'exercice.

Mais le point de vue du directeur financier peut être sensiblement différent. Celui-ci va analyser l'impact de chaque nouveau contrat sur :

- le compte de résultat du groupe (même démarche que notre commercial) ;
- le tableau de flux du groupe, mais en impacts mensuels ;
- le bilan du groupe en impacts mensuels (comment va évoluer la trésorerie nette ? Dois-je négocier une autorisation de découvert supplémentaire ?).

Notre directeur financier va donc traduire la marge du contrat en cash généré par le contrat, en cadençant la génération du cash, positive ou négative, dans le temps. L'objectif est de s'assurer qu'à tout moment l'entreprise dispose bien des moyens financiers pour exécuter le contrat et profiter pleinement de la rentabilité qu'il dégage (en termes de marge).

Cette démarche n'est pas « que » purement financière. Elle impose de parfaitement connaître tout le processus d'achat, de fabrication, de stockage et de vente.

Présentation de l'outil

Les étapes successives de construction de la courbe de cash sont les suivantes :

- prise de connaissance des clauses du contrat ;
- traduction en compte de résultat mensuel ;
- traduction en FCF mensuels ;
- traduction en FCF cumulés sur la période ;
- mise en courbe.

Le but du jeu est bien de visualiser la ligne FCF cumulés mensuels, que l'on va traduire ensuite en courbe.

Quel est l'intérêt de cet outil ?

Support de discussion entre les financiers et les opérationnels au sein d'une entité

Le très grand intérêt de cet outil, c'est son côté pédagogique :

- il permet aux financiers de dialoguer avec les opérationnels et de leur expliquer les inconvénients pour l'entreprise de signer des contrats qui vont se traduire par des FCF mensuels négatifs (au moins en début de période). Il impose aux fonctions supports de faire de la pédagogie auprès des opérationnels pour leur expliquer la différence entre rentabilité et cash (les premiers chapitres de notre ouvrage !) ;
- inversement, les opérationnels ont là l'opportunité de faire toucher du doigt aux « gens du siège » les contingences de leur métier, les exigences incontournables (ou prises comme telles) de leurs clients, de leurs fournisseurs et de leurs responsables de productions.

Pour aller plus loin

Incontournables ?

Les exigences des clients sont souvent énoncées sous forme de conclusions et non d'objectifs : « Je veux que vous ayez trois mois de stock de sécurité » signifie « comment faire en sorte pour que je sois toujours livré ? ». En s'attachant à « négocier sur le véritable objectif », on peut aboutir à une meilleure solution pour toutes les parties.

Par cet outil, le directeur financier sort de sa tour d'ivoire (il ne connaît soi-disant pas la réalité des usines… en tout cas, c'est le costume « sur mesure » que lui taillent les opérationnels !) et les opérationnels partagent le fardeau du directeur financier (les opérationnels pensent que la finance, c'est le domaine du DAF, voire son problème).

Outil de modélisation

Une fois que les modalités du contrat en phase de négociation sont connues, il faut chercher à en améliorer les modalités.

Il s'agit d'une seconde étape, qui relève de la modélisation :

- quels sont les points impactant en termes de cash (repérer les leviers) ?
- quels sont les points les plus importants (hiérarchiser les actions) ?
- comment puis-je décaler la courbe de cash jusqu'à la rapprocher de la ligne d'horizon, représentée par la situation où l'on est *a minima* en FCF mensuels nuls ?

CAS PRATIQUE

La meilleure façon d'appréhender l'outil courbe de cash est de le pratiquer. Nous présentons donc dans ce chapitre la méthodologie à partir d'un cas réel, qui a été simplifié et modifié pour le rendre le plus pédagogique possible.

Description du contexte

Le métier

La société que nous allons étudier est un fabricant de coffrets cadeaux qui propose à certaines dates clés comme Noël, la Fête des mères ou des pères, des coffrets spécifiques en séries limitées pour répondre à des demandes sur mesure de certains de ses clients (électronique grand public, DVD, parfumerie, jeux vidéo…).

Ce segment d'activité présente un caractère extrêmement saisonnier et pèse pour environ 30 % des ventes de l'entreprise.

L'une des usines du groupe est dédiée à cette activité. Ses effectifs fluctuent très fortement selon la période de l'année, avec des effectifs permanents très faibles, et le recours à de nombreux CDD en période de fortes productions.

Quand le cadencement de la production est mal géré, l'usine bascule en 3/8, voire 3/8 + WE + intérim).

Quand le client n'est pas livré à temps, il facture des pénalités de retard. Quand les livraisons sont faites après la date (Noël, par exemple), le client ne réceptionne pas les produits, ou à des conditions totalement inintéressantes.

État des lieux 2011

En 2011, la société a bénéficié d'une activité record qui s'est cependant traduite par des performances financières désastreuses alors que les marges étaient *a priori* correctes. Le nouveau directeur général, embauché pour porter un diagnostic et rectifier le tir, va utiliser les courbes de cash, outil qu'il pratiquait dans son précédent poste. Il sélectionne donc quelques contrats typiques signés en 2011, pour analyser et comprendre le mode de fonctionnement de l'entreprise, la génération de cash et les risques induits par l'aspect saisonnier de l'activité.

Le contrat

Pour les besoins de notre démonstration, nous avons sélectionné un seul contrat, dont nous produisons ci-dessous les principales caractéristiques.

Données du cas

Les chiffres

Lors des premiers contacts avec le commercial de l'entreprise, le client a fourni les spécifications du produit qu'il souhaitait, avec un volume de 220 000 pièces.

L'atelier a fait parvenir au commercial une première ébauche de prix de vente (2 000 € les mille hors outillage) en intégrant une marge de 15 % (pratique standard de l'entreprise) et en précisant les points suivants :

Ventilation du prix de vente hors outillage	
MOD[1]	40 %
Matière	40 %
Divers	5 %
Marge	15 %

- le coût des outillages est estimé à 28 000 € pour l'ensemble des coûts qui y sont rattachés ;
- la matière première sélectionnée par le client est rarement utilisée par l'entreprise ;
- le prix de revient a été établi sur la base d'une quantité de 220 000 pièces et d'un fonctionnement des équipes en 2/8 ;
- la production est répartie linéairement sur six mois (avril-septembre).

Notre directeur général se fait préciser par l'atelier les coûts salariaux :

- production en journée : 100 € ;
- production en 2/8 : 103 € ;
- production en 3/8 : 107 € ;
- production en 3/8 + WE : 120 €.

On lui indique également que l'entreprise n'a pas l'habitude de prendre une marge sur les outillages et qu'elle facture en réalité un prix de vente au mille intégrant l'outillage.

1. MOD : main-d'œuvre directe.

Le contrat lui apprend également :

- les modalités de règlement clients, à savoir 60 jours ;
- l'exigence du client que l'entreprise conserve un stock matière de sécurité de 15 jours ;
- l'absence de stocks de produits finis (les produits fabriqués sont livrés dans la foulée).

L'entreprise règle ses fournisseurs (matière et divers) à 30 jours.

Le process – le calendrier

Janvier : premiers échanges avec le client (quantités, spécificités du produit).

Février : ajustement des quantités.

Mars : industrialisation du produit, commande matières premières, outillage.

Avril : démarrage de la production de la livraison et de la facturation.

Fin juin : commande ferme.

Septembre : fin des livraisons et des facturations.

Mise en évidence de la rentabilité mensuelle

Notre directeur général va dans un premier temps reconstituer le compte de résultat du contrat, global mais surtout mensuel, sur la durée du contrat. Bien entendu, nous demandons à notre lecteur de faire la même démarche, faute de quoi il risque de passer à côté des subtilités de la démarche…

Chiffre d'affaires

En €	CA projet	CA mensuel	CA par mille
CA contrat sans outillage en €	440 000	73 333	2 000
CA contrat avec outillage en €	468 000	78 000	2 127

Dans notre exemple, le CA mensuel sera de 78 000 €, puisque le prix de vente inclut l'outillage de 28 000 €.

Compte de résultat résumé

Cas de base										
Compte de résultat mensuel en €		**Mars**	**Avril**	**Mai**	**Juin**	**Juillet**	**Aout**	**Septembre**	**Total contrat**	
		–	–	–	–	–	–	–	–	
CA		–	78 000	78 000	78 000	78 000	78 000	78 000	468 000	1
– Outillage		28 000	–	–	–	–	–	–	28 000	
– MOD		–	29 333	29 333	29 333	29 333	29 333	29 333	176 000	
– Achats matière	(2)	–	29 333	29 333	29 333	29 333	29 333	14 667	161 333	
– Stock matière d'avance		14 667	–	–	–	–	–	–	14 667	
– Autres dépenses		–	3 667	3 667	3 667	3 667	3 667	3 667	22 000	
+ Variation de stocks matières premières		14 667						– 14 667		
= EBITDA		– 28 000	15 667	15 667	15 667	15 667	15 667	15 667	66 000	
									66 000	

Ce compte de résultat a été établi à partir des seules informations données un peu plus haut. S'agissant d'établir la rentabilité d'un contrat, on ne se préoccupe absolument pas à ce stade des effets délais de paiement et encaissements/décaissements.

Notre directeur général a procédé comme suit : dans la première colonne, il a repris la ventilation des coûts de production (données établies sur le prix de vente hors outillage).

L'insert n° 1 dans le tableau ci-dessus rappelle que :

- la société facture un CA au mille incluant le coût des outillages (468 000 €) ;
- le CA hors outillage est bien de 440 000 € (468 000 – 28 000).

En mars, on ne prend en compte que le coût des outillages.

D'avril à septembre, on détermine les frais mensuels de fabrication (répartis linéairement) : ainsi, les frais de main-d'œuvre directe (MOD) sont déterminés en appliquant un taux de 40 % au CA mensuel hors outillage de 73 333 €, soit 29 333 €.

L'insert n° 2 met en évidence l'effet stocks. Le client exigeant un stock de sécurité de matières premières, cela va se traduire par le fait d'acheter de la matière que l'on n'utilisera pas en démarrage de la fabrication (mars). En revanche, en fin de production, on achètera moins que nécessaire car on utilisera ce stock (septembre).

En matière de compte de résultat, cette exigence n'a pas d'impact dessus, puisque la charge de 14 667 € en mars est contrebalancée par une variation de stock de même montant : la comptabilité nous indique que cette charge n'est pas une perte en mars mais la constitution d'un stock (un actif). Sur la durée du contrat (ligne horizontale grisée), l'impact de la variation de stocks est bien sûr également neutre).

En fin de période, l'entreprise ne va acheter que 14 667 de matière, mais elle va utiliser un actif (le stock constitué en mars) pour le même montant. On reconstitue ainsi la notion d'achats consommés, si importante, que nous avions déjà évoquée. Dans notre exemple, en mars, les achats consommés sont nuls (impact donc nul sur la rentabilité), et les achats consommés de septembre sont de 29 333 €.

Le lecteur pourra se rapporter à l'introduction et au chapitre 1 de cet ouvrage s'il veut reprendre les impacts des variations de stock sur la rentabilité et les *cash flows*.

Résultat net

Le résultat net de ce contrat ressort à 66 000 € :

- il correspond à une marge de 15 % appliquée à un chiffre d'affaires de 440 000 € (CA hors outillage) ;
- tenant compte d'une marge nulle sur les outillages.

Cette marge est réalisée de manière très linéaire pendant la phase de production, après une perte sur le premier mois correspondant au coût des outillages.

Mise en évidence des FCF mensuels

Objectif recherché

Une fois la formation de la rentabilité sur la période bien assimilée, notre directeur général va chercher à comprendre la formation de la trésorerie, la génération des *cash flows*, sur la même période. L'objectif est de mettre en évidence une éventuelle distorsion entre formation de la rentabilité et génération de cash.

Comme pour l'étape précédente, nous recommandons au lecteur de réfléchir et d'essayer de traduire, chaque mois, les produits et charges du tableau précédent en recettes et dépenses. Faire cet exercice revient à construire un plan de trésorerie mensuel.

Analyse des décalages poste à poste

La première chose à faire consiste à tenir compte des délais de paiement :

- le délai clients va permettre de décaler dans le temps les sommes dues par les clients ;
- le délai fournisseurs va permettre de décaler par symétrie les factures à régler aux fournisseurs.

Les variations de stocks ne se traduisent pas par des mouvements de trésorerie. La seule chose qui importe, c'est la facture des achats de matières à payer.

Dans le cas des ventes, la première facturation, qui a lieu en avril, sera encaissée deux mois plus tard.

Pour aller plus loin

Le risque client

C'est l'éventualité que le client ne soit pas en situation de régler les sommes dues. En l'espèce, il ne faut pas sous-estimer un éventuel risque de mauvaise foi : si la période de Noël s'annonce morose, le client pourra tenter de trouver des « artifices » (par exemple, non-qualité, retard de livraison) pour justifier un non-paiement.

Cas de base										
En €	**Mars**	**Avril**	**Mai**	**Juin**	**Juillet**	**Aout**	**Septembre**	**Octobre**	**Novembre**	**Total contrat**
CA		78 000	78 000	78 000	78 000	78 000	78 000	–	–	–
Encaissements				78 000	78 000	78 000	78 000	78 000	78 000	468 000

Il est important de noter que le compte de résultat du contrat se termine fin septembre (il s'arrête à la fin de la production/livraison).

Le plan de trésorerie se termine fin novembre, soit deux mois plus tard. La durée « économique » du contrat est donc en réalité non pas de six mois, mais de huit mois dans le cas d'espèce. L'écart entre ces deux durées se traduit par :

- une problématique de financement ;
- une problématique de risque : pendant ces deux mois, le client peut avoir des difficultés qui le conduisent à ne pas payer.

Dans le cas des salaires, il n'y a pas de distorsion entre charges et décaissements car les salariés sont payés à la fin du mois.

Dans le cas des achats, on va retrouver un décalage entre charges et décaissements dans la mesure où les fournisseurs matières et divers sont réglés avec un mois de délai.

Cas de base										
En €	**Mars**	**Avril**	**Mai**	**Juin**	**Juillet**	**Aout**	**Septembre**	**Octobre**	**Novembre**	**Total contrat**
– Matière dépensée		29 333	29 333	29 333	29 333	29 333	14 667	–	–	
– Stock matière d'avance	14 667									
– Matière payée		14 667	29 333	29 333	29 333	29 333	29 333	14 667	–	176 000
– Autres dépensés		3 667	3 667	3 667	3 667	3 667	3 667	–	–	
– Autres décaissés			3 667	3 667	3 667	3 667	3 667	3 667	–	22 000

Pour bien comprendre les décalages, nous avons grisé de même niveau les décaissements et les charges. Ainsi, en avril, la production démarre. La société va acheter la matière dont elle a besoin (29 333) et l'utiliser intégralement (pas de stockage au-delà des impératifs contractuels de sécurité imposés par le client) : c'est la notion de matière dépensée qui apparaît dans le compte de résultat. Cette dépense réalisée en avril va se traduire par la réception d'une facture qu'il faudra régler dans 30 jours, donc en mai. En mai, on reportera le même raisonnement.

Revenons sur le mois de mars. Le client a imposé un stock de sécurité. La société achète donc ce stock pour 14 667 (charge de mars) et règle un mois plus tard (décaissement d'avril). Comme on achète en avril toute la matière dont on a besoin pour produire, cela veut bien dire qu'on n'utilise pas le stock de sécurité et qu'on le maintient en l'état pendant toute la durée du contrat.

Tableau des FCF

Cas de base										
En €	**Mars**	**Avril**	**Mai**	**Juin**	**Juillet**	**Aout**	**Septembre**	**Octobre**	**Novembre**	**Total contrat**
Encaissements		–	–	78 000	78 000	78 000	78 000	78 000	78 000	468 000
– Outillage décaissé		28 000	–	–	–	–	–			
– MOD décaissée		29 333	29 333	29 333	29 333	29 333	29 333	–	–	176 000
– Matière payée		14 667	29 333	29 333	29 333	29 333	29 333	14 667	–	176 000
– Autres décaissés		–	3 667	3 667	3 667	3 667	3 667	3 667	–	22 000
Plan de trésorerie	–	– 72 000	– 62 333	15 667	15 667	15 667	15 667	59 667	78 000	
= EBITDA – delta BFR		– 72 000	– 62 333	15 667	15 667	15 667	15 667	59 667	78 000	66 000
Cumul FCF mensuels		– 72 000	– 134 333	– 118 667	– 103 000	– 87 333	– 71 667	– 12 000	66 000	–

Nous avons regroupé dans le tableau ci-dessus l'intégralité des mouvements de trésorerie sur la durée du contrat.

Sur une première ligne grisée, nous avons établi le FCF par différence entre les recettes et les dépenses (approche plan de trésorerie) : on est plus dans un raisonnement opérationnel.

Sur la seconde ligne grisée, nous avons déterminé le FCF mensuel à partir de l'EBITDA extrait du tableau précédent sur le compte de résultat (compte de résultat résumé) : on est plus dans une approche de financier. Tout naturellement, fort heureusement, et tous les mois, les montants sont équivalents !

Si cette évidence ne saute pas aux yeux du lecteur, attardons-nous sur l'encadré du mois d'avril :

FCF avril : approche plan de trésorerie

Recettes	0
Outillages	28 000
MOD	29 333
Achats matières	14 667
= FCF avril	– 72 000

OU

FCF avril : EBITDA – delta BFR

EBITDA[1]	– 28 000
+ delta stocks	+ 14 667
+ delta clients	– 28 000
+ delta fournisseurs	– 14 667

Construction de la courbe de cash

En €	Mars	Avril	Mai	Juin	Juillet	Aout	Septembre	Octobre	Novembre	Total contrat
= EBITDA	– 28 000	15 667	15 667	15 667	15 667	15 667	15 667	–	–	66 000
= EBITDA – delta BFR		– 72 000	– 62 333	15 667	15 667	15 667	15 667	59 667	78 000	66 000
Cumul FCF mensuels		– 72 000	– 134 333	– 118 667	– 103 000	– 87 333	– 71 667	– 12 000	66 000	–

La courbe de cash est établie à partir des FCF cumulés. Que dit-elle ?

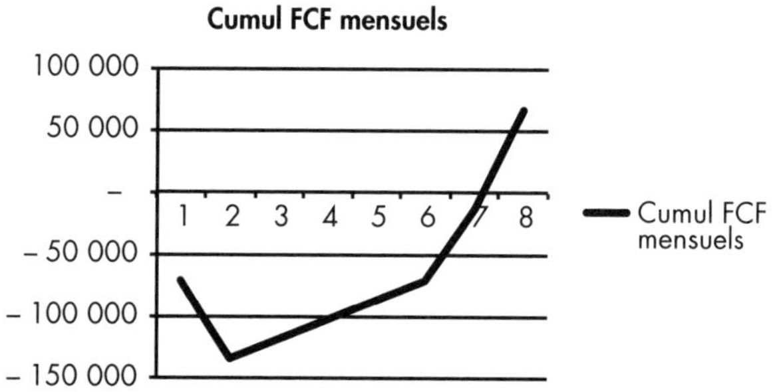

- elle confirme qu'à la fin du contrat, l'entreprise aura bien encaissé la marge, c'est-à-dire 66 000 €. L'EBITDA est bien et a toujours été un agrégat cash ;
- elle montre qu'il existe une distorsion importante entre la génération de la marge (première ligne du tableau ci-dessus) et la génération du cash (deuxième ligne du tableau ci-dessus) ;
- elle avertit le manager que s'il signe ce contrat :

1. Voir plus haut le tableau « compte de résultat résumé ».

– l'entreprise verra le découvert à sa banque gonfler jusqu'à un maximum de 134 333 € (à fin mai),
– que s'il signe plusieurs contrats de ce type, la société risque d'être en cessation de paiement (les contrats sont signés à bonne marge, mais l'accélération de la croissance va « siphonner » à court terme la trésorerie) ;

- elle alerte le commercial sur le fait qu'il faudrait *a minima* tenir compte des frais financiers induits qu'il faudrait intégrer au prix de revient... pour avoir au bout du compte la marge prévue.

Pour aller plus loin

Le cash est roi, le retour

Le point à retenir ici est qu'un contrat rentable, qui génère mensuellement une marge positive, au total de 66 k€, génère un déficit de trésorerie de plus de 130 k€ (le double de « la marge »). Cela prouve, s'il en était encore besoin, que le cash et la rentabilité sont deux notions différentes.

En €	Mars	Avril	Mai	Juin	Juillet	Aout	Septembre	Octobre	Novembre	Total contrat
= EBITDA		15 667	15 667	15 667	15 667	15 667	15 667	–	–	66 000
= EBITDA – delta BFR		– 72 000	– 62 333	15 667	15 667	15 667	15 667	59 667	78 000	66 000
Cumul FCF mensuels		– 72 000	– 134 333	– 118 667	– 103 000	– 87 333	– 71 667	–12 000	66 000	–
Coût financier du découvert		– 300	– 560	– 494	– 429	– 364	– 299	– 50	275	– 2 221

Dans l'exemple ci-dessus, le coût de la dette a été pris à 5 %/an. Le calcul des frais financiers a été fait en appliquant le coût de la dette au découvert moyen mensuel.

Leviers d'amélioration

Comment faire ?

En règle générale, quand on travaille de cette manière et que l'on présente ce résultat à des commerciaux pour la première fois, les réactions sont vives :

- « mais alors, on travaille à perte ! » ;
- « je ne comprends plus rien... » ;
- « mais alors, on arrête de travailler ? ».

L'outil est parfait pour sensibiliser les opérationnels à la distorsion entre rentabilité et cash. C'est un très bon moyen pour intégrer la problématique de bilan « l'air de rien ». Et c'est un excellent outil pour créer du lien entre les financiers et les opérationnels.

Une fois le rideau déchiré, il faut reconstruire et expliquer aux opérationnels (commerciaux, acheteurs...) comment utiliser l'outil, *via* une modélisation simple.

Reprenons notre exemple. Nous allons procéder à tâtons, en modélisant à chaque fois une variation d'hypothèse. Il suffira de considérer les variations d'hypothèse qui sont les plus efficaces pour décaler la courbe de cash, et les opérationnels connaîtront les meilleurs leviers à actionner.

Impact d'un acompte à la commande de 30 % de la valeur du contrat (hors outillage)

Acompte de 30 % à la commande										
En €	**Mars**	**Avril**	**Mai**	**Juin**	**Juillet**	**Août**	**Septembre**	**Octobre**	**Novembre**	**Total contrat**
Encaissements		–	–	78 000	78 000	78 000	78 000	24 000		468 000
Acompte de 30 % à la commande		132 000								
– Outillage décaissé		28 000	–	–	–	–	–			
– MOD décaissée		29 333	29 333	29 333	29 333	29 333	29 333	–	–	176 000
– Matière payée		14 667	29 333	29 333	29 333	29 333	29 333	14 667	–	176 000
– Autres décaissés		–	3 667	3 667	3 667	3 667	3 667	3 667	–	22 000
										–
FCF		60 000	– 62 333	15 667	15 667	15 667	15 667	5 667	–	66 000
Cumul FCF mensuels		60 000	– 2 333	13 333	29 000	44 667	60 333	66 000	66 000	–

Nous avons isolé en les grisant les montants concernés par cette variante :

- en avril, on encaisse l'acompte de 132 000 au lieu de zéro : toute la courbe est donc brutalement et massivement décalée vers le haut ;
- en fin de période, on encaisse moins car on impute l'acompte sur le reste à encaisser.

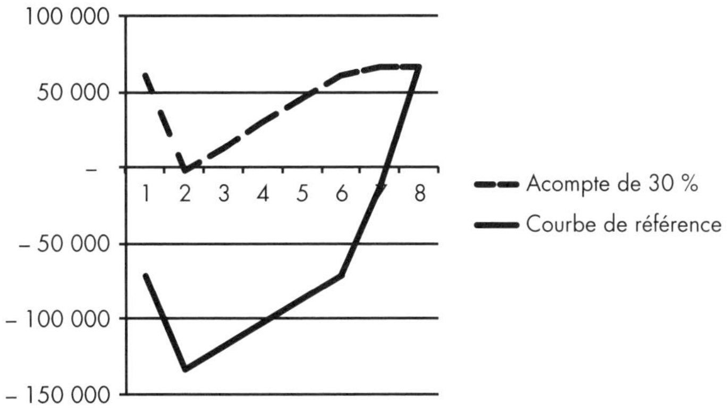

Ce schéma pourrait être la courbe idéale, car l'acceptation par le client d'un acompte de 30 % permet d'être en cash positif pendant toute la durée du contrat, tout en atterrissant en fin de contrat avec une marge/cash de 66 000 €.

Déterminer la courbe idéale revient à faire un calcul à l'envers de l'acompte qu'il faut acquérir pour obtenir cette courbe.

Si le client refuse d'octroyer un acompte ou un acompte si important, il faudra donc trouver d'autres leviers, quitte à les cumuler…

Pour aller plus loin

Les acomptes

Ils sont en général la grande « terreur » des commerciaux. Dans la pratique, s'ils ne sont pas demandés… ils ne sont pas obtenus. Le vrai enjeu est de les justifier. Ici, le stock de sécurité, la nécessité de produire éventuellement plus vite… peuvent être des arguments convaincants.

Autres leviers possibles

Facturation de l'outillage à part en début de contrat

Facturation outillage										
En €	**Mars**	**Avril**	**Mai**	**Juin**	**Juillet**	**Aout**	**Septembre**	**Octobre**	**Novembre**	**Total contrat**
Encaissements		–	–	73 333	73 333	73 333	73 333	73 333	73 333	440 000
Refacturation outillages		28 000								28 000
– Outillage décaissé		28 000	–	–	–	–	–	–	–	

Facturation outillage										
En €	**Mars**	**Avril**	**Mai**	**Juin**	**Juillet**	**Aout**	**Septembre**	**Octobre**	**Novembre**	**Total contrat**
– MOD décaissée		29 333	29 333	29 333	29 333	29 333	29 333	–	–	176 000
– Matière payée		14 667	29 333	29 333	29 333	29 333	29 333	14 667	–	176 000
– Autres décaissés		–	3 667	3 667	3 667	3 667	3 667	3 667	–	22 000
FCF mensuels		– 44 000	– 62 333	11 000	11 000	11 000	11 000	55 000	73 333	66 000
Cumul FCF mensuels		– 44 000	– 106 333	– 95 333	– 84 333	– 73 333	– 62 333	– 7 333	66 000	

Si l'on facture à part les outillages, on peut les facturer dès le départ (c'est bon pour le cash), et on est sûr qu'en cas de réduction des volumes commandés par le client, on ne va pas être en pertes sur le montant des outillages (c'est bon pour les risques…).

Mais on ne facturera ensuite que le montant des ventes hors outillages.

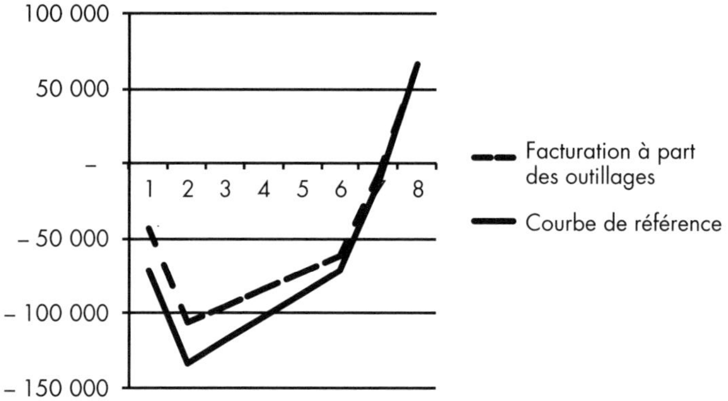

Clairement, ce levier seul ne permet pas de redresser la situation qui reste très cash négative pendant la durée du contrat. Il est en revanche « aisément défendable », et ce d'autant plus que le client est généralement propriétaire de l'outillage.

Cette solution permet :

- de décaler, quoique modestement, la courbe de cash. Mais elle doit être facile à obtenir et ferait un bon complément à un autre levier ;
- de supprimer l'inconvénient de prendre un risque sur la refacturation des outillages : si les volumes contractuels ne sont pas respectés, on va constater une perte équivalente à la partie des outillages qu'on n'aura pas pu refacturer.

D'autres leviers sont envisageables, qui peuvent tout aussi bien être modélisés. Ils seront utilisés lors de la négociation avec le client, en sachant que si l'on obtient un acompte de 30 %, l'objectif est atteint ; sinon, il faudra négocier plusieurs ajustements à effets plus réduits.

CONCLUSION

L'objectif de la méthodologie proposée est de permettre aux financiers et aux opérationnels d'interagir sur les effets cash et marge de chacune des décisions de négociation ou de production.

Elle permet d'identifier de manière visuelle et simple l'impact d'arbitrages de négociations.

Elle entraîne à trouver des arguments pertinents pour faciliter les discussions avec le client.

En l'espèce, on encourage le lecteur à modéliser l'impact d'une hausse des volumes à prix constant pour inciter dans ce cas les commerciaux à demander une hausse de prix (ou à l'inclure dès l'origine en cas de variation du planning de production).

PARTIE 3

DES OUTILS POUR LA STRATÉGIE DE L'ENTREPRISE

Chapitre 7

Acheter ou louer, illustration par l'immobilier

INTRODUCTION

Une des décisions majeures dans une entreprise est souvent de décider d'acheter (réaliser un investissement) ou de louer (ce qui revient à contractualiser à horizon 3-6-9 ans des charges dans le futur). Nous allons montrer les impacts de ce choix sur le bilan et le compte de résultat et en mesurer les enjeux cash et valeur pour l'actionnaire.

Nous allons prendre un exemple dans le cadre d'une activité grande utilisatrice d'immobilier : l'hôtellerie. Nous allons pour ce faire accompagner la réflexion du fondateur de la société SweetBed qui désire créer une chaîne moyenne gamme.

EXEMPLE DANS L'HÔTELLERIE

Les grandes caractéristiques de l'activité hôtelière

L'hôtellerie est traditionnellement considérée comme une activité de forte intensité capitalistique[1]. En effet, le chiffre d'affaires est intimement lié au nombre de chambres, lequel se traduit immanquablement en nombre de mètres carrés à construire ou à acquérir. Le chiffre d'affaires dépend donc du total de bilan de l'entreprise : pour développer l'activité, il faut ouvrir plus d'hôtels et donc mobiliser plus de capitaux.

1. Intensité capitalistique : actif économique/CA : plus l'intensité capitalistique est élevée, plus il faut un montant élevé d'actifs économiques pour générer un euro de CA.

Données du cas

Notre fondateur étant un professionnel, il a en tête les grands ratios du secteur : un hôtel qui a coûté 100 à construire génère en moyenne un chiffre d'affaires de l'ordre de 30 pour des charges directes d'exploitation de 70 % du chiffre d'affaires. L'hôtel a une durée de vie de (et donc s'amortit sur) 40 ans, et il faut l'équiper de mobilier qui représente 15 % du coût de l'immobilier et s'amortit lui sur 10 ans. Les principales données sont résumées dans les tableaux ci-dessous :

Données économiques	
Valeur immobilier (€)	100,0
Chiffre d'affaires (€)	30,5
Charges d'exploitation (€)	21,4
Loyer en % du CA	18 %
Valeur du mobilier (€)	15,0
Données comptables	
Durée amort. immobilier (an)	40,0
Durée amort. mobilier (an)	10,0
Impôt sur les sociétés	33 %

Données financières	
Financement de l'immobilier	
Quotité de financement	50 %
Taux de financement	4,0 %
Durée du financement (an)	15
Financement du mobilier	
Durée amortissement (an)	10
Quotité de financement	50 %
Taux de financement	4,0 %
Durée du financement (an)	7

Notre fondateur entreprend maintenant de chercher à financer son projet et il se rend vite compte qu'il existe des alternatives majeures, à savoir : sa société doit-elle être propriétaire de l'immobilier ou doit-elle rechercher des investisseurs qui lui loueront les murs des hôtels ?

Il commence ainsi à raisonner : que SweetBed soit propriétaire ou locataire, le chiffre d'affaires et les charges d'exploitation seront identiques. Si la société est locataire, elle devra verser des loyers de 18 % du CA ; si elle est propriétaire, elle constatera des dotations aux amortissements et supportera des frais financiers. En comparant les deux approches, les comptes de résultat d'une telle activité devraient au bout du compte être relativement différents. Après s'être isolé quelques heures, il produit les tableaux proposés ci-après, qui traduisent des angles d'analyse différents :

Conséquences sur la rentabilité du choix

En définitive, les comptes de résultat ont été assez aisés à construire :

- la dotation aux amortissements, c'est le prix du bien divisé par sa durée de vie – 2,5 pour l'immeuble (100/40) et 1,5 pour le mobilier (15/10) – soit un total de 4 qui serait ramené à 1,5 si SweetBed était locataire des murs (il faut bien acheter le mobilier !) ;
- l'investissement est de 115 dans le cas de « propriétaire » (immobilier plus mobilier) et de 15 (le seul mobilier) dans le cas de « locataire ». Avec une hypothèse de financement à 50 % en dette, on trouve assez facilement les frais financiers.

Pour aller plus loin

L'effet IS

L'écart entre le loyer et les dotations aux amortissements + frais financiers est de 1 (5,5 *versus* 2 + 2,5). Toutefois, toutes les charges étant déductibles, cet écart n'est plus que de 0,67 après impôt.

L'effet cash

Le loyer représente une sortie de cash lissée sur la durée de vie du bien, tandis que, dans l'hypothèse propriétaire, l'investissement est une sortie de cash massive, en une fois et dès le départ, qu'il faut financer.

Ceci étant dit, même si les deux comptes de résultat sont clairs, comment choisir une solution ?

Compte de résultat comparé	Propriétaire	Locataire	Écart
	1 hôtel	1 hôtel	
Année	1	1	
Chiffre d'affaires	30,52	30,52	
– Charges d'exploitation	21,36	21,36	
= Résultat avant loyer (EBITDAR)	**9,16**	**9,16**	**-**
– Loyers (18 % du CA)	–	5,49	5,49
= EBE (EBITDA)	**9,16**	**3,66**	**– 5,49**
– Dotation aux amortissements	4,00	1,50	– 2,50
= RE (EBIT)	**5,16**	**2,16**	**– 2,99**
– Frais financiers	2,30	0,30	– 2,00
= RCAI	2,86	1,86	– 0,99
– IS	0,94	0,61	– 0,33
= Résultat net	**1,91**	**1,25**	**– 0,67**

Tout d'abord, on constate qu'être propriétaire ou locataire revient à échanger 2,5 de supplément de dotations aux amortissements plus 2 de supplément de frais financiers contre 5,5 de loyer. L'excédent brut d'exploitation est très supérieur dans l'hypothèse propriétaire et la différence décroît au fur et à mesure que l'on « descend » dans le compte de résultat pour se réduire à 0,67 au niveau du résultat net.

Rappelons à ce propos l'intérêt de la notion d'EBITDAR (revoir le chapitre 1 sur les soldes intermédiaires de gestion), qui ne change pas quelle que soit la façon de détenir les actifs.

Il semblerait en tout cas que la société SweetBed soit toujours plus rentable si elle est propriétaire que si elle est locataire.

En résumé

Conclusion n° 1

Le résultat net « propriétaire » est supérieur au résultat net « locataire ».

L'EBITDAR est neutre.

Notre fondateur se dit qu'il faut approfondir le raisonnement : en effet, il va falloir lever des fonds pour financer ses projets : avec 50 % de financement par de la dette, cela suppose un montant non négligeable de fonds propres.

Avant d'aborder une discussion avec un investisseur potentiel, il faut donc se préparer à une discussion sur les besoins de fonds propres et sur la valeur.

Notre fondateur entreprend alors de projeter les bilans de SweetBed dans les deux hypothèses. Il retient une hypothèse de BFR/CA de 5 % (donc 5 % de 30,5 M€).

Pour la situation de propriétaire, il arrive aux bilans suivants à la création de la société et après un an :

Bilan ouverture propriétaire			
Actif		**Passif**	
Immobilisations brutes	115,0	Fonds propres	57,5
– Amortissements	–	Résultats	
= Immobilisations nettes	115,0	Dettes financières	57,5
BFR	–		
Trésorerie			
Total Actif	**115,0**	**Total Passif**	**115,0**
	Dettes financières nettes		57,5
Bilan fin année 1 propriétaire			
Actif		**Passif**	
Immobilisations brutes	115,0	Fonds propres	57,5
– Amortissements	4,0	Résultats	1,9
= Immobilisations nettes	111,0	Dettes financières	54,1
BFR	1,5		
Trésorerie	0,9		
Total Actif	**113,5**	**Total Passif**	**113,5**
	Dettes financières nettes		53,1
[(Trésorerie soit : RN (1,9) + dotations amortissements (4) – remboursement emprunt (3,4)]			

La première réaction de notre fondateur est de se dire que, pour un montant de fonds propres important (57,5 M€), le résultat net n'est pas si important que cela (1,9 M€). Cette réaction devrait rappeler à nos lecteurs la notion de ROE[1].

1. ROE (rentabilité financière ou *return on equity*). Ici : 1,9/(57,5 + 1,9) = 3,3 %, ce qui est très médiocre…

Pour en avoir le cœur net, il réalise les mêmes projections sur la situation de locataire.

Bilan ouverture locataire			
Actif		**Passif**	
Immobilisations brutes	15,0	Fonds propres	7,5
Amortissements	–	Résultats	
Immobilisations nettes	15,0	Dettes financières	7,5
BFR	–		
Trésorerie			
Total Actif	**15,0**	**Total Passif**	**15,0**
		Dettes financières nettes	7,5
Bilan fin année 1 locataire			
Actif		**Passif**	
Immobilisations brutes	15,0	Fonds propres	7,5
Amortissements	1,5	Résultats	1,2
Immobilisations nettes	13,5	Dettes financières	6,6
BFR	1,5		
Trésorerie	0,3		
Total Actif	**15,3**	**Total Passif**	**15,3**
		Dettes financières nettes	6,3

Ici, les fonds propres mobilisés sont beaucoup moins importants et le résultat net est certes plus faible (1,2), mais comparé aux fonds propres, il devient beaucoup plus sympathique. Le ROE passe ainsi de 3,2 % à 14,3 % !

En résumé

Conclusion n° 2

Le ROE de propriétaire est sensiblement inférieur au ROE locataire.

	Propriétaire	**Locataire**
Fonds propres	57,5	7,5
ROE (RN/(*equity* + RN))	3,2 %	14,3 %

Conséquences sur la valeur du choix

Pour aller plus loin

Rappel sur la valeur

La valeur d'une entreprise est fonction de ce qu'elle rapporte. Il ne faut pas confondre la valeur d'entreprise (VE) – ce que vaut l'activité – avec la valeur des titres (VT) – ce que valent les titres pour l'actionnaire.

VT = VE – dettes financières nettes.

Une des méthodes d'approche de la valeur d'entreprise est celle des multiples :

$$VE = multiple \times EBE \text{ (ou RE)}.$$

Le multiple est approché en observant la valeur de sociétés comparables (de même activité) cotées.

Notre créateur se rappelle aussi que la valeur se mesure en fonction d'un multiple d'un solde intermédiaire de gestion. Un rapide coup d'œil sur les sociétés cotées du secteur hôtellerie lui fait constater que le multiple de valorisation moyen est d'environ 9,5 fois l'EBE et 14 fois le RE. Appliquant ces données aux deux situations, il obtient :

	Propriétaire	**Locataire**
Valeur entreprise (EBE)	87,0	34,8
– Dette financière nette	53,1	6,3
= Valeur des titres	33,9	28,5
	Propriétaire	**Locataire**
Valeur entreprise (RE)	72,2	30,3
– Dette financière nette	53,1	6,3
= Valeur des titres	19,1	24,0

Pour une activité *a priori* identique, la SweetBed semble, d'un point de vue financier, significativement différente : la valeur d'entreprise est très supérieure dans le modèle du propriétaire, mais l'écart s'amoindrit fortement lorsque l'on compare la valeur des titres.

Pour couronner le tout, notre fondateur constate que la valeur du modèle propriétaire est supérieure en valorisation par l'EBE et inférieure en valorisation par le RE. Il est alors complètement dépité : tous ses calculs semblent donner des résultats contradictoires et ne l'aider ni à décider ni à se préparer à une discussion avec des investisseurs potentiels. Enfin, il se demande où et comment est pris en compte le fait qu'un loyer… c'est éternel, alors que si

SweetBed est propriétaire des murs de ses hôtels, au bout de 15 ans, il n'y a plus de cash à sortir, les crédits ayant été amortis.

Le point de vue de l'actionnaire

Le fondateur de SweetBed décide alors de se mettre à la place de l'actionnaire. Dans le cas propriétaire, il faut apporter 57,5 et dans le cas locataire 7,5 seulement. *A priori*, pour ouvrir un seul hôtel, tout investisseur sensé devrait préférer se contenter d'un investissement de 7,5 plutôt que d'un investissement de 57,5 ! Acquérir l'immobilier revient de fait à réaliser un investissement non strictement obligatoire mais très significatif. Dit autrement, cela revient à dire que l'investisseur consacre ses fonds à acquérir des murs d'hôtel et marginalement à créer un hôtel !

Finalement, si des investisseurs sont prêts à investir 50 dans le projet, pourquoi ne pas regarder ce que donnerait un projet plus ambitieux de cinq hôtels avec une hypothèse de location de tous les murs ?

Ouverture de cinq hôtels

Le compte de résultat et les éléments de *cash flow* sont présentés ci-dessous :

Compte de résultat comparé	**Propriétaire**	**Locataire**	**Écart**	**Locataire**
	1 hôtel	1 hôtel		5 hôtels
Année	1	1		
Chiffre d'affaires	30,52	30,52		152,59
– Charges d'exploitation	21,36	21,36		106,81
= Résultat avant loyer (EBITDAR)	**9,16**	**9,16**		**45,78**
– Loyers (18 % du CA)	–	5,49		27,47
= EBE (EBITDA)	**9,16**	**3,66**		**18,31**
– Dotation aux amortissements	4,00	1,50		7,50
= RE (EBIT)	5,16	2,16		10,81
– Frais financiers	2,30	0,30		1,50
= RCAI	2,86	1,86		9,31
– IS	0,94	0,61		3,07
= Résultat net	**1,91**	**1,25**		**6,24**
CAF	5,91	2,75		13,74
– Variations de BFR	1,53	1,53		7,63
= FCF (*free cash flow*)	**4,39**	**1,22**		**6,11**

Cette fois, il faut financer en fonds propres cinq fois la moitié du mobilier, soit 5 × 7,5 = 37,5.

Le bilan en fin d'année 1 serait alors :

Bilan fin année 1 locataire 5 hôtels			
Actif		**Passif**	
Immobilisations brutes	75,0	Fonds propres	37,5
– Amortissements cumulés	7,5	Résultats cumulés	6,2
= Immobilisations nettes	67,5	Dettes financières	32,8
BFR	7,6		
Trésorerie	1,4		
Total Actif	**76,5**	**Total Passif**	**76,5**
		Dettes financières nettes	31,4

En termes de valeur, toujours avec les hypothèses de valorisation de 9,5 fois l'EBE ou 14 fois l'EBIT, on obtiendrait les valeurs de titres suivantes :

	Locataire
Valeur entreprise (×EBE)	174,0
– Dettes financières nettes	31,4
= Valeur des titres	142,6
	Locataire
Valeur entreprise (×EBIT)	151,4
– Dettes financières nettes	31,4
= Valeur des titres	120,0

Il apparaît clairement que la création de valeur est ici importante (les 37,5 investis deviennent entre 120 et 142), et largement supérieure au cas d'origine d'un investissement dans un seul hôtel dont on porterait les murs (valeur des titres de 19 à 34, soit moins que le montant investi en fonds propres).

Quelques conclusions à ce stade

Acheter ou louer est une décision financière et stratégique qui nécessite de répondre aux questions suivantes :

- y a-t-il un avantage opérationnel à être propriétaire plutôt que locataire ?

- y a-t-il un risque à ne pas être propriétaire de l'immobilier ?
- y a-t-il des investisseurs immobilier pour les biens que l'on se propose d'acquérir ? (s'il n'en existe pas, il n'y a pas le choix : il faut nécessairement acquérir) ;
- a-t-on les moyens de financer l'acquisition de l'immobilier ?
- doit-on arbitrer les investissements ? (si SweetBed ne peut investir dans tous ses projets... lesquels choisir ?) ;
- quel est mon horizon d'investissement en tant qu'actionnaire ?

Les impacts cash et risques

- Être locataire ne nécessite pas de mise de fonds. Il y a donc fondamentalement moins de besoins de cash pour financer le développement.
- Être propriétaire suppose de disposer de fonds plus importants mais génère un *cash flow* plus substantiel (les loyers sont du cash qui « sort », pas les amortissements).
- Avec le temps qui avance, la valeur de l'immobilier dans le bilan augmente (du fait du désendettement). À terme, être propriétaire ne génère plus de sorties de cash.
- Si le bien devient inutile, il peut être plus difficile de céder le bien que d'interrompre un bail (fonction des conditions du bail, naturellement).

Le temps fait-il quelque chose à l'affaire ?

Si l'on compare la situation propriétaire et locataire de l'immobilier sur la seule première année, on n'a pas nécessairement toute l'histoire : tout un chacun pressent bien qu'un propriétaire immobilier s'enrichit avec le temps du fait du désendettement. Notre fondateur décide donc de comparer les deux modèles à cinq et neuf ans.

	Propriétaire			**Locataire**		
Compte de résultat comparé	1 hôtel			1 hôtel		
Années	1	5	9	1	5	9
Chiffre d'affaires – Charges d'exploitation	30,5 21,4	30,5 21,4	30,5 21,4	30,5 21,4	30,5 21,4	30,5 21,4
= Résultat avant loyer	**9,2**	**9,2**	**9,2**	**9,2**	**9,2**	**9,2**
– Loyers	–	–	–	5,5	5,5	5,5
= EBE (EBITDA)	**9,2**	**9,2**	**9,2**	**3,7**	**3,7**	**3,7**

	Propriétaire			Locataire		
– Dotations Amortissements	4,0	4,0	4,0	1,5	1,5	1,5
= ENE (EBIT)	**5,2**	**5,2**	**5,2**	**2,2**	**2,2**	**2,2**
– Frais financiers	2,3	1,7	1,0	0,3	0,1	–
= RCAI	**2,9**	**3,4**	**4,1**	**1,9**	**2,0**	**2,2**
– IS	0,9	1,1	1,4	0,6	0,7	0,7
= Résultat net	**1,9**	**2,3**	**2,8**	**1,2**	**1,4**	**1,4**
CAF	5,9	6,3	6,8	2,7	2,9	2,9

Finalement, au niveau du compte de résultat, il n'y a pas d'évolution majeure : le seul impact est celui de la diminution des frais financiers du fait du désendettement.

De façon prévisible, la capacité d'autofinancement est bien plus élevée dans le modèle « propriétaire », mais cet écart sert en fait à générer du *cash flow* pour désendetter SweetBed.

Notre fondateur s'intéresse maintenant à comparer les bilans.

Bilans comparés	**Propriétaire**			**Locataire**		
Année	**1**	**5**	**9**	**1**	**5**	**9**
Actif						
Immobilisations	111,0	95,0	79,0	13,50	7,50	1,50
BFR	1,5	1,5	1,5	1,5	1,5	1,5
Trésorerie	0,9	10,3	18,9	0,27	7,33	6,68
Total Actif	**113,5**	**106,9**	**99,4**	**15,3**	**16,4**	**19,7**
Passif						
Fonds propres	59,4	68,0	78,4	8,75	14,00	19,70
Dettes	54,1	38,8	21,0	6,55	2,36	–
Total Passif	**113,5**	**106,9**	**99,4**	**15,3**	**16,4**	**19,7**

Le modèle propriétaire impose un bilan beaucoup plus lourd, ce qui reflète le *business model* plus capitalistique d'une société qui est propriétaire des murs de ses hôtels par rapport à une société qui est locataire. On constate toutefois une autre différence majeure : dès l'année 5, la société dans un mode d'exploitation locataire est en dettes financières nettes négatives (il y a donc plus de trésorerie que de dettes). Ceci vient confirmer que le financement de l'immobilier prélève des montants importants sur les *cash flows*.

Toujours à sa préoccupation de discuter avec des investisseurs financiers, notre fondateur décide de pousser l'exercice jusqu'au calcul de la valeur des titres de la société dans les deux *business models*.

	Propriétaire			Locataire		
Année	**1**	**5**	**9**	**1**	**5**	**9**
Valeur d'entreprise	87,0	87,0	87,0	34,8	34,8	34,8
– Dettes financières nettes	53,1	28,5	2,2	6,3	– 5,0	– 16,7
= Valeur des titres SweetBed	**33,9**	**58,5**	**84,8**	**28,5**	**39,8**	**51,5**

En se remémorant l'investissement en fonds propres qui a été nécessaire (c'est-à-dire 57,5 dans le cas où SweetBed est propriétaire et seulement 7,5 dans le cas où SweetBed est locataire), il constate que la création de valeur est beaucoup plus forte dans cette deuxième hypothèse : l'investissement de 7,5 vaut 40 en année 5 alors que pour le modèle propriétaire, les 57,5 sont juste retrouvés à cette même date. Si l'on aborde le sujet en termes de retour sur investissement, la société vaut sept fois les fonds propres investis au bout de 9 ans dans le modèle locataire et moins de deux fois dans le modèle propriétaire.

Synthèse de notre cas

Être locataire, c'est privilégier la vitesse de développement : il vaut mieux consacrer les fonds disponibles à augmenter l'EBE (EBITDA) qu'à se constituer un patrimoine en bridant le développement.

La propriété est un investissement à très long terme.

LE PRINCIPE DE L'EXTERNALISATION DES MURS

Quelques chiffres

« Depuis le début des années 2000, la part des externalisations réalisées par les entreprises en Europe représente, bon an mal an, 10 à 15 % du volume annuel du marché des investissements immobiliers », comptabilise Guillaume Savard, directeur au sein du département Corporate Solutions – Consulting & Transaction Management de Jones Lang LaSalle. « Une proportion qui n'évolue pas. »

Les opérations d'externalisation sont généralement réalisées par de grands *corporates*. Ces opérations sont rares en occurrence, mais de montants unitaires importants.

Quelques exemples

Dans la distribution et les services, l'externalisation des actifs est une réalité : Accor, Club Med, Quick, Jardiland… l'ont mise en œuvre pour se recentrer sur leur cœur de métier : l'exploitation d'actif et non leur gestion immobilière.

La Poste, avec l'externalisation de six de ses platesformes industrielles colis et courriers *via* sa filiale Poste Immo, et dans une plus grande mesure Casino – et ce, depuis 2007 – ont recouru à l'OPCI (Organisme de placement collectif en immobilier – véhicule non coté) pour mener à bien leurs opérations d'externalisation. D'autres choisissent le statut SIIC (Société d'investissement immobilier cotée). Dans l'un et l'autre cas, les entreprises cédantes bénéficient de l'avantage d'une imposition des plus-values à un taux favorable.

Ce qui permet d'opter pour l'un ou l'autre des véhicules, c'est l'existence de liquidités sur les marchés au moment où l'on envisage l'opération. Dans le cas contraire, il sera plus aisé de lever des fonds *via* des OPCI qu'en Bourse.

En résumé, ce chapitre, dédié à la problématique de l'externalisation des murs, décortique le raisonnement qui permet de comparer les deux options : propriétaire ou locataire. Le choix ne se fait pas sur un critère unique, mais sur plusieurs. Et il est très fortement influencé par l'horizon d'investissement.

L'analyse des tiers

Une analyse rapide montre que les sociétés utilisatrices intensives d'immobilier, comme Accor, ont en 2011 un ratio de dettes financières sur fonds propres de 10 % (donc très peu de dettes) et de dette/EBITDA de 0,4. Ces ratios sont inférieurs à ceux du CAC 40 (hors valeurs financières) qui sont respectivement de 0,4 et 1,31.

Les agences de notation retraitent une partie des loyers en « équivalent dette » en actualisant les loyers à 8 % (S&P en 2011), soit un supplément de dette de 3,7 milliards d'euros, pour un EBITDA retraité de un milliard environ.

Le ratio d'EBITDA/dette nette retraitée serait alors de plus de 5.

Ces constatations sommaires prouvent si besoin est qu'être locataire permet de se développer plus vite : jamais Accor n'aurait pu acquérir et financer sur son bilan la totalité des hôtels qu'il exploite en étant locataire.

Chapitre 8

Cash, montages financiers et LBO

Ce que va nous montrer ce chapitre :

- **qu'en matière de montages financiers, le FCF est roi ;**
- **qu'il s'agit « d'une bonne habitude » et que toute entreprise est d'une manière ou d'une autre, à un moment ou à un autre de son histoire, soumise à une « exigence de gestion du cash » ;**
- **qu'une bonne compréhension de ce que sont les *free cash flows* permet aux managers de mieux anticiper et de réagir plus vite en cas de difficultés de l'entreprise.**

INTRODUCTION

En quoi tout cela concerne-t-il les managers opérationnels ? C'est de la finance !

Les responsables des ventes ou les dirigeants de filiales de distribution sont naturellement concentrés sur le commercial (et les marges), les responsables industriels sur la qualité et les délais de production, les acheteurs sur les conditions d'achat… Cependant, toutes les décisions prises par ces managers ont un impact « marge » (et donc rentabilité) et « cash » (et donc sur le montant de fonds dont l'entreprise a besoin pour se développer). Le directeur financier et le président ont, entre autres, pour tâche majeure de fournir aux opérationnels le « carburant de l'entreprise » qu'est le cash, de convaincre les apporteurs de fonds que les risques sont limités pour les partenaires banquiers et qu'il y aura une création de valeur satisfaisante pour les actionnaires.

Si les managers opérationnels sont économes en cash, il est possible de réaliser plus de projets de développement, ce qui est bénéfique pour toutes les parties.

Par simplification, nous allons nous intéresser aux opérations dites de LBO (capital transmission). Il n'y a pas que dans ce cas que le raisonnement cash va primer : cela concerne à tout le moins toutes les sociétés qui ont à accueillir un partenaire financier au capital (opérations dites de capital développement) et très largement celles qui sont cotées en Bourse (et leurs filiales). Les sociétés familiales privées sont aussi concernées si elles ne souhaitent pas ouvrir leur capital (ce qui les prive d'une ressource complémentaire en fonds propres) ; cela impose d'être économe en cash.

Pour aller plus loin

Capital transmission **versus** ***capital développement***

Le capital développement consiste pour une entreprise à ouvrir, à l'initiative de son dirigeant-actionnaire, son capital à un partenaire financier pour augmenter les fonds propres de l'entreprise de manière à en accélérer le développement.

Le capital transmission, c'est un repreneur qui s'associe à un partenaire financier pour acquérir une entreprise que ses actionnaires désirent céder.

Le choix de la solution ne s'effectue pas par le partenaire financier et n'est pas fonction des capacités de développement de la cible. La seule question qui tranche est : l'actionnaire veut-il continuer ou préfère-t-il céder ?

Qui est concerné en priorité ?

Les opérations de LBO se sont véritablement vulgarisées ces dix dernières années. Elles concernent directement les hommes clés de l'entreprise.

Les fonctions que l'on retrouve régulièrement associées au capital des entreprises dans le cadre d'un LBO, en sus de la direction générale, sont les suivantes :

- directeur financier et directeur des ressources humaines sont les deux fonctions systématiquement représentées ;
- secrétaire général ;
- responsable de la production (technique…) ;
- directeur juridique ;
- responsables de sites, de BU, de branche, de marque, de pays… ;
- responsables de la R&D ;

- responsables marketing, commercial… ;
- président de filiale.

C'est pourquoi la compréhension des montages devient aujourd'hui indispensable quand on aspire à devenir ou que l'on est déjà manager de niveau N ou N – 1.

Selon les cas d'espèce, on trouvera d'autres fonctions. Le nombre des salariés participant à l'opération peut aller de deux ou trois (dans les PME) à plusieurs centaines. Certaines entreprises associent la totalité de leur effectif par l'intermédiaire de plans d'épargne entreprises.

En résumé

Tout manager assumant l'une des fonctions évoquées ci-dessus doit donc connaître les grands mécanismes sous-tendant un LBO.

Les intervenants du LBO et leur jargon

Nous nous sommes efforcés jusque-là de préciser les vocabulaires divers et variés associés à des concepts tout aussi variés. En ce qui concerne les LBO, il faut savoir que la pratique est au jargonnage[1]/concepts anglo-saxons, que nous rapporterons fidèlement dans les lignes qui suivent.

Notre propos sur le « jargonnage » concerne toutes les parties prenantes à ces opérations, incluant les avocats d'affaires, les banquiers, et bien évidemment les fonds d'investissement.

Ne comptez donc pas sur une bonne âme pour vous expliquer chacune des notions, chacun considérera autour de la table qu'un manager digne de ce nom doit pouvoir suivre une conversion sans avoir besoin d'une traduction.

Il faut comprendre que souvent, certains interlocuteurs seront ravis de réaliser que les membres de l'équipe dirigeante ne comprennent pas toutes les finesses ; cela leur permet d'obtenir ce qu'ils souhaitent sans avoir à éclairer les managers sur les éventuelles subtilités et inconvénients (pour eux…) de telle ou telle option de montage.

Pour qu'un manager comprenne vraiment les enjeux d'une opération qu'un fonds lui propose, il doit déjà maîtriser les vocabulaires et concepts de base.

1. À leur décharge, ce ne sont pas les seuls ; il suffit de voir le vocabulaire des informaticiens et des responsables télécoms pour se rendre compte que chacun « a sa langue ».

Qu'est-ce qu'une opération de LBO ?

« LBO » est une appellation générique désignant un processus financier et transactionnel complexe :

- L pour *leveraged* (levier, ratio : endettement financier net/fonds propres) ;
- BO pour *buy out* (acquisition, existence d'un vendeur et d'un acheteur) ;

Le management est déjà en place dans un LBO. Dans un LBI, le dirigeant a été recruté à l'extérieur.

Selon le type de transaction, le vocable se transforme en LMBO, BIMBO, LBI, MBI… (les financiers s'avèrent très créatifs).

Une opération de LBO consiste en une opération de cession/acquisition couplée à une opération de financement. La cible peut être non cotée ou cotée.

C'est finalement quelque chose de courant : chacun aura probablement l'occasion dans sa vie de faire « un montage LBO », ne serait-ce que pour acheter un logement (une opération d'acquisition couplée avec une opération de financement dans laquelle il y a des fonds propres – l'apport personnel – et un crédit : c'est un LBO !).

Un LBO est une opération d'acquisition

C'est une transaction, avec un vrai vendeur et un vrai acheteur, c'est-à-dire que l'on a une véritable négociation sur la valeur et sur le prix de la société.

En règle générale, c'est l'actionnaire de la cible (société qui va faire l'objet d'un LBO) qui est à l'origine de l'opération, en donnant un mandat de vente à un intermédiaire. Auquel cas, celui-ci proposera la société à plusieurs acquéreurs industriels potentiels, mais également (dépendant des caractéristiques de la cible) à des acquéreurs financiers (ou fonds d'investissement, fonds… : autant de vocabulaire pour désigner les mêmes structures !).

Dans certains cas, ce sont les hommes clés qui prennent l'initiative de l'opération parce qu'ils sont en désaccord avec leur actionnaire sur la stratégie, les moyens à mettre en œuvre, ou bien encore s'ils constatent des signes indiquant une prochaine mise en vente de la société qu'ils dirigent. La démarche est délicate (comment aborder l'actionnaire ? N'est-on pas en conflit d'intérêts ?) mais elle génère les plus beaux dossiers.

Un LBO est également une opération de financement

Gérer un risque global

Le principe même d'un LBO consiste pour l'acquéreur à négocier une cible en utilisant au maximum « l'effet de levier raisonnable ». Les fonds ont tendance à considérer que la ressource que constituent les « fonds propres » étant la plus onéreuse, il convient de l'économiser autant que faire se peut.

Dans les faits, le niveau maximum est souvent défini par « la pratique de place », qui évolue parfois rapidement en fonction de l'aversion plus ou moins marquée pour le risque financier à une période donnée. Monter un LBO revient donc à utiliser l'effet de levier[1] évoqué au chapitre 2.

Le poids des financements bancaires dans le financement d'acquisition étant significatif, les banquiers vont :

- imposer des clauses très sévères aux emprunteurs (par « sévère », on entend : limitant la marge de manœuvre des dirigeants pour faire « le plan, rien que le plan et tout le plan ») ;
- s'assurer de la capacité de la cible à générer annuellement du cash.

La dette d'acquisition doit se rembourser avec le cash généré annuellement par la cible.

En résumé

Risque opérationnel + risque financier = risque global.

Pour aller plus loin

Risque financier* versus *risque opérationnel

Le risque opérationnel est celui qui est généré par le secteur d'activité de l'entreprise. Il est très fortement lié à la cyclicité de l'activité et au niveau des frais fixes. L'immobilier, la pétrochimie… sont beaucoup plus cycliques que l'agroalimentaire (on peut ne pas changer de voiture mais on doit manger !).

Le risque financier est celui qui est généré par la structure de financement choisie : plus l'entreprise est endettée, plus le risque financier est élevé (rembourser la dette est une obligation mais pas verser des dividendes). Ces deux risques se superposent. On aura donc tendance à « moins endetter » une entreprise qui opère sur un secteur cyclique.

1. Effet de levier : plus l'entreprise s'endette, plus la performance de son actionnaire s'améliore, à condition que ROCE > Rd (voir chapitre 2).

Clauses sévères imposées à l'emprunteur

De manière tout à fait habituelle en contexte LBO, les *term sheets*[1] bancaires prévoient les clauses suivantes :

- nantissement des titres de la cible ;
- interdiction d'accroître l'endettement bancaire ;
- interdiction de céder des actifs ;
- interdiction aux actionnaires du *holding* de reprise de percevoir des dividendes ;
- interdiction d'investir au-delà des montants annuels prévus dans le BP agréé ;
- respects des covenants (voir chapitre 2) ;
- clause d'*excess cash flow*.

Pour être plus précis, chacune de ces clauses annonce une interdiction formelle de faire *sauf autorisation préalable*. Dans ces contextes, le banquier d'acquisition détient un pouvoir extrêmement fort (mais qui ne le met naturellement pas à l'abri pour autant, cela lui permet juste d'anticiper et de négocier des contreparties lorsque les choses ne se passent pas comme prévues).

Pour aller plus loin

Clause d'*excess cash flow*

La clause d'*excess cash flow*, encore appelée « clause de *cash sweep* », apparaît comme l'une des clauses les plus représentatives de la logique bancaire, contrepartie d'une prise de risque « plus élevée ». Elle énonce que si le *cash flow* est supérieur à ce qui était prévu au plan, la différence sert à rembourser par anticipation les crédits bancaires.

1. *Term sheet* bancaire : résumé du contrat de prêt en lui-même, avec l'ensemble des clauses imposées en standard par le banquier. Il se négocie mais les grands principes restent stables.

Un LBO nécessite une structuration juridique

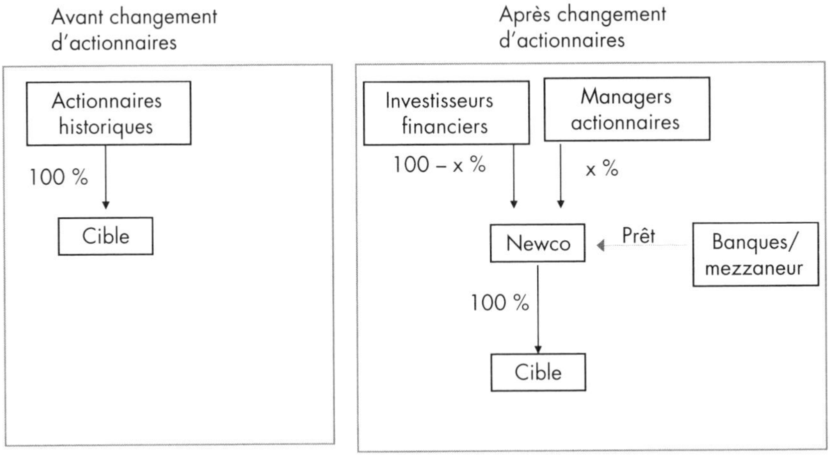

La mise en œuvre d'une opération de LBO requiert les étapes suivantes :

- création d'une société *holding* (Newco) pour l'occasion, détenue principalement par un/deux financiers, et marginalement par l'équipe dirigeante ;
- cette « Newco » rachète les titres de la société cible et se finance pour partie en fonds propres, pour partie en dettes financières. La dette d'acquisition est donc logée dans le *holding* de reprise ;
- pour assurer le service de la dette[1], il faudra que la cible verse des dividendes adéquats au *holding* ;
- les investisseurs financiers n'ayant pas vocation à gérer une entreprise, s'associent à l'équipe de direction de la cible, sur la base d'un business plan agréé[2] par les deux parties et par les banques, le BP « contractuel » ;
- les actionnaires de la société *holding* sont liés par un pacte d'actionnaires qui organise notamment les conditions de la « sortie » (notions de *good* et *bad leavers*[3]).

Un montage LBO s'insère donc dès le *closing* dans un environnement extrêmement contractualisé où la bonne compréhension de la génération et de la circulation du cash sont indispensables.

---

1. Pour rappel : service de la dette = remboursement du principal + frais financiers = annuité.
2. Business plan : compte de résultat + bilan + tableau de financement, consolidés et à trois, voire cinq ans.
3. Départ en bons termes ou en mauvais termes, ou encore départ non fautif et fautif (traductions approximatives).

Pour aller plus loin

Good leaver *et* bad leaver

Les managers sont associés au fonds et vont bénéficier d'un levier financier supplémentaire (contrepartie d'un risque économique en général plus élevé) qui leur permettra de bénéficier d'un surcroît de plus-value si l'opération se passe bien. Les *good* et *bad leavers* règlent les modalités de départ d'un manager en cours d'opération car un manager peut tourjours quitter la société ; il faut alors traiter du devenir de ses actions.

Le *good leaver*, c'est le départ involontaire (et par exemple, le décès[1]). Le *bad leaver* type, c'est la démission ou la faute grave.

Enfin et surtout, un LBO est une opération dans laquelle s'implique une équipe de direction

Pour mener à bien son projet d'acquisition, le fonds d'investissement étudie de manière approfondie le positionnement concurrentiel de la cible, son business plan prévisionnel mais également, et surtout, il prend du temps pour évaluer la qualité de l'équipe dirigeante. En effet, c'est l'équipe opérationnelle qui donne du corps et de la fiabilité au business plan[2].

S'il est convaincu que le projet est de très bonne qualité, il exigera de l'équipe dirigeante de participer à ses côtés à l'opération, ce qui implique :

- que chaque personne physique devra investir, et donc se mettre en risque financier, aux côtés de l'investisseur. C'est ce que l'on appelle « l'alignement des intérêts » entre le financier et l'équipe, qui est l'une des principales raisons du succès de ce type d'opérations : si le projet est bon, tout le monde y gagne. Si le projet est très bon, les managers gagnent en proportion plus que le fonds d'investissement. Le contrat (appelé *management package*[3]) entre le fonds et l'équipe est ainsi structuré. Plus la performance est élevée, plus les dirigeants gagnent en proportion du gain global. Le montage est construit pour être extrêmement incitatif pour les managers. Inversement, si le projet est décevant, le risque est partagé par le fonds et l'équipe... ;

1. Pas si « *good* » que cela !
2. Un investisseur financier n'aura pas le même regard sur une équipe qui a toujours tenu ses budgets et sait prévoir son résultat deux mois avant la fin de l'exercice, et sur une équipe qui est toujours en décalage de 5 à 15 % par rapport à ses propres budgets et attend les comptes pour connaître le résultat de l'exercice (cas extrême, naturellement).
3. Le *management package* est la partie du pacte d'actionnaires qui concerne les sorties individuelles des managers pendant l'opération.

- les financiers considèrent à juste titre que les hommes clés sont les managers qui jouent un rôle moteur dans l'entreprise. Ce sont les opérationnels qui vont permettre à l'entreprise de sécuriser son risque et de concrétiser sa plus-value (le financier apporte les fonds pour faire, mais ne fait pas). Le management et son implication constituent d'une certaine manière son assurance. C'est la raison pour laquelle certains financiers ne permettent pas qu'un homme clé ne participe pas à l'opération (cela génère par ailleurs une perte de cohésion entre les membres de l'équipe, ce qui n'est pas idéal dans un contexte de fortes pressions futures).

Pour aller plus loin

Alignement des intérêts

Outre l'alignement financier, la première motivation des managers actionnaires dans le cadre d'une opération de LBO est de pouvoir proposer la stratégie de développement qu'ils estiment la meilleure. L'investisseur financier adhère au projet, il ne l'impose pas ! En revanche, il « vérifie » la motivation du management et sa conviction que le plan est réaliste en lui demandant d'investir à ses côtés.

COMMENT FONCTIONNE UN LBO SUR LE PLAN FINANCIER ?

Situation à la mise en place de l'opération (au *closing*)

Comme on l'a montré précédemment, le *holding* de reprise n'a aucune activité opérationnelle : sa seule vocation est de détenir les titres de la cible (actif du bilan du *holding*) et de loger les apports des acquéreurs et la dette d'acquisition.

Bilan du *holding* de reprise au *closing*[1] établi à partir de la valeur des titres de la cible

Actif		Passif	
VT cible	100,0	*Equity*	52,5
Fees	5,0	Dettes d'acquisition	52,5
Total	**105,0**	**Total**	**105,0**

Dans cette présentation, on voit apparaître à l'actif la valeur des titres de la cible. C'est donc bien le cash versé aux vendeurs, le prix de cession.

1. Le *closing* est l'opération qui consiste à matérialiser la transaction : paiement du prix et échange de la propriété des titres.

Les *fees*, c'est-à-dire les frais liés à l'acquisition, représentent en moyenne 5 % du prix payé. Il faut bien entendu les financer. Ils se composent :

- des frais d'audit (*dues diligences*), comptables, fiscaux, sociaux, environnementaux, commercial... ;
- des commissions bancaires (l'équivalent des frais de dossier, commission d'engagement ou d'autorisation) ;
- des frais d'intermédiaires et de conseils ;
- et des frais des avocats de l'acquéreur.

L'ensemble de ces frais est pris en charge par le fonds d'investissement et refacturé au *holding* lors de sa création. Il est d'ailleurs de pratique courante que le fonds envoie sa propre facture à la création du *holding* (peines et soins en matière d'ingénierie de montage...).

La répartition entre fonds propres et dettes fera l'objet d'un paragraphe spécifique. Elle dépend des périodes. Le ratio de 50/50 repris dans le tableau ci-dessus correspond à une période de crise ; c'est celui qui est pratiqué depuis 2009. En 2008, ce ratio (le levier, le *gearing*, DFN/*equity*, était de 4 : c'est-à-dire 4 de dettes pour 1 de fonds propres). Rappelons que ce type de ratio se calcule et s'appréhende de manière consolidée.

Il existe une autre présentation pour exprimer la même réalité : dans le tableau ci-dessous, c'est la valeur de l'entreprise de la cible qui est à financer : en contrepartie, on retrouve en vis-à-vis le montant des dettes qui préexistaient dans la cible avant le *closing* (10 dans notre exemple). Et tout naturellement, on retrouve la relation : VE – DFN = VT ou 110 – 10 = 100.

Bilan du *holding* de reprise au *closing* établi à partir de la valeur d'entreprise de la cible

Actif		Passif	
VE cible	110,0	*Equity*	52,5
Fees	5,0	Dettes d'acquisition	52,5
		Dettes préexistantes	10,0
Total	**115,0**	**Total**	**115,0**

Il importe de bien comprendre que les tableaux ci-dessus sont deux présentations d'une même réalité (le premier ne faisant pas apparaître la dette existante dans l'entreprise acquise).

Fonctionnement annuel

Comment mesure-t-on la capacité annuelle d'une cible à générer du cash ?

Les praticiens raisonnent tous, quelle que soit la taille du dossier ou le secteur d'activité, à partir des *free cash flows* futurs (voir chapitre 3 pour la présentation de cette notion).

Définition d'un FCF
EBITDA
– IS calculé sur EBIT
– Variation de BFR
– Capex
= FCF (*free cash flow*)

L'IS est déterminé à partir de l'EBIT (car les dotations aux amortissements sont des charges déductibles).

Les Capex (investissements) sont nets d'éventuelles cessions.

En résumé

Une fois déterminé le FCF de l'année (les *cash flows* nets dans le schéma ci-dessous), on connaît théoriquement le montant maximum que la cible peut remonter au *holding* en vue d'assurer le service de la dette.

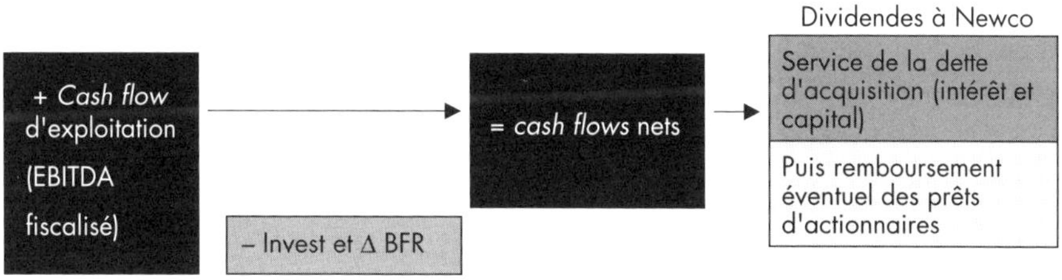

Il est important de comprendre que la structure financière vient après l'opérationnel. Dit autrement, on n'endette la société qu'à partir de ce qui « reste » une fois financée la croissance (prenant la forme d'une augmentation du BFR et de la prise en compte des investissements – le second rectangle du schéma ci-dessus).

Précisons que les prêts d'actionnaires qualifient dans ces montages la partie des fonds propres apportés par les financiers sous forme d'OC (obligations convertibles). En effet, une obligation convertible peut dans certains cas être remboursée (elle ne sera pas convertie), d'où cette appellation de prêt.

Les grandes lignes du fonctionnement

Tous les ans, à date anniversaire (ou de manière semestrielle), le *holding* devra assurer le service de la dette.

N'ayant par lui-même aucune activité opérationnelle, il ne génère aucun cash. En revanche, la cible a été sélectionnée pour sa capacité à se développer en générant du cash. Le *holding* va donc se retourner vers la cible et exiger d'elle le versement d'un montant lui permettant d'honorer ses engagements vis-à-vis des banques.

Or, la remontée de cash d'une filiale vers une maison mère ne peut s'envisager « proprement » que *via* des dividendes (revoir l'introduction sur l'analyse de la rentabilité, dans laquelle on évoque les notions d'affectation du résultat net, de taux de distribution et de résultat distribuable).

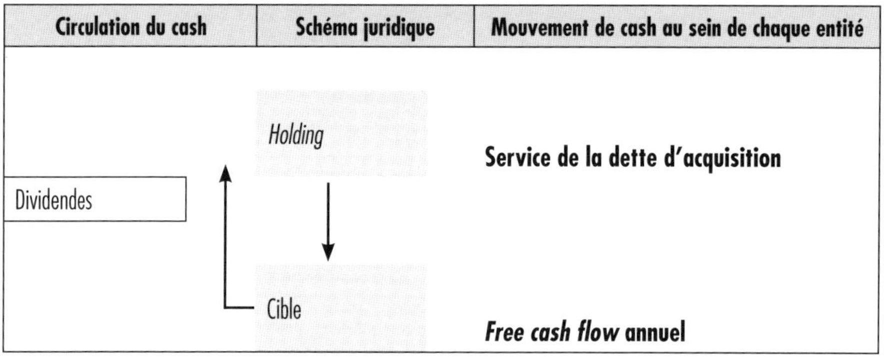

Le *holding* détenant par construction (sinon, on ne parlerait pas d'acquisition) plus de 50 % des titres de la cible, il a le pouvoir en assemblée générale ordinaire (AGO) et peut donc être certain des décisions d'affectation du RN de la cible de chaque exercice.

Situation « à la sortie » de l'opération

Quand le fonds va « déboucler » l'opération, il va vendre les titres du *holding* de tête. Les banquiers qui ont financé l'opération vont demander un remboursement anticipé. L'acquéreur devra donc financer le prix d'acquisition des titres du *holding* et le refinancement des dettes résiduelles du *holding*.

COMMENT FONCTIONNE UN LBO SUR LE PLAN FISCAL[1] ?

Les deux leviers fiscaux

Nous allons présenter ici les deux grands leviers fiscaux en France. La loi fiscale étant très mouvante, les détails d'application peuvent toujours changer, néanmoins les grands principes restent.

Le régime mère-fille

Toute société détenant plus de 5 % des titres d'une autre société ne sera pas imposée lors de la perception de dividendes en provenance de ladite société. Compte tenu du seuil de déclenchement extrêmement bas, ce principe s'applique dans quasiment toutes les circonstances.

Ainsi, et en application de ce principe, la remontée de dividendes de la cible vers le *holding* n'est pas imposée[2].

Si le service de la dette requiert 10 M€ au niveau du *holding*, la cible versera un dividende annuel de 10 M€ sans frottement fiscal (pour autant qu'elle soit détenue à 100 %, bien entendu).

L'intégration fiscale

Le levier induit par l'intégration fiscale est extrêmement avantageux, mais son obtention est très contraignante :

- les sociétés doivent être de droit français (*holding* et cible) ;
- elles doivent être soumises à l'impôt sur les sociétés (IS) ;
- le *holding* doit détenir au moins 95 % des parts ou actions de la filiale ;
- on bénéficie de l'intégration fiscale sur demande, ce n'est pas mécanique ;
- l'option ne fonctionne pas rétroactivement (si l'on achète une cible en juin et qu'elle clôture à fin mars, on est obligé d'opter pour l'exercice qui suit en commençant le 1er avril suivant) ;
- il faut signer une convention d'intégration fiscale.

Le mécanisme n'a pas été conçu spécifiquement pour les opérations d'acquisitions : il vise en premier lieu à permettre à un groupe de compenser les impôts des filiales bénéficiaires par les déficits fiscaux de celles qui sont en pertes. Supposons qu'une société M ait un résultat avant impôt de 100, elle

1. La fiscalité étant en constante évolution, le lecteur est invité à s'assurer que les informations données ici sont toujours d'actualité au moment de sa lecture.
2. Hormis le versement d'une quote-part de frais et charges de 5 %.

est donc redevable d'un IS de 30 (taux de 30 %). Si sa filiale F est en perte de 40, F ne paie pas d'impôt (elle génère un report déficitaire) mais cela ne change pas la situation de M. L'intégration fiscale permet de déterminer un résultat fiscal groupe intégré qui sera de 100 – 40 soit 60. L'impôt à payer ne sera donc plus que de 18 (soit une économie de 12 en cash).

Dans les opérations d'acquisitions, l'intégration fiscale permet d'abaisser le montant annuel d'impôt sur les sociétés, en défiscalisant les bénéfices avant IS de la cible grâce aux pertes fiscales de la mère.

Pour bien comprendre le mécanisme, le lecteur se reportera à l'exemple ci-dessous. La société cible est rentable (RN de 11,9 M€) et paie tous les ans un IS élevé (6,1 M€). Le taux d'IS est pris à 34 % et le coût de la dette à 5 %.

Données résumées de la cible

CR de la cible N (€)	
CA	100,0
EBITDA	**30,0**
EBIT	20,0
Frais financiers	2,0
RCAI	18,0
IS	6,1
Résultat net	**11,9**

Cette société fait l'objet d'une reprise en format LBO. L'offre prévoit une valeur des titres de 161,9 M€, correspondant à une valeur d'entreprise de 201,9 M€ (l'écart entre les deux sommes correspondant à la DFN avant *closing*, soit 40 M€).

Le lecteur vérifiera sa bonne compréhension des multiples de valorisation (ici, le multiple d'EBITDA N ressort à 6,7 fois, c'est-à-dire VE/EBITDA = 201,9/30 = 6,7).

Le financement du *holding* est prévu comme indiqué dans le tableau ci-dessous.

Le lecteur vérifiera sa bonne compréhension de la structure financière : si l'on se rapporte à une valeur d'entreprise de 201,9 + des frais de 8,1, il faut financer au global 210. Dans le cadre d'un financement de la VE à 50 % en dettes, il ne doit pas y avoir, au global, plus de 105 de dettes consolidées, c'est-à-dire « cible + *holding* de reprise ». Comme il y a déjà 40 dans la société opérationnelle, on ne peut plus emprunter que 65 dans le *holding*, d'où le tableau suivant.

Tableau de financement au *closing* de la cible

Bilan du *holding* 2011			
Valeur des titres cible	161,9	Capitaux propres	105,0
+ *Fees*	8,1	+ DFN	65,0
Total Actif	**170,0**	**Total Financements**	**170,0**
Service de la dette d'acquisition			– 11,2
Durée emprunt (en années)			7,0

Si l'on veut comprendre ce qui se passe sans intégration fiscale, il faut tout d'abord isoler le *holding* de reprise (partie gauche du tableau « Comptes sociaux du *holding* et comptes consolidés » ci-dessous) :

- le résultat comptable du *holding* est par construction positif : le produit de 11,2 M€ correspond au dividende versé par la cible, qui a été calculé comme égal au service de la dette du *holding*. Or, service de la dette = frais financiers + remboursement du principal. Il est par définition supérieur aux seuls frais financiers de 3,3 M€ ;
- le résultat fiscal est quant à lui par construction négatif puisque les dividendes n'étant pas imposés (régime mère-fille), ils « n'existent pas » dans le compte de résultat fiscal de la mère ;
- en l'état, le *holding* va constater tous les ans une perte fiscale qui va venir incrémenter un déficit « fiscal » reportable, qui ne pourra être utilisé ultérieurement car le *holding* ne fera jamais de profit « fiscal ».

L'objectif d'un LBO étant d'économiser au maximum le cash pour l'affecter au remboursement de la dette d'acquisition, on se retrouve devant une source d'inefficacité notable !

Pour aller plus loin

Résultat comptable ou fiscal ?

Le résultat comptable est le bénéfice suivant les règles comptables. Il se trouve que les règles de détermination du résultat fiscal, utilisées pour le calcul de l'IS, peuvent être différentes : certaines charges peuvent ne pas être déductibles fiscalement (les amendes, par exemple) mais sont quand même des charges. D'autres peuvent ne pas être imposables (les dividendes dans le régime mère-fille, par exemple).

Intérêts de l'intégration fiscale

Obtenir l'intégration fiscale permet aux dirigeants de définir un « périmètre d'intégration fiscale ». Il sera ainsi possible de déterminer un résultat courant avant impôt *groupe*, dans notre exemple de 14,8 M€ (soit 18[1] – 3,3[2]). Ainsi, les frais financiers de la mère sont imputés sur le bénéfice avant impôt de la cible, ce qui se traduit par une assiette fiscale moindre (14,8 au lieu de 18) et un IS plus faible : il passe en effet de 6,1 M€ à 5 M€.

Comptes sociaux du *holding* et comptes consolidés

Compte de résultat N	*Holding* seul		Consolidé
	Comptable	Fiscal	
Dividendes reçus	11,2	–	
Frais financiers	– 3,3	– 3,3	
RCAI	8,0	– 3,3	14,8
IS groupe			– 5,0

L'autre intérêt de l'intégration fiscale tient à la circulation de la trésorerie entre la fille et la mère :

- tous les ans, la fille va continuer à établir son IS comme si de rien n'était (dans notre cas, 6,1 M€) ;
- elle va le verser à sa mère (6,1 M€) ;
- la mère va calculer l'IS groupe et le verser au Trésor public (5 M€) car elle lui est seule redevable de l'IS groupe ;
- ainsi, l'avantage de l'intégration fiscale (l'économie d'IS de 1,1 M€) va être logé au niveau du *holding* de reprise, qui pourra s'en servir pour rembourser un peu plus de dette d'acquisition.

En résumé

En résumé, on peut dire que :

– sans intégration fiscale, le *holding* remonte un montant maximum annuel correspondant au RN de la cible ;

– avec intégration fiscale, le *holding* remonte en réalité un montant qui peut être plus proche du RCAI.

1. RCAI de la cible.
2. RCAI fiscal de la mère.

Circulation du cash	Schéma juridique	Mouvement de cash au sein de chaque entité
↑	*Holding*	**Service de la dette d'acquisition**
Dividendes et IS cible	↓	
	Cible	***Free cash flow* annuel**

COMMENT ÉVALUER LA FAISABILITÉ D'UNE OPÉRATION DE LBO ?

Peut-on envisager un LBO ?

Pour répondre à cette question, on va répondre à un triple questionnement :

- quel est le plan de développement du management ?
- quelle est la capacité d'endettement de la société ?
- quelles pourraient être les modalités de financement en cohérence avec le plan de développement et la capacité d'endettement ?

Le plan de développement du management

Dans le cadre d'une opération de LBO, le management a généralement un plan de développement prévoyant un accroissement du chiffre d'affaires qui nécessite souvent des investissements à la fois sous forme de Capex (les investissements « immobilisés ») et d'augmentation du BFR (en général, il est proportionnel à l'activité et donc augmente avec elle).

L'analyse de ce business plan consiste à valider, autant que faire se peut, l'augmentation du chiffre d'affaires, les investissements nécessaires et le décalage éventuel entre le moment où l'entreprise investit (sortie de cash) et le moment où le chiffre d'affaires arrive (entrée de cash).

L'objectif est donc d'arriver à un *free cash flow* d'exploitation « fiable ». Chaque année, on aura alors une prévision de *free cash flow* :

En résumé

FCF = EBE – IS – investissements – variations de BFR[1].

1. Vous l'aurez compris, s'il n'y avait qu'une chose à retenir de ce livre, ce serait cette formule.

La structure financière d'acquisition sera déterminée à partir de ces FCF annuels.

Détermination de la capacité d'endettement

Tous les opérateurs, quel que soit leur métier, utilisent le même ratio consolidé, le *leverage* (pour rappel, DFN/EBITDA avec DFN = dettes bancaires – cash).

En faisant référence à la pratique de place de la période pendant laquelle on envisage l'opération, on connaîtra la dette maximum que l'on pourra envisager de lever par rapport à la performance avérée de la cible.

Le raisonnement est toujours le même, l'EBITDA se transformera finalement en cash, ce qui permettra de rembourser les dettes.

Exemple théorique

Reprenons l'exemple précédent et approfondissons-le.

Compte de résultat de la cible

CR de la cible N (€)	
CA	100,0
EBITDA	30,0
EBIT	20,0
Frais financiers	– 2,0
RCAI	18,0
IS	– 6,1
Résultat net	**11,9**

Bilan de la cible

Bilan de la cible au 31/12/N			
AI net	100	Capitaux propres	80
+ BFR	20	+ DFN	40
Total AE	**120**	**Total Financements**	**120**

Voilà une très belle cible potentielle pour envisager une opération de LBO :

- elle est rentable (taux de marge nette de 11,9 %, ce qui n'est pas mal…) ;
- elle n'est pas trop endettée (DFN/*equity* < 1) ;
- les BFR sont en revanche importants (BFR/CA de 20 %).

Dans ce cas théorique, l'endettement acceptable par les banquiers au vu des pratiques de place aurait été la suivante :

Détermination de la capacité maximum à lever de la dette sur le *holding* de tête

Capacité d'endettement	2008	2012
EBITDA de la cible	30	30
Leverage admis	7,5	3,5
Capacité d'endettement consolidée	225	105
Endettement existant de la cible	40	40
Capacité à lever de la dette d'acquisition	**185**	**65**

La capacité d'endettement consolidée se détermine en multipliant le dernier EBITDA connu (ou un EBITDA moyen s'il est plus pertinent) par le *leverage* de place. En 2008, le *leverage* moyen était de 7,5 ; en 2012, il est retombé à 3,5.

En 2012, on aurait pensé que les banquiers pouvaient accepter un endettement bancaire consolidé maximum de 105 M€, soit plus de deux fois moins qu'en 2008 (la crise est passée par là). Compte tenu de l'endettement préexistant, la capacité complémentaire à lever de la dette (d'acquisition) aurait été de 65 M€.

Pour aller plus loin

Capacité d'endettement ou de remboursement ?

On a déterminé ci-dessus la capacité d'endettement sur la base du passé. La détermination de la structure financière se fera par la capacité de remboursement (les FCF). Plus l'entreprise investit, moins elle peut rembourser, et plus il faudra de fonds propres ou des dettes « à maturité longue » (voir plus loin dans ce chapitre la sous-partie « Détermination de la dette amortissable maximum »).

Détermination de la structure financière cible du holding

Une fois le montant maximum de la dette consolidée estimé, on utilise un second ratio, le *gearing* (DFN/*equity*). De la même façon que précédemment, tout le monde utilise ce ratio, mais la pratique de place varie sensiblement selon les périodes.

En 2008, la place admettait que les banquiers prêtent en consolidé quatre fois plus que le montant des capitaux propres (levier de 4). Pour 225 M€

d'endettement consolidé, il fallait des fonds propres au niveau du *holding* de tête de 56 M€.

Détermination des fonds propres minimums du *holding*

Equity minimum	2008	2012
DFN consolidée	225	105
Gearing moyen admis	4	1
Equity minimum	56	105

Toujours en 2008, on aurait donc obtenu un tableau de financement au *closing* comme suit :

- un montant de dette d'acquisition maximum de 185 M€ (dette consolidée maximum de 225 M€ – dettes préexistantes de 40 M€) ;
- un montant de fonds propres minimums de 56,3 M€, correspondant à un levier maximum de 4 ;
- une zone de prix pour les titres de la cible autour de 230 M€ (capitaux propres + dettes d'acquisition – *fees*).

Détermination du bilan au *closing* selon les périodes

Bilan du *holding* 2008			
Valeur des titres cibles	229,8	Capitaux propres	56,3
+ *Fees*	11,5	+ DFN	185,0
Total Actif	**241,3**	**Total Financements**	**241,3**
Bilan du *holding* 2012			
Valeur des titres cibles	161,9	Capitaux propres	105,0
+ *Fees*	8,1	+ DFN	65,0
Total Actif	**170,0**	**Total Financements**	**170,0**

Pour aller plus loin

Capacité d'endettement et valeur

Nous allons reprendre une analogie avec l'immobilier : c'est bien le fait que les banques ont accepté de prêter plus et plus longtemps qui a permis la hausse de l'immobilier. L'évolution des salaires n'était pas suffisante pour que les acquéreurs préservent une capacité d'achat. Moralité : les prix ne peuvent monter de manière significative que si les banques prêtent plus !

Imaginons qu'une première négociation ait eu lieu en 2008, sur la base d'une valorisation de la cible (valeur des titres soit le prix d'acquisition pour 100 % des titres) de 230 M€ (soit une VE de 270). Si l'opération ne s'est pas faite en 2008, en haut du cycle des opérations de LBO, il faudrait que le vendeur ait réduit ses prétentions de prix à 162 M€ (soit une VE de 202) pour que le deal soit envisageable en 2012…

On a ici un double effet négatif : d'une part, les multiples de valorisation sont passés de 9 × EBITDA à 7 × et, d'autre part, les montants prêtés ont diminué. L'écart de prix induit par la perte de capacité à se financer des fonds d'investissements explique pourquoi si peu d'opérations ont été menées à bien pendant l'année 2009 ! Le vendeur perçoit moins et le fonds doit investir plus (cela nous fait « deux mécontents »). Le point est renforcé si l'on se rappelle à quel point les EBITDA ont souvent baissé cette même année du fait de la dégradation du contexte économique mondial.

Quoi qu'il en soit, cet exemple illustre la démarche initiale d'un investisseur ou d'un manager qui se demande s'il est pertinent de passer du temps sur un dossier, en fonction de son degré de faisabilité.

Et on aura montré que cette première étape s'avère extrêmement rapide et peut être faite « sur un coin de table… ».

Comment détermine-t-on la capacité de la cible à distribuer du cash au *holding* de reprise ?

Cette seconde étape est un peu plus longue et nécessite de rentrer un peu plus dans les chiffres.

On a rappelé dans un paragraphe précédent que les FCF futurs mesuraient la capacité future de la cible à générer du cash. Cela ne veut pas nécessairement dire la capacité à remonter du cash. À ce stade, il s'agit d'être précis !

FCF et dividendes, quelles différences ?

Depuis que nous avons démarré ce chapitre, nous naviguons entre deux notions, qui ne sont pas équivalentes :

- la capacité à générer du cash, appréhendée par les FCF annuels (voir paragraphe ci-dessus) ;
- la capacité à remonter du cash au *holding*, *via* des dividendes (et le cas échéant l'intégration fiscale), ce qui revient à dire que l'on est tributaire du résultat net de l'exercice.

En résumé

Ce que l'on dit ici très précisément tient en deux points :

– les FCF mesurent la **capacité financière maximum** à remonter du cash. Si les prévisions se réalisent, si le BP est fiable, alors oui, c'est certain, ce FCF se transformera en cash au niveau de la cible ;

– le résultat net de l'exercice mesure la **capacité juridique** à pouvoir remonter le cash : on n'est plus dans une notion de génération de cash, mais de capacité à faire circuler le cash. Et dans certaines situations, une partie du cash généré dans la cible se trouvera piégée dans la cible sans pouvoir remonter au niveau du *holding* de tête... (cas encore appelé situation de *cash trap* !).

Encore une fois, la finance n'est pas une technique compliquée, mais il faut avoir les idées claires : pour prendre de bonnes décisions, un manager opérationnel construit un tabouret : quels sont les impacts de telle décision en matière de *rentabilité*, de *cash*, de *bilan* ? Sans les trois pieds de cette fameuse trilogie abordée dans la première partie de notre ouvrage, le « tabouret » ne tient pas debout. De quel cash parle-t-on ? Du cash généré ? Du cash qui remonte ? Sur quel terrain sommes-nous ? Le financier (FCF) ? Le juridique ? (On ne peut distribuer que le profit que l'on a réalisé, car on en est propriétaire, c'est le fruit du travail de la société que l'on possède.) Une chose est certaine toutefois : si le cash n'est pas là, on ne pourra pas le remonter !

En résumé

Il n'est vraiment pas indispensable d'aller dans l'extrême détail de tout et de devenir le technicien expert de tel aspect pour participer astucieusement à une discussion, mais il faut repérer les différents types de raisonnement et les grands enjeux.

Exemple d'application

Exemple dans lequel RN > FCF

Données de la cible N	
CA	100,0
EBITDA	30,0
EBIT	20,0
Frais financiers	– 2,0
IS	– 6,1
Résultat net	**11,9**

Données de la cible N	
Taux de croissance CA	20 %
Coût de la dette	5 %
Taux d'IS	34 %
FCF N	
EBITDA	30,0
IS	– 6,1
Delta BFR ⟶	**– 4,0**
Capex	– 10,0
= FCF	**9,9**

Nous avons repris dans l'exemple du tableau ci-dessus le cas théorique précédent. Dans cette situation, la capacité annuelle à générer du cash est de 9,9 M€. Juridiquement, si l'on distribue l'intégralité du RN, on peut imaginer verser au *holding* de tête un montant maximum de 11,9 M€. Les contraintes juridiques ne viennent donc pas plafonner la remontée de cash vers la mère. Le montage pourra être simple et efficace.

Nous allons maintenant regarder une entreprise qui a la même rentabilité et les mêmes investissements *mais* qui a un BFR négatif au lieu de positif. Cela signifie que la croissance, au lieu de générer une consommation de cash de 4, va faire rentrer 4 de cash !

À savoir

Attention !

Dans les activités à BFR négatif, la capacité à générer du cash est souvent très largement supérieure à la capacité de remonter ce cash… d'où des complications de montage et donc des risques de montage !

Exemple dans lequel RN < FCF

FCF N	
EBITDA	30,0
IS	– 6,1
Delta BFR ⟶	**4,0**
Capex	– 10,0
= FCF	**17,9**

Dans l'exemple du tableau ci-dessus, la situation est plus délicate car la cible génère effectivement 17,9 M€ (ce qui correspond à sa capacité récurrente à générer du cash), mais elle ne pourra en distribuer en *roll over*[1], tous les ans, que 11,9 M€ :

- le RN est toujours de 11,9 M€ ;
- mais le FCF est de 17,9 M€.

À ce stade, le lecteur doit se remémorer tout ce que l'on a pu dire sur le cash depuis la première page de cet ouvrage. C'est là qu'il doit synthétiser l'ensemble des informations données et illustrées. D'où vient le problème ? Pourquoi se retrouve-t-on avec du cash piégé dans la cible qui ne peut pas remonter à la maison mère ?

Parce que le cash généré (17,9 M€) résulte de deux phénomènes de nature radicalement différente :

- des marges qui se transforment en cash (30 – 6,1 M€). Cette rentabilité provient du compte de résultat, c'est le fruit de notre travail, ce cash nous appartient ;
- du cash qui résulte d'une gestion astucieuse du bilan (le BFR est négatif, donc les clients nous financent par exemple en nous versant des acomptes). Le fait que le droit nous autorise à remonter à titre de dividendes au maximum le RN de l'exercice revient à redire que les acomptes clients ne nous appartiennent pas !

Exemple de cash trap

Imaginons une cible qui veuille céder un actif pour générer plus de cash en vue de le remonter au *holding* et raisonnons en marginal (en éludant l'aspect fiscalité).

Données de l'opération :

- prix de cession de l'actif : 2 M€ ;
- valeur nette comptable de l'actif cédé : 2,5 M€.

Conséquences de la cession pour la cible :

- la cession va se traduire par une génération de cash (exceptionnelle) de 2 M€ ;
- le RN va baisser de 0,5 M€.

1. *Roll over* signifie ici que les réserves distribuables sont supposées avoir toutes été distribuées, et donc que l'on ne peut distribuer tous les ans que le RN de l'exercice. Si tel n'est pas le cas, on peut distribuer tous les ans un peu plus que le RN de l'exercice en prélevant progressivement sur les réserves distribuables.

Dans cet exemple simple, on améliore la génération de cash de 2 M€ alors que l'on détériore la rentabilité de la cible de 0,5 M€. On détériore donc la capacité de la cible à remonter du cash à sa mère...

COMMENT STRUCTURER LA DETTE BANCAIRE ?

La partie précédente (« Comment évaluer la faisabilité d'une opération de LBO ? ») a montré comment on pouvait assez rapidement tester la faisabilité d'une opération en trois étapes :

- estimation de la dette financière maximum consolidée ;
- estimation des fonds propres minimum du *holding* ;
- validation de la zone de prix exigée par le vendeur.

Puis nous avons évoqué la contrainte juridique représentée par le résultat distribuable.

Problématique de refinancement

Avant d'avancer dans le raisonnement, il est important de savoir que dans la majorité des cas, les dettes de la cible vont être « refinancées ».

Pourquoi refinancer les dettes de la cible ?

Les banquiers qui financent déjà la cible connaissent une entité saine et *a priori* peu endettée. La reprise en LBO va s'accompagner d'une distribution de dividendes exceptionnels post-*closing*, et/ou de versements annuels de dividendes très substantiels. Le risque au niveau de la cible se dégrade donc, ce qui déplaît aux « banquiers du bas[1] ».

Par ailleurs, en cas de difficulté, ceux-ci auront tendance à poser problème et pourront exiger un remboursement anticipé d'une ligne de crédit. Ils n'ont pas participé au *term sheet* bancaire signé par « les banquiers du haut ». Les banquiers de la cible sont donc en conflit d'intérêts avec les banquiers du *holding*. Pour limiter, voire supprimer, ces conflits d'intérêts, les dettes de la cible sont refinancées au niveau du *holding*.

1. Banquiers du bas : banquiers de la cible ; banquiers du haut : banquiers du *holding* de reprise.

Comment refinancer les dettes de la cible ?

Au *closing*, le fonds d'investissement et les « banquiers du haut » vont apporter ensemble les sommes qui vont permettre :

- de payer le prix des titres de la cible au vendeur ;
- de rembourser par anticipation l'intégralité des dettes préexistantes de la cible. Les sommes sont mises à disposition du *holding* qui fait un compte courant à sa cible et utilise les sommes pour rembourser ses banquiers.[1]

Quelles conséquences pour le tableau de financement au *closing* ?

Tableau de financement au *closing* dans un contexte de refinancement

Bilan du *holding* 2012			
Valeur des titres cibles	161,9	Capitaux propres	105,0
+ Dettes préexistantes	40,0	+ DFN	65,0
= Valeur d'entreprise de la cible	201,9	+ Dettes préexistantes	40,0
+ *Fees*	8,1	= Dettes financières consolidées	105,0
Total Actif	**210,0**	**Total Financements**	**210,0**
Bilan du *holding* 2008			
Valeur des titres cibles	229,8	Capitaux propres	56,3
+ Dettes préexistantes	40,0	+ DFN	185,0
= Valeur d'entreprise de la cible	269,8	+ Dettes préexistantes	40,0
+ *Fees*	11,5	= Dettes financières consolidées	225,0
Total Actif	**281,3**	**Total Financements**	**281,3**

Détermination de la dette amortissable maximum

À ce stade, il nous faut structurer la dette bancaire. On entend par là répartir la masse de la dette en deux sous-ensembles de nature très distincte :

- la dette bancaire/financière amortissable, qui va imposer un service de la dette ;
- la dette remboursable en un seul bloc « à la fin », encore appelée dette « *in fine* » ou « dette *bullet* ».

Dans les montages LBO, la dette amortissable présente les caractéristiques suivantes :

1. En pratique, ces sommes sont souvent prêtées directement au groupe opérationnel (même si elles sont apportées par « les banquiers du haut »).

- elle s'appelle « dette senior A » ;
- elle a eu une maturité pendant des années, très normée, de sept ans ;
- depuis la crise de fin 2008, sa maturité a pu être raccourcie à six, voire cinq ans… ;
- elle est garantie par le nantissement des titres de la cible ;
- toutes les autres dettes lui sont « subordonnées », ce qui signifie qu'aucune autre dette (les dettes *in fine*) ne peut être remboursée, même partiellement, tant qu'elle n'a pas été totalement remboursée ;
- c'est la dette la moins chère du montage (car c'est la moins risquée).

La dette senior A va se rembourser *a priori* avec les FCF annuels.

Calcul du service de la dette imposé par la DFN consolidée

Bilan du *holding* 2012			
Valeur des titres cibles	161,9	Capitaux propres	105,0
+ Dettes préexistantes	40,0	+ DFN	65,0
= Valeur d'entreprise de la cible	201,9	+ Dettes préexistantes	40,0
+ *Fees*	8,1	= Dettes financières consolidées	105,0
Total Actif	**210,0**	**Total Financements**	**210,0**
		Service de la dette d'acquisition	– 24,3
		Durée emprunt (en années)	5,0
Bilan du *holding* 2008			
Valeur des titres cibles	229,8	Capitaux propres	56,3
+ Dettes préexistantes	40,0	+ DFN	185,0
= Valeur d'entreprise de la cible	269,8	+ Dettes préexistantes	40,0
+ *Fees*	11,5	= Dettes financières consolidées	225,0
Total Actif	**281,3**	**Total Financements**	**281,3**
		Service de la dette d'acquisition	– 38,9
		Durée emprunt (en années)	7,0

Pour que notre lecteur comprenne bien le tableau ci-dessus, nous sommes repartis de notre exemple théorique et avons projeté un montage « base 2008 » et un autre « base 2012 », en supposant la dette de la cible totalement refinancée (on finance bien à l'actif la valeur d'entreprise). Ceci se traduit par deux différences notables dans le tableau de financement :

- en 2008, des ratios beaucoup plus laxistes autorisés par les banques (levier et *leverage*) ainsi qu'une maturité normée de la dette senior A à sept ans ;
- en 2011, des ratios très durs et une période de remboursement plus courte (cinq ans).

Ce tableau nous indique que si toute la DFN était une dette senior A amortissable, cela imposerait un service de la dette de 24,3 M€ dans le montage en format 2012, et de 38,9 M€ en format 2008 (plus d'endettement mais sur une durée plus longue…).

Or, un tableau précédent[1] nous indique que le FCF annuel de la cible est de 9,9 M€ et le tableau ci-dessus nous montre que le service de la dette est de 24,3 m€ ou de 38,9 M€. Il ressort donc que toute la dette ne peut être amortissable, et qu'il faudra se financer avec une partie de dette *in fine.*

En réalité, pour déterminer le montant maximum de dette amortissable, il faut faire un calcul à l'envers : quel service de la dette peut assurer la cible ? :

- avec un FCF annuel de 9,9 M€ ;
- une durée d'amortissement de cinq ou sept ans selon la période ;
- un coût de la dette de 5 %/an.

Détermination de la dette amortissable maximum

Dette amortissable	2011	2008
Durée	5	7
Rd	5 %	5 %
Service de la dette	9,9	9,9
Montant emprunté	42,9	57,3

Par comparaison entre le montant déterminé dans les tableaux ci-dessus, on fait apparaître la part *in fine* de la dette totale.

Notre approche a été volontairement sommaire et quelque peu « extrémiste » dans nos hypothèses, l'idée étant de montrer la logique, le raisonnement. Bien entendu, quand on travaille sur un vrai projet, on va regarder de plus près la progression des FCF d'une année sur l'autre, ce qui va permettre de quantifier une dette amortissable plus importante.

1. Exemple d'application – cas avec RN > FCF.

Détermination de la structure financière la plus leveragée

Bilan du *holding* 2012			
VE cible	201,9	Capitaux propres	105,0
		Dette *in fine*	62,1
		Dette amortissable	42,9
+ *Fees*	8,1	= Dettes financières consolidées	105,0
Total Actif	**210,0**	**Total Financements**	**210,0**
Bilan du *holding* 2008			
Valeur des titres cible	229,8	Capitaux propres	56,3
+ Dettes préexistantes	40,0	Dette *in fine*	167,7
= Valeur d'entreprise de la cible	269,8	Dette amortissable	57,3
+ *Fees*	11,5	= Dettes financières consolidées	225,0
Total Actif	**281,3**	**Total Financements**	**281,3**

Qu'est-ce que la mezzanine ?

Une fois la partie dette *in fine* définie, il reste à préciser s'il s'agit :

- de dette mezzanine (très couramment structurée à partir d'OBSA – obligations à bons de souscriptions d'actions) souscrite généralement par des fonds mezzanines[1] ;
- de dette *high yield* (qui sera refinancée sur les marchés financiers *via* les CDO[2]) ;
- de dette senior tranche B ou C (une dette senior est garantie par un nantissement de titres, mais une tranche B est une dette garantie remboursable *in fine* à huit ans si la A est à maturité sept ans).

Ce choix va être principalement dicté par les critères suivants :

- coût de chaque type de dette ;
- présence de liquidité (chez les banquiers ou sur les marchés ?).

Détermination de la dette amortissable définitive

Il est important de redire qu'un dirigeant qui raisonne comme nous l'avons fait précédemment suppose qu'il est absolument certain de générer les FCF

1. Fonds mezzanine : fonds spécialisé dans la souscription d'OBSA et de dettes mezzanines.
2. CDO : *collateralized debt obligation*.

annuels du business plan. Si le métier est cyclique, si le CA et/ou les BFR sont volatils, il est indispensable de donner un peu de confort à la cible et donc au montage en termes de cash.

Dès lors, on n'affectera plus 100 % des FCF de la cible en remboursement de la dette du *holding*, mais peut-être uniquement 80 %. Ainsi, on structurera la dette d'acquisition avec une part plus importante de dette *in fine*, mais on laissera s'accumuler progressivement un matelas de cash dans la cible, qui pourra servir d'amortisseur en cas d'aléas ou de décalage de timing.

LBO, BANQUES ET MAÎTRISE DU CASH

Quand une opération de LBO est envisagée, l'équipe dirigeante doit être vigilante à la rédaction de certaines clauses dans les *term sheets* bancaires, qui peuvent sembler *a priori* relever de l'extrême détail, mais qui sont en mesure de gêner le fonctionnement de l'entreprise pendant toute la durée de l'opération. Les banques acceptent de prêter plus dans les financements d'acquisitions pour trois raisons majeures :

- l'entreprise a été auscultée sous toutes ses coutures par de multiples audits (la connaissance intime de ce qui se passe réduit le risque) ;
- les managers s'investissement financièrement (et donc ils « doivent bien croire au plan ») ;
- les banquiers encadrent la vie future de l'entreprise pour réaliser le plan, tout le plan, rien que le plan[1].

Ces règles de vie vont nécessiter un changement de culture de l'entreprise : il s'agira de passer d'une vision « rentabilité » à une vision « valeur et cash ».

Clause d'*excess cash flow*

C'est la clause la plus représentative du rapport de force entre banquiers et managers : elle caractérise l'esprit des opérations de LBO. Que dit-elle ?

Le banquier intervient dans ce type d'opérations en prenant des risques significatifs. Il n'a que très peu de garanties (le nantissement des titres de la cible ne vaut rien ou pas grand-chose quand la cible va mal !).

Il va donc s'assurer, d'une part, que les managers ne vont pas être dispendieux en cash (limitation des investissements par exemple) et, d'autre part,

1. « Rien que le plan » signifie que pour faire autre chose, il faut leur accord.

qu'ils pourront être remboursés par anticipation dès que les affaires iront mieux que prévu (en cash).

En langage juridique, on va dire que dès que les FCF annuels effectivement réalisés sont supérieurs aux FCF prévisionnels du business plan, un mécanisme de remboursement anticipé obligatoire se met en route au profit du banquier. Ainsi, il réduit son risque dès que la société est en avance sur son BP (en cash).

Concrètement, et plus précisément, la rédaction de cette clause prévoit en standard :

- un seuil de déclenchement (la bonne surprise en FCF doit dépasser au moins 100 k€…) ;
- une répartition contractuelle de la bonne surprise (soit 50/50, soit 75/25, la règle générale étant que 50 % de la bonne surprise vient en remboursement anticipé de la dette senior).

Covenants (définition et suivi)

Qu'est-ce qu'un covenant ? C'est un mot d'origine anglaise qui représente un ratio financier à respecter.

Les trois covenants les plus utilisés sont les suivants :

- FCF/service de la dette ;
- DFN/*equity* ;
- DFN/EBITDA.

Tous les trois sont très axés sur le cash, soit directement (par le *free cash flow*) soit indirectement par la dette financière nette (dont on rappelle qu'il s'agit de la dette financière moins le cash disponible).

En cas de non-respect du covenant, la sanction est l'exigibilité du prêt. Pour y renoncer, la banque demande généralement des contreparties (réduction des investissements, augmentation de marges de crédits, beaucoup plus rarement apports de fonds propres complémentaires… Que des « choses peu sympathiques pour l'emprunteur », en somme !).

FCF/service de la dette

Ce ratio est un ratio consolidé de trésorerie, au numérateur et au dénominateur. Il est assez pauvre en information et matérialise juste le fait qu'au moins sur le papier, la dette se rembourse avec le cash généré par la cible :

- FCF = EBITDA – IS – Capex – variations de BFR ;
- dans les comptes en normes françaises, on déduit souvent la participation des salariés (s'il y en a) de l'EBITDA, car c'est une charge (certes comptabilisée en éléments exceptionnels) récurrente qui génère une sortie de cash. Elle a donc toutes les raisons d'être appréhendée *via* les FCF récurrents ;
- le service de la dette intègre le remboursement du principal de la dette plus le paiement des frais financiers. Attention, dans les montages de type LBO, une part significative de la dette d'acquisition peut être de la dette *in fine*, avec des frais financiers capitalisés. Il est donc normal de ne pas retrouver pour le calcul de ce ratio le montant des frais financiers qui apparaît dans le résultat financier du compte de résultat.

Dans les montages les plus tendus, le banquier imposera un ratio minimum de 1,1 : le FCF doit être au moins égal au service de la dette × 1,1. Ce qui est alors intéressant de regarder, c'est à quelle vitesse le ratio devient confortable dans le temps (s'éloigne du ratio de 1 qui représente le minimum en deçà duquel on se retrouve dans l'impossibilité de faire face à l'échéance du prêt et donc implique la cessation de paiement).

Dans des montages plus souples, seule une partie des FCF sera remontée au *holding* (80 %, 70 %).

Dette financière nette/*equity*

Ce ratio est un ratio intégralement de bilan. *Equity* est le terme anglais pour « fonds propres ». Il est important de noter que dans une opération de LBO ou de capital développement, il ne s'agit pas d'une notion comptable. En d'autres termes, on considérera que l'*equity* est constitué des apports des actionnaires même s'ils sont réalisés sous formes de prêts d'actionnaires (dans ce cas, l'actionnaire prendra l'engagement vis-à-vis des banques de ne pas rembourser le prêt d'actionnaires avant le remboursement total des prêts bancaires). La notion de fonds propres (*equity*) devient une notion contractuelle (dans les relations contractuelles entre les apporteurs de fonds, lequel est remboursé avant les autres ?) et non plus une notion comptable.

Il y a trois points clés pour calculer sereinement ce ratio :

- les normes appliquées pour déterminer la DFN (retraitement des locations, crédit-bail) ;
- les activités saisonnières, qui ne font pas bon ménage avec des covenants semestriels : le cash fluctue très fortement selon les périodes et il n'est pas

aisé de les maîtriser correctement à date. L'emprunteur peut être rapidement pénalisé avec un renchérissement du coût de la dette, juste du fait de ce covenant mal rédigé ;

- la détermination du cash pour établir la DFN.

DFN/EBITDA

Attention, le *leverage* est véritablement le ratio le plus volatil, et donc le plus critique.

Si le BP prévoit de la croissance externe, il faut impérativement prévoir le retraitement des comptes consolidés l'année de l'entrée dans le périmètre de la cible. Nous renvoyons le lecteur au chapitre 2 sur le bilan (sous-partie consacrée aux effets de la consolidation). L'impact d'une société acquise en fin d'année sera très négatif sur le *leverage* : la dette d'acquisition et la dette de la société acquise vont venir majorer le numérateur quelle que soit la date d'acquisition, mais l'EBITDA ne sera majoré que d'une partie de l'EBITDA (*prorata temporis* de l'EBITDA correspondant à la durée de détention post-date d'acquisition).

En cas de baisse de chiffre d'affaires, l'EBITDA va varier, et plus la cible aura des frais fixes importants (absence de sous-traitance et de personnel intérimaire notamment), plus la baisse sera importante. Ce qui va se traduire par moins de cash par rapport au budget, et donc une dégradation de la DFN.

Ce ratio est vraiment celui qui annonce la dégradation du risque pour le banquier, sans possibilité pour l'équipe dirigeante d'amortir le choc par une meilleure gestion des BFR ou un décalage des Capex.

Limitation annuelle des investissements (définition et suivi)

Le contrat de prêt prévoit une clause qui interdit[1] à l'entreprise d'investir plus que ce qui a été prévu dans le business plan agréé (dans la partie tableau de flux). Cette clause sécurise le banquier puisqu'elle lui garantit que la société n'affectera pas plus de cash dans ses investissements qu'annoncé avant le *closing*.

Attention toutefois à bien s'assurer que la rédaction des clauses va dans le sens de l'entreprise. Il faudra être vigilant *a minima* sur quatre aspects :

- définition d'un investissement ;
- choix des normes comptables ;

1. Interdiction sauf autorisation préalable, en réalité.

- possibilité de report ;
- marge de manœuvre par rapport au business plan.

Pour aller plus loin

Cohérence des covenants

Si l'on peut diminuer les investissements en considérant que certains d'entre eux (marketing, R&D...) sont des charges, ils viennent alors diminuer l'EBITDA et sont donc « indirectement » pris en compte dans le ratio DFN/EBITDA.

Ceci est important pour les entreprises qui raisonnent « en projet » : si l'investissement dans un projet donné comprend des actifs immobilisés, du BFR et des charges de gestion, la cohérence avec les covenants est à vérifier.

Définition d'un investissement

De quel investissement parle-t-on ? S'agit-il de la définition comptable d'un investissement : le périmètre intégrera dans ce cas les bâtiments, les machines, le matériel de transport (des biens qui ont une certaine durée de vie, qui se revendent et s'amortissent).

Mais que fait-on des coûts de formation, de recrutement, de publicité (luxe, parfum, joaillerie), de R&D (pharmacie, ingénierie), de réponse aux appels d'offres (transport...) qui sont les vrais investissements économiques dans certains secteurs ?

Clairement, il sera astucieux pour les managers de conserver la définition comptable dans le monde de l'ingénierie, et dramatique pour le banquier qui verra les montants en cash les plus importants ne pas être appréhendés par une rédaction trop classique de la clause.

Choix des normes comptables et retraitements

Quand bien même les banquiers imposeraient d'inclure dans cette clause les dépenses de R&D, retient-on une définition de charge de l'exercice affectée à la R&D ou de décaissements induits par la R&D ?

Le manager aura tout intérêt à chercher à obtenir une rédaction reprenant la notion de charges de l'exercice. En effet, les dépenses de R&D sont comptabilisées comme des charges (salaires notamment), mais elles peuvent être :

- laissées en charges ;
- ou activées (voir dans le chapitre 1 la sous-partie « Un exemple de *window dressing* – les charges à répartir »).

Le recours aux charges à répartir permettra donc ultérieurement de contourner la contrainte imposée par les banquiers. Mais n'oublions pas que les covenants doivent être respectés dans le même temps. Tout ceci relève donc d'un exercice d'équilibrage pour éviter de brider la croissance de l'entreprise quand elle a la possibilité de le faire !

Toujours en matière de normes et retraitements, l'objectif du banquier est bien de maîtriser les sorties de cash induites par les investissements de l'entreprise. Si les seuls investissements de celle-ci sont des machines, il existe encore une zone grise en matière de rédaction de cette clause. *Quid* des crédits-bails et des locations simples ? Financer l'acquisition d'une nouvelle ligne de décolletage par un crédit-bail mobilier va se traduire par une série de loyers et donc une sortie de cash. Les loyers annuels n'apparaîtront pas dans le tableau de flux du business plan, mais ils seront retraités dans la clause de limitation des investissements et rajoutés aux investissements acquis en toute propriété.

Possibilité de report

La clause doit permettre un report de la part de l'enveloppe annuelle affectée aux investissements et non utilisée. En effet, il serait vraiment peu vertueux de pénaliser un dirigeant qui aurait décalé une partie de ses investissements en temps de crise par prudence (et surtout pour assurer le service de la dette et sécuriser les banquiers), mais qui ne pourrait plus l'utiliser ensuite.

En réalité, donc, on aura tendance à raisonner en budget annuel et en budget cumulé sur la période, ce qui laisse la possibilité d'investir ultérieurement la part qui n'aurait pas été investie en son temps.

Marge de manœuvre par rapport au business plan

Lors de l'arrangement de la clause, il est astucieux de négocier un peu de souplesse : le banquier ne limitera pas les Capex au montant indiqué dans le business plan mais à ce montant affecté d'un coefficient (couramment de l'ordre de 10 %).

LBO, CRÉATION DE VALEUR ET MAÎTRISE DU CASH

Horizon d'investissement du fonds

L'horizon habituel d'un investisseur financier minoritaire est de cinq-sept ans. Celui d'un investisseur majoritaire (LBO) est de trois-cinq ans. En 2007-2008, le délai moyen de détention était de trois ans, avec certaines opérations qui se débouclaient au bout de 18 mois[1] (en temps de crise, le délai se rallonge…).

Pourquoi une durée d'investissement si courte ?

Plusieurs raisons expliquent ce timing.

Le TRI[2] est une fonction décroissante du temps, et la performance des financiers est mesurée très largement *via* celle-ci. Ainsi, plus la sortie[3] est rapide, plus le TRI est élevé, toutes choses égales par ailleurs.

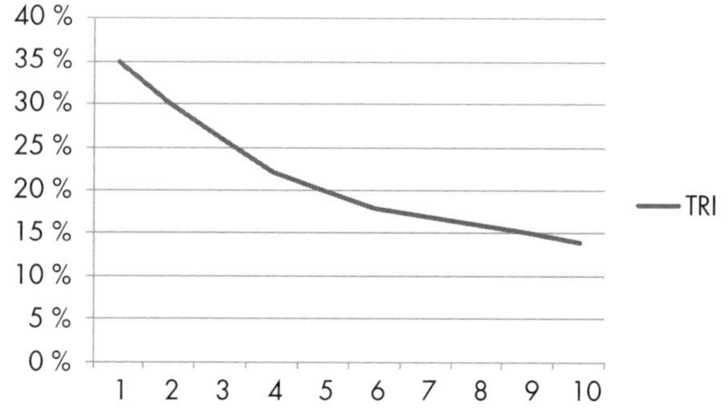

Dans le cas d'un BP classique, avec une progression régulière du CA, du RN et des FCF, voilà le type de courbe que l'on obtient :

- si l'on est minoritaire, on sort au bout de sept ans avec un TRI de 17 % ;
- si l'on est majoritaire, on sort au bout de trois ans avec un TRI de 26 % ;
- et une sortie rapide permet d'espérer un TRI de 30 %.

Le FCPR impose une parfaite maîtrise du cash

Un investisseur peut créer soit une société de capital risque (SCR), soit un FCPR (fonds commun de placement à risques). Le format juridique le plus utilisé par les financiers (80 % des sommes investies en fonds propres en France le sont *via* des FCPR) est le fonds d'investissement. Or, un fonds est une personne morale qui indique dans ses statuts que sa durée de vie est limitée à 10 ans (possibilité par exception de prolonger deux fois d'un an). À l'échéance de 10 ans, le gestionnaire du fonds est obligé de rendre

1. On appelle ces opérations des « sorties rapides ».
2. TRI ou taux de rémunération interne (IRR en anglais) ou rémunération annuelle d'un investissement sur un horizon de temps donné.
3. La sortie correspond à la revente : on parle de sortie en Bourse (à qui vend-on la cible ?) ou de sortie à trois ans (au bout de combien de temps la cible est-elle revendue ?).

liquides toutes les lignes du portefeuille, puis de dissoudre le fonds et de rendre les liquidités aux investisseurs. Compte tenu de cette contrainte, il devra s'assurer d'avoir la certitude de pouvoir céder ses lignes quand il veut. Il investira donc tout naturellement sur des dossiers majoritaires.

Les investisseurs du fonds peuvent récupérer leur cash

Qui plus est, les investisseurs du fonds d'investissement ont la possibilité (clauses contractuelles des statuts) de récupérer une partie du cash du fonds pendant sa durée de vie. Pour cette raison, les gestionnaires du fonds (logés dans une société de gestion) subissent eux-mêmes cette pression sur le cash, tout comme les cibles dans lesquelles ils investissent.

TRI réel et levée de fonds

Une société de gestion qui va lever un second fonds va communiquer sur son savoir-faire non pas à partir de TRI théoriques, mais bien à partir de TRI dégagés sur des sorties réelles. Elle doit dès lors bien faire tourner son portefeuille si elle veut réussir ses levées de fonds pour assurer son propre devenir.

Comment mesurer la création de valeur dans un environnement LBO ?

L'actionnaire étant un financier, la mesure prépondérante de sa performance reste le TRI. Là encore, le seul raisonnement qui vaille se fait à partir de la trésorerie :

- quel cash a-t-il décaissé pour monter l'opération (sa part de l'*equity* du *holding* de reprise) ?
- quels montants annuels a-t-il encaissé/décaissé tous les ans (il y a rarement des réinvestissements en cours de route, et normalement pas de cash intermédiaire encaissé car les banquiers ont interdit la perception de dividendes versés par le *holding* – mais cash intermédiaire important en cas d'opération de « refinancement » pour profiter de meilleurs conditions de marché) ;
- quel cash espère-t-il encaisser à son horizon idéal (quatre ou cinq ans) en supposant que le business plan est réalisé, ni plus ni moins ?
- au moment de la sortie, on vend les titres du *holding*, avec $VT = VE_{cible} - DFN_{consolidées}$;
- et la VE est obtenue en appliquant à l'EBITDA de la cible un multiple de sortie (supposé égal au multiple d'entrée quand on fait la simulation *a priori*).

Cadencement des investissements et création de valeur

En format LBO, l'horizon d'investissement étant limité, il est déterminant de mettre en place le plan d'investissement rapidement :

- ouvrir un magasin, un restaurant ou un hôtel va se traduire par une montée en régime progressive. Il en est de même pour la construction d'une nouvelle usine. Le niveau de performance que l'on espère atteindre en rythme de croisière ne peut être obtenu immédiatement. L'accélération de l'effort d'investissement va se traduire par une dégradation à CT des performances en cash (on investit, c'est du cash qui sort) et en rentabilité à court terme (pendant la montée en charge, le « plein EBITDA » n'est pas là). Il est préférable de mettre en vente la cible une fois qu'une grande partie des investissements a fait la preuve de sa pertinence (l'amélioration de la performance « prouvée » et la réduction du risque permettent une création de valeur plus importante) ;
- investir dans une nouvelle ligne d'embouteillage ou de peinture va créer un effet de seuil à court terme (dégradation du ROCE par exemple), le taux d'utilisation de ce nouvel outil ne pouvant être au maximum dès le départ.

En résumé

Dans un univers LBO, investir tôt dans le BP permet de réduire le risque du point de vue de l'acquéreur futur et donc de s'assurer d'une bonne valorisation à la sortie.

L'exigence du fonds d'obtenir une performance minimum

Un investisseur n'acceptera d'investir dans un dossier qu'à condition :

- qu'il ait les idées claires sur les possibilités de sorties (industrielles, introduction en Bourse…) ;
- que le BP lui permette d'obtenir un TRI annuel minimum (de 25 % à 20 % dans les bonnes années, de 15 % à 20 % en 2011-2012).

Les différents leviers de création de valeur en LBO

On peut schématiser les montages LBO en plusieurs catégories.

Les opérations de forte croissance

L'investisseur fait le pari d'une accélération de la croissance. Les FCF annuels deviennent faibles, voire négatifs en début de LBO. Une grande partie de la dette est structurée *in fine* (FCF très faibles). Mais les investissements génèrent un rebond de l'EBITDA qui va se traduire par une forte progression de la valeur d'entreprise de la cible.

Les opérations de deleveraging

Par *deleveraging*, il faut entendre « désendettement ». Ce type d'opération, peu vertueux pour les cibles, revient à réduire les investissements (on est sur des secteurs matures, peu consommateurs de Capex car en très faible développement). Les FCF sont donc très élevés et on peut ainsi rembourser la dette d'acquisition très vite. Le TRI provient du désendettement, mais l'investisseur court le risque de ne pas trouver d'acquéreur à son opération (car il n'y a plus de perspectives de croissance), et donc de subir une baisse du multiple de valorisation à la sortie.

Leviers de création de valeur dans une opération de *deleveraging*

	Acquisition	Sortie
Année de référence (M€)	**2000**	**2003**
Valeur d'entreprise (EV) hors frais	350,0	350,0
Frais de transaction	10,0	
Prix d'acquisition (incl. frais de transaction)	**360,0**	
Chiffre d'affaires	320,0	380,0
EBITDA	**32,0**	**38,0**
% marge	10,0 %	10,0 %
Multiple d'EBITDA	**11,3x**	**9,2x**
Dette nette	Multiple hors frais : 10,0 x 210,0	50,0
Valeur des fonds propres (*Equity*)	**150,0**	**300,0**

Création de valeur (M€)	**150**	**100 %**
dont évolution EBITDA (chiffre d'affaires)	55	37 %
dont évolution EBITDA (marges)	0	0 %
dont désendettement	160	107 %
dont évolution du Multiple	– 65	– 44 %

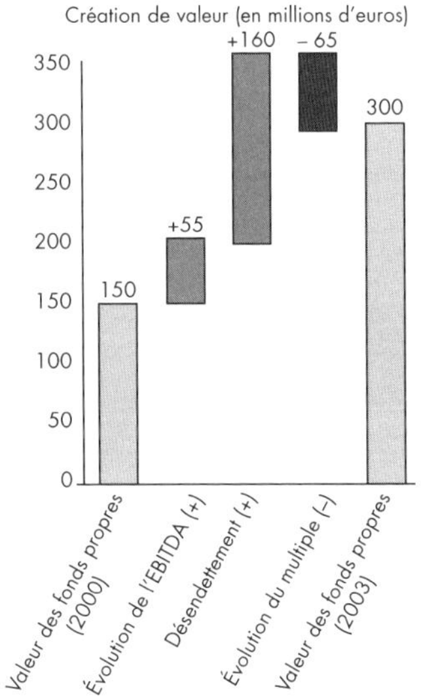

Source : ABCDaire de l'AFIC/www.afic.asso.

Les opérations de build up

Un *build up* est un LBO réalisé sur une petite cible (5 à 10 M€ de CA) avec pour objectif d'acquérir deux à trois cibles complémentaires pendant le LBO. Compte tenu de la petite taille et de la forte dépendance de la cible à son dirigeant – son principal client – le multiple de valorisation est faible. En acquérant plusieurs petites cibles d'un même secteur, on mutualise ce risque, on atteint une taille critique (qui permet de supporter notamment des frais de *reporting*). Au moment de la sortie, il est courant que le multiple offert par l'acquéreur soit sensiblement supérieur au multiple au *closing*. L'investisseur fait donc un pari sur le delta de multiple.

Levier de création de valeur dans un *build up*

	Acquisition	**Sortie**
Année de référence (M€)	**1996**	**2001**
Valeur d'entreprise (EV) hors frais	75	300,0
Frais de transaction	5,0	
Prix d'acquisition (incl. frais de transaction)	**80,0**	
Chiffre d'affaires	150,0	250,0
EBITDA	**15,0**	**30,0**
% marge	10,0 %	12,0 %
Multiple d'EBITDA	**5,3x**	**10,0x**
Dette nette	Multiple hors frais : 5,0 x 25,0	50,0
Valeur des fonds propres (*Equity*)	**55,0**	**250,0**

Création de valeur (M€)	**195**	**100 %**
dont évolution EBITDA (chiffre d'affaires)	100	51 %
dont évolution EBITDA (marges)	50	26 %
dont désendettement	– 25	– 13 %
dont évolution du Multiple	70	36 %

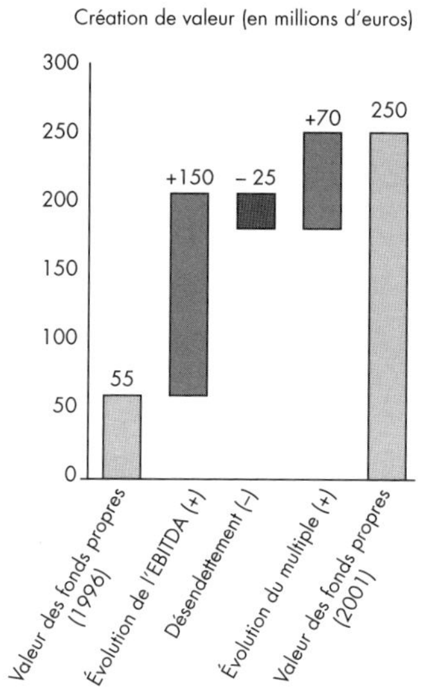

Source : ABCDaire de l'AFIC.

LBO, TRI DES MANAGERS ET MAÎTRISE DU CASH

Dans un LBO, un manager doit gérer deux objectifs :

- participer à délivrer/sécuriser le BP du fait de son statut de salarié, ce qui le conduit à prendre des décisions sur la base des FCF ;

- créer un patrimoine personnel, ce qui le conduit à surveiller la création de valeur actionnariale.

Le premier objectif a été largement commenté dans le chapitre 5, « Comment améliorer la génération de cash ? ». Nous n'évoquerons donc ci-dessous que le second objectif, celui de création de valeur actionnariale.

La répartition de la performance entre le fonds et les managers

Dans toutes les opérations de type LBO, l'équipe dirigeante et le fonds se mettent d'accord sur un business plan qui permet au fonds d'obtenir son niveau objectif de TRI (de l'ordre de 20 %). Les fonds considèrent tous et toujours que si le TRI réel est supérieur à ce TRI objectif contractuel, alors l'équipe a surperformé, et elle doit être remerciée pour cela.

Le remerciement passe par le fait de répartir de manière inégalitaire la surperformance, et ce au profit de l'équipe.

Contractualisation du seuil de déclenchement (encore appelé clause de *ratchet*)

Le pacte d'actionnaires entre le fonds et l'équipe va décrire le fonctionnement juridique du principe évoqué ci-dessus. On parle alors de clause de rétrocession.

Dans cette clause, on va évoquer plusieurs choses :

- le seuil de déclenchement, habituellement rédigé à partir d'un TRI et parfois d'un TRI et d'un multiple de la mise[1] (clause plus dure pour les managers) ;
- la rétrocession de la plus-value à l'équipe (si le TRI est atteint, le fonds redonne une part de la plus-value à l'équipe) ;
- le type de titres détenus par le fonds et l'équipe (actions ordinaires, actions de préférences ou obligations convertibles).

Atteindre le seuil de déclenchement est donc déterminant pour la performance des équipes. Et une bonne gestion des BFR peut parfois permettre de compenser des déceptions en matière de croissance ou de marges, et

1. Multiple de la mise : un fonds investit en *equity* 1 000. Il récupère 2 500 en débouclant au bout de trois ans. On dira qu'il a réalisé un multiple de la mise de 2,5 (2 500/1 000), ce qui revient à avoir dégagé un TRI de 36 %.

d'atteindre malgré tout ce fameux seuil. Là encore, la parfaite maîtrise des leviers de génération de cash est critique, y compris sur le plan du patrimoine privé des managers.

Conclusion

Parce qu'elles visent, pour optimiser la rentabilité des fonds investis, à maximiser le développement avec le minimum de fonds, les opérations de LBO portent une attention particulière au cash. Sur le fonds, cela reste une bonne pratique pour toutes les entreprises.

Comme une compagnie de transport routier va chercher des camions économes en carburant, les investisseurs financiers cherchent des entreprises économes en cash. Mais cela n'est qu'une partie de la photo : le transporteur va aussi apprendre à ses chauffeurs à conduire en économisant le carburant pour être plus compétitif ; de même, le fonds va inciter les managers à être économes en cash à la fois dans le choix des investissements les plus pertinents et dans la maîtrise du BFR.

Ceci peut se faire par une évolution à la marge ou fondamentale du *business model* pour le rendre plus économe en cash ou plus générateur de cash (voir chapitre 9).

Chapitre 9

Cash et *business model*

QU'EST-CE QU'UN *BUSINESS MODEL* ?

Comme souvent dans les affaires, on utilise un vocabulaire anglais quand on ne trouve pas de mot français équivalent. Le *business model* définit l'ensemble des paramètres qui décrit le fonctionnement d'une activité. Certains sont choisis, d'autres subis.

Par exemple, dans la distribution, il y a différents *business models* : la distribution en propre, par un réseau de détaillants, par Internet...

Le *business model* est intimement lié à la manière de générer du cash : la presse et la radio sont souvent liées à la publicité. C'est un choix pour la presse (les recettes peuvent aussi provenir des ventes), une nécessité pour la radio.

C'est aussi lié à une manière d'aborder le client : comment lui présenter le meilleur service pour *in fine* maximiser les revenus de l'entreprise ?

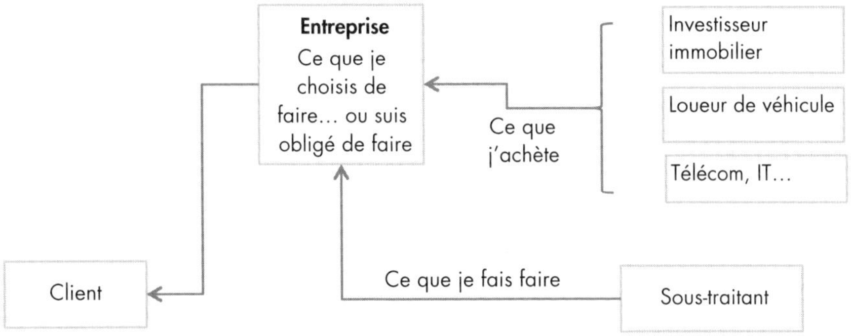

Le graphique ci-dessus synthétise ce qu'est un *business model* : l'ensemble de l'organisation de conception, production et vente. L'analyse doit tenir compte :

- des services « non clés », c'est-à-dire les services dits « généraux » pour lesquels il existe des fournisseurs (ce que j'achète). Cela dépend de l'existence de fournisseurs pour de tels services mais la liste s'allonge de jour en jour ;
- de ce que je « choisis de faire », et cela doit concerner les compétences que l'entreprise estime essentielles pour maintenir un avantage fort sur ses concurrents et maîtriser sa relation avec le client. Cela peut être le réseau de distribution, la conception des produits, la fabrication... Tout doit être analysé en termes de bénéfice clients et d'arbitrage d'investissement ;
- de ce que je « fais faire » : cela concerne ce que je pourrais faire mais que j'estime n'avoir pas d'avantage à faire, soit parce que cela ne renforce pas ma position vis-à-vis de mes clients, soit parce que je n'ai pas les moyens financiers, humains... de le faire.

POURQUOI UN CHAPITRE SUR LE *BUSINESS MODEL* DANS UN OUVRAGE SUR LE CASH ?

Le *business model* détermine la façon de produire, commercialiser et vendre. Si on revient à l'introduction, le *business model* va définir les actifs dont l'entreprise a besoin pour fonctionner. Et nous avons vu qu'il faut du cash pour les financer.

Revenons à notre exemple hôtelier. Nous y avons vu que le choix entre acheter ou louer était un choix de vitesse de développement en fonction des moyens financiers à disposition. Une entreprise qui regorge de cash (Apple fin 2011) n'a pas nécessairement la même vision de son *business model* qu'une entreprise lourdement endettée.

Attention aux liens de causalités non intuitifs : si Apple regorge de cash, c'est parce que son *business model* est économe en cash (je conçois, je vends, mais je ne fabrique pas). Partant de là, l'entreprise pourrait partir à l'assaut d'activités capitalistiques. Si en 1987, Accor était lourdement endetté, c'était parce que jusqu'au milieu des années 1980, il n'y avait pour un groupe hôtelier européen pas d'autre solution que d'être propriétaire de ses murs. C'est l'apparition d'investisseurs immobiliers qui a permis à Accor de revisiter son *business model* pour devenir « un exploitant d'hôtels ».

En résumé

Une des clés du succès durable d'une entreprise est donc de savoir quand il est possible de faire évoluer son *business model*, quand cela est nécessaire et finalement quand cela est utile.

Quand une évolution est-elle possible ?

Une évolution peut être rendue possible par l'évolution technologique : Internet a rendu possible un accès simple et instantané à des clients distants.

Elle peut aussi être rendue possible par l'apparition de nouveaux intervenants : tant qu'il n'y avait pas de loueurs de voitures, nombre d'entreprises étaient contraintes d'avoir des flottes de véhicules. Tant qu'il n'y avait pas d'investisseurs immobiliers, l'investissement immobilier était une composante clé du développement d'une chaîne de supermarché ou d'un groupe hôtelier.

Quand une évolution est-elle nécessaire ?

Faisons un peu d'histoire industrielle : à la fin du XIXe siècle, un forgeron allemand crée une entreprise pour fabriquer des attaches entre « chevaux et charrues » ; début XXe, à l'autre bout de monde se crée dans le Dakota une entreprise qui fait… la même chose.

Ces deux entreprises auraient dû disparaître du fait de la mécanisation. Mais au même moment, sans se connaître, elles ont évolué pour passer sur le marché du camion en se mettant à fabriquer ce qui permet d'attacher la remorque au camion tracteur. Ici, le génie de ces entrepreneurs a été de ne pas se lamenter sur un marché qui disparaissait mais de revisiter leurs compétences clés sur un marché neuf et en fort développement. Par un des hasards de l'histoire, et des fusions et acquisitions, ces entreprises sont désormais un seul et même groupe.

Quand une évolution est-elle utile ?

Il ne suffit pas qu'il soit possible de faire évoluer un *business model* pour que cela soit utile. L'utilité ne peut venir que d'une chose : améliorer le bénéfice client et par là même créer de la valeur pour l'entreprise.

Cette « utilité » passe souvent par l'observation de ce qui se fait et qui n'apporte pas au client le total bénéfice escompté. Dans le cas de l'aspirateur, par exemple, avant que M. Dyson n'existe, le sac était l'alpha et l'omega de tous les fabricants : c'était sur cet accessoire (jamais le même) que les marges se faisaient. Comment imaginer alors qu'un industriel du secteur puisse concevoir un aspirateur qui, certes aspire mieux, mais le fait alors « sans sac » ! Ce serait comme demander à un fabricant d'imprimantes de ne plus vendre des cartouches d'encre.

Pour Kodak, autre exemple, cette entreprise avait un quasi-monopole sur les pellicules. Elle a déposé un des premiers brevets sur la photo numérique et ne l'a jamais utilisé ! Comment décider de se tirer une balle dans le pied… Aujourd'hui, Kodak est en cessation de paiement.

Faire évoluer son *business model*, c'est donc décider où mettre son cash (où investir) et décider comment l'obtenir du client (le convaincre d'acheter vos produits).

EXEMPLE D'ÉVOLUTION DE *BUSINESS MODEL* : L'AUTOMOBILE

Revenons à notre schéma précédent illustrant le concept de business model et analysons l'industrie automobile depuis les années 1980. Jusqu'à cette date, il s'agissait de marchés relativement nationaux et une concentration du secteur était en cours. Les leaders nationaux commençaient à perdre des parts de marché auprès des constructeurs étrangers et les plus forts allaient même sur les marchés grand export.

Les constructeurs se sont demandés comment être (ou rester) les leaders de demain. L'évolution des demandes des clients (mieux et moins cher), les coûts de développement en augmentation, la nécessité de devenir européen ou, mieux, mondial, ont imposé une réflexion sur comment faire.

La réalité s'est vite imposée : devenir mondial, c'est investir vite et fort sur des marchés étrangers, soit par des implantations industrielles, soit par des acquisitions. La réflexion stratégique classique est alors revenue sur le devant de la scène, à savoir : concentration des efforts et économie des forces.

Qu'est-ce qui a changé ?

Pour ce qui est de la *concentration des efforts*, les constructeurs se sont demandé quel était l'élément clé. Il est vite apparu que c'était la relation avec le client et la certitude de lui fournir le meilleur véhicule au meilleur prix.

Cela a imposé de contrôler la conception, la qualité et la commercialisation et de s'interroger sur la fabrication (voir tableau ci-dessous).

Constructeur automobile			
	Je fais	**Je fais faire**	**J'achète**
1980	Design	Décolletage	
	Conception	Pneumatiques	
	Intérieur	Volant	
	Bloc-moteur		
	Carrosserie		
	Intérieur		
	Assemblage		
	Vente		
2012	Design	Pièces moteurs	Télécom
	Conception	Carrosserie	Immobilier
	Moteur	Intérieur plastique	IT
	Assemblage	Volant, airbag	
	Vente	...	

Pour ce qui est de *l'économie des forces*, pratiquement tous les constructeurs ont alors pris des décisions « voisines » :

- externaliser un maximum de services, sous-traiter ce qui n'était pas essentiel pour économiser les investissements ;
- développer des partenariats avec les sous-traitants pour avoir des produits économes et de qualité.

Il en a résulté une vague de désintégration en amont des constructeurs et la naissance de sous-traitants mondiaux spécialisés (les Autoliv, Plastic Omnium, Valeo...).

Cette évolution du *business model* a été la réponse à une évolution du marché et à des contraintes de cash (ne pouvant investir partout, les constructeurs ont choisi d'investir là où cela leur semblait le plus utile). Ceux qui n'ont pas suivi, ou trop tard, ont disparu.

EXEMPLES DE *BUSINESS MODELS* ALTERNATIFS

Après avoir regardé un exemple d'évolution, nous allons nous intéresser à la coexistence de *business models* alternatifs.

Prenons l'exemple des ordinateurs et de sociétés comme Dell et Apple.

Ordinateurs	Je fais	Je fais faire
Dell	Conception	Pièces
	Assemblage	
	Vente	Maintenance
Apple	Conception	Pièces
		Assemblages
	Vente	
	Maintenance	

On constate que Dell a misé sur un circuit court de distribution, un assemblage à façon d'ordinateurs. Cela implique des investissements dans des actifs « différents ».

BUSINESS MODEL, STRATÉGIE ET FINANCE

Business model	Je fais	Je fais faire	J'achète
Stratégie	Clé pour le succès	Incorporé au produit	Utile pour fonctionner
Finance	J'investis	Je fais investir	Je fais investir

Le tableau ci-dessus résume les liens entre *business model*, stratégie et finance : le *business model* est l'arbitrage entre ce que je fais, ce que je fais faire et ce que j'achète.

Il est à l'évidence conçu dans le cadre d'une stratégie ! Il ne viendrait pas à l'idée de Dyson de sous-traiter la R&D : c'est l'image de marque de la société ! Le contrôle de la qualité et l'image de marque[1] impliquent la maîtrise de l'assemblage pour les constructeurs automobiles mais pas pour Apple (produit « plus simple »). Dell assemble parce que c'est nécessaire pour délivrer la promesse client : « un ordinateur sur mesure livré en quelques jours ».

1. Notons toutefois que dans « constructeur automobile », il y a « constructeur »...

Financièrement, cela se traduit par j'investis (dans ce que je fais), je fais investir (dans ce que je fais faire par les sous-traitants ou ce que j'achète aux fournisseurs de services).

La logique est ainsi claire : j'investis dans ce qui est important, ce qui me permet d'y investir plus et donc d'augmenter mes ventes. Je compense ainsi la moindre marge que je fais sur ce que je sous-traite.

Pour éclairer notre propos, nous allons analyser un exemple dans le tableau ci-dessous : les hypothèses sont axées sur l'analyse de la sous-traitance ou non de 50 % de la production.

Pour que les choses soient comparables, on a supposé qu'en sous-traitant 50 % de l'activité, l'entreprise avait besoin de 50 % d'actifs en moins et qu'une partie de la marge était restituée au sous-traitant. Il n'y a ainsi pas d'effet productivité pris en compte ni d'un côté ni de l'autre.

	Je fais	**Je sous-traite**	**Différence**
CA	100,00	100,00	–
Achats	20,00	42,00	– 22,00
Charges	50,00	40,00	10,00
EBE	**30,00**	**18,00**	**12,00**
Amortissement	10,00	5,00	5,00
ENE	**20,00**	**13,00**	**7,00**
IS	6,60	4,29	2,31
R net	**13,40**	**8,71**	**4,69**
FCF	10,07	4,04	6,03
Actif			
Immobilisations	90,00	45,00	
BFR	13,33	9,67	
Trésorerie	10,07	4,04	
Total	113,40	58,71	
Passif			
Fonds propres	100,00	50,00	
Résultat	13,40	8,71	
Total	113,40	58,71	
ROCE	19,45 %	22,06 %	
ROE	13,40 %	17,42 %	

La rentabilité telle qu'elle ressort du compte de résultat est très différente, alors que les sommes perçues du client sont identiques. Assez naturellement, on constate que la « marge » réalisée est inférieure lorsque l'entreprise sous-traite une partie de son activité. Ceci provient du fait que le sous-traitant réalise une marge qui est « internalisée » lorsque l'entreprise produit elle-même.

Si l'on passe au bilan, on constate que la sous-traitance a réduit l'intensité capitalistique du métier de 50 % au niveau des actifs immobilisés. Le BFR a lui aussi été réduit (je « dois » plus à mes sous-traitants, donc je réduis le BFR).

Au global, le ROCE (rentabilité sur actifs) et le ROE (rentabilité sur fonds propres) ont augmenté. Cela facilite la croissance de l'entreprise : elle a moins de fonds à rechercher et à rémunérer.

LE *BUSINESS MODEL* CÔTÉ CLIENT

À ce stade, le *business model* et ses impacts cash ont beaucoup été regardés côté fournisseurs (j'achète ou je loue, je fais ou je sous-traite). Nous allons maintenant nous intéresser au côté « clients ». De nombreuses entreprises se posent en effet la question d'évoluer d'un modèle de vente vers un modèle de location.

Une telle évolution présente en général un avantage pour les deux parties.

Côté client

Il n'y a plus la nécessité d'investir !

On peut avoir une prestation plus globale (mise à disposition, maintenance, consommables…).

On peut choisir des services de manière discrétionnaire (je prends la mise à disposition, l'entretien, mais pas l'assurance par exemple).

Côté fournisseur, la solution est avantageuse

Possibilité de proposer des services annexes.

Possibilité de mieux vendre des biens plus chers et plus durables (si je loue des pneus qui durent 80 000 km, ils seront moins chers au kilomètre que des pneus durant 50 000 km ; alors que si je les vends, ils sont plus chers à l'achat).

Le fournisseur y voit un moyen de fidéliser le client, de l'attirer et de le rentabiliser, tout ceci devant contribuer à augmenter chiffre d'affaires et marges.

Mais qu'en est-il des aspects cash « côté vendeur » ? Quelques chiffres valant mieux qu'un long discours, voici un exemple concret : un vendeur d'accessoires électroniques dans le domaine *B2B* vend jusqu'à présent des produits selon les caractéristiques suivantes :

Nb unités	4 350
Prix unitaire (€)	6 200
Hard (€)	3 300
Coût *hard* (€)	2 200
Soft (€)	2 900
Coût *soft* (€)	1 400

Les unités sont vendues pour 6 200 € comprenant une partie « *hard* » de 3 300 € et une partie « *soft* » de 2 900 €.

Le *hard* est acquis pour 2 200 € ; quant au *soft*, il est développé en interne et son prix de revient est estimé à 1 400 €.

Est associé à la vente un contrat de maintenance de 400 € par an (générant une marge de 50 €).

Le compte de résultat d'une vente est donc le suivant :

	Vente
Année	
CA	6 600
Location	–
Vente	6 200
Maintenance	400
Coûts des ventes	3 600
Charges	2 800
EBITDA	**200**
Amort.	–
EBIT	**200**

	Vente
Frais financiers	–
RCAI	200
IS	–
R net	200
***Cash flow* exploitation**	200

Les charges de 2 800 € comprennent les coûts de commercialisation, les frais de gestion et, pour 350 €, le coût de la maintenance.

Le *cash flow* d'exploitation sur la durée de vie du produit estimée à quatre ans est de 350 € (200 l'année de la vente + trois années de marge de maintenance).

Réfléchissant à son *business model*, le dirigeant se rend compte que les matériels sont financés par des *leasers* (pour des loyers de 1 830 € par an, ce qui représente un financement à quatre ans à un taux de 7 %), que la location s'arrête à quatre ans et que le client rachète alors un nouveau matériel. Tous les intervenants du secteur agissant de même, chacun a la liste des prospects comme étant les clients des autres fournisseurs dont les locations vont arriver prochainement à échéance.

En outre, la société développe régulièrement des options logicielles qui ne peuvent être vendues car la relation client « s'interrompt » au lendemain de la vente. Il n'y a plus de contrat permettant d'augmenter le loyer de quelques euros pour mettre en service l'option (et le financeur du matériel se refuse à faire des modifications adéquates, ou alors à des coûts prohibitifs).

Le dirigeant se décide alors à louer lui-même les matériels, il espère ainsi que les options pourront être commercialisées au fil de l'eau (par une simple lettre : « Cher clients, souscrivez notre nouvelle option pour 2 € par mois » !). Il s'est aussi aperçu que la partie *hard* était de moins en moins importante et pouvait en fait durer un an de plus (ou faire l'objet d'une remise à niveau bien moins coûteuse d'une nouvelle machine). Il en a déduit que, sans changer le loyer, les matériels pouvaient être en fait loués un an de plus. Cela lui ouvre des horizons de progression de marges importante.

Enthousiasmé, notre dirigeant se met à modéliser la première année de son nouveau business :

	Vente	Location
		Calcul 1
Année		**1**
CA	6 600	2 230
Location	–	1 830
Vente	6 200	
Maintenance	400	400
Coûts des ventes	3 600	3 600
Charges	2 800	2 800
EBITDA	**200**	**– 4 170**
Amort.	–	
EBIT	**200**	**– 4 170**
Frais financiers	–	
RCAI	**200**	**– 4 170**
IS	–	
R net	**200**	**– 4 170**
***Cash flow* exploitation**	**200**	**– 4 170**
Investissements	–	–
Cash flow libre		
À financer	–	– 4 170

À ce niveau-là, il est effrayé par ses découvertes (colonne de droite du tableau) : ce qu'il pensait être une excellente affaire se révèle désastreux car si on loue au lieu de vendre, on reçoit beaucoup moins de chiffre d'affaires la première année et le résultat, ainsi que le *cash flow*, sont ainsi « très négatifs ».

Après une nuit agitée, il s'aperçoit qu'il a fait quelques erreurs de raisonnement : certes, les matériels continuent à lui couter 3 600 €, mais ce ne sont plus des charges, ce sont des immobilisations (c'est comme si sa société avait acquis un bien 3 600 € pour le louer 1 830 € par an à un client). Les 3 600 € ne sont donc plus des charges mais un investissement.

Enfin, il se dit que l'opération doit être analysée sur sa durée (au moins quatre ans).

Retournant à son tableur, il produit le nouveau tableau ci-dessous :

	Vente	Location Calcul 2				
Année		**1**	**2**	**3**	**4**	**Total**
CA	6 600	2 230	2 230	2 230	2 230	8 922
Location	–	1 830	1 830	1 830	1 830	7 322
Vente	6 200					–
Maintenance	400	400	400	400	400	1 600
Coût des ventes	3 600	–	–	–	–	–
Charges	2 800	2 800	350	350	350	3 850
EBITDA	**200**	**– 570**	**1 880**	**1 880**	**1 880**	**5 072**
Amort.	–	900	900	900	900	3 600
EBIT	200	– 1 470	980	980	980	1 472
Frais financiers	–	280	280	280	280	1 122
RCAI	**200**	**– 1 750**	**700**	**700**	**700**	**350**
IS	–					–
R net	**200**	**– 1 750**	**700**	**700**	**700**	**350**
***Cash flow* exploitation**	**200**	**– 850**	**1 600**	**1 600**	**1 600**	
Investissements	–	3 600	–	–	–	
Cash flow libre		– 4 450	1 600	1 600	1 600	
À financer	–	– 4 450	1 600	1 600	1 600	
Cumul	350	– 4 450	– 2 850	– 1 250	350	

Dans une première approche, notre dirigeant a calculé que la location comportait 1 122 € de frais financiers (un financement de 6 200 sur quatre ans à 7 % comprend sur la durée 1 122 € de frais financiers).

Le compte de résultat de la première année continue à constater une perte (ce qui reste troublant), mais les choses s'arrangent par la suite. En effet, si l'on constate des coûts important de commercialisation, par la suite, il n'y a que des coûts de maintenance et des résultats d'exploitation (EBIT) qui deviennent « très sympathiquement positifs ».

Notre dirigeant est alors fort heureux de constater que sur la durée du contrat, le cumul des *cash flows* est identique. Il n'y a donc plus d'erreurs de raisonnement. Si le matériel reste en service un an de plus, c'est un résultat d'exploitation complémentaire de 1 880 € (il n'y a en effet plus d'amortissements ni de frais financiers qui ont été constatés en totalité sur les quatre premières années). Deux mois de plus pourraient alors générer autant de cash que la vente elle-même une fois tous les quatre ans !

La première année semble critique à la fois en générant une perte (en compte de résultat) et un besoin de cash (dans le tableau de financement).

Le besoin de cash semble logique, dans la mesure où le cash généré par la location est inférieur au coût de production et de commercialisation. Dans les faits, l'entreprise « achète » son propre produit qu'elle immobilise et il faut donc financer cette « acquisition ». La règle comptable rendant difficile (voire impossible) la prise en compte de la marge et des coûts de commercialisation, le bien loué, d'une valeur de 6 200 €, ne sera inscrit au bilan (immobilisé) que pour 3 600 €.

En conclusion, louer le bien, s'il est susceptible de durer réellement un an de plus, sera fortement générateur de marge… dans cinq ans. Dans l'intervalle, il faudra financer le « portage de l'actif » et les coûts de commercialisation. Le modèle devient donc à la fois beaucoup plus rentable et beaucoup plus capitalistique.

Dans cette hypothèse, l'entreprise devra à la fois recourir à des dettes importantes dans une première phase et avoir des fonds propres suffisants pour rassurer les banques.

Sources d'information en accès gratuit

Les statistiques

En matière de *private equity*/capital développement/start-up :

- site de l'AFIC : www.afic.asso.fr/Website/site/fra_rubriques_activiteperformance_statistiques.htm. Rechercher les données dans « Activité » et « Performances » du capital investissement ;
- site de l'EVCA pour des données Europe : evca.eu/

En matière de délais de paiement (clients et fournisseurs) : site de la Banque de France : webstat.banque-france.fr/fr/

Les comptes

- www.societe.com : accès gratuit à un niveau minimum d'informations pour toutes les entreprises ;
- www.infogreffe.fr/infogreffe/index.jsp : accès aux comptes des entreprises (si elles déposent leurs comptes !) pour un coût très minime.

Les niveaux de valorisation lors des transactions

Grandes entreprises :

- www.mergermarket.com/home/ ;
- consulter l'étude trimestrielle « League table of financials advisors » pour trouver les informations sur le marché des cessions acquisitions avec les volumes et valeurs traités et quelques ratios (financement par la dette – multiples d'acquisition).

Petites entreprises : télécharger l'étude « Indice Argos Mid Market » sur www.argos-soditic.com/fr/actualites/index.html

Annexes

Modèles de liasse fiscale

Exemples de liasse fiscale – Cerfas n°s 50, 51, 52, 53 et cas IndusPME.

cerfa N° 10167 * 05 (3) **COMPTE DE RÉSULTAT DE L'EXERCICE** (En liste) D.G.I. N° 2052 [1]

Formulaire obligatoire (article 53A du Code général des impôts).

		Exercice N – France	Exercice N – Exportations et livraisons intracommunautaires	Exercice N – Total	Exercice (N-1)
PRODUITS D'EXPLOITATION	Ventes de marchandises*			0	
	Production vendue { biens*			6 445	6 283
	Production vendue { services*			48	49
	Chiffre d'affaires nets*	0	0	6 493	6 332
	Production stockée*			148	166
	Production immobilisée*				
	Subvention d'exploitation			4	
	Reprises sur amortissements et provisions, transfert de charges* (9)			0	64
	Autres produits (1) (11)			3	2
	Total des produits d'exploitation (2) (I)			6 648	6 564
CHARGES D'EXPLOITATION	Achats de marchandises (y compris droits de douane)*				
	Variation de stock (marchandises)*				
	Achats de matières premières et autres approvisionnements (y compris droits de douane)*			2 918	2 888
	Variation de stock (matières premières et approvisionnements)*			66	– 2
	Autres achats et charges externes (3) (6bis)*			1 702	1 523
	Impôts, taxes, versements assimilés*			87	168
	Salaires et traitements*			1 158	1 195
	Charges sociales (10)			427	432
	DOTATIONS D'EXPLOITATION – sur immoblisations : - dotations aux amortissements*			164	146
	DOTATIONS D'EXPLOITATION – sur immoblisations : - dotations aux provisions *				
	DOTATIONS D'EXPLOITATION – sur actif circulant : dotations aux provisions			12	62
	DOTATIONS D'EXPLOITATION – Pour risques et charges : dotations aux provisions				
	Autres charges (12)			0	18
	Total des charges d'exploitation (4) (II)			6 534	6 429
1 - RÉSULTAT D'EXPLOITATION (I - II)				**114**	**135**
Opérations en commun	Bénéfice attribué ou perte transférée* (III)				
	Perte supportée ou bénéfice transféré* (IV)				
PRODUITS FINANCIERS	Produits financiers de participations (5)				
	Produits des autres valeurs mobilières et créances de l'actif immobilisé				
	Autres intérêts et produits assimilés (5)			0	
	Reprises sur provisions et transfert de charges				
	Différences positives de change			0	
	Produits nets sur cessions de valeurs mobilières de placement			8	
	Total des produits financiers (V)			8	0
CHARGES FINANCIERES	Dotations financières aux amortissements et provisions*				
	Intérêts et charges assimilées (6)			13	19
	Différence négative de change				
	Charges nettes sur cession de valeurs mobilières de placement				
	Total des charges financières (VI)			13	19
2 - RÉSULTAT FINANCIER (V - VI)				– 5	– 19
3 - RÉSULTAT COURANT AVANT IMPÔTS (I-II+III-IV +V - VI)				109	116

* Des explications concernant cette rubrique sont données dans la notice n° 2032

cerfa N° 10947 * 03 Formulaire obligatoire (article 53A du Code général des impôts).

(4) **COMPTE DE RÉSULTAT DE L'EXERCICE** (Suite) D.G.I. N° 2053 [1]

Désignation de l'entreprise :

			Exercice N	Exercice N-1
PRODUITS EXCEPTIONNELS	Produits exceptionnels sur opérations de gestion	HA	53	7
	Produits exceptionnels sur opérations en capital*	HB		
	Reprises sur provisions et transfert de charges	HC		
	Total des produits exceptionnels (7) (VII)	HD	53	7
CHARGES EXCEPTIONNELLES	Charges exceptionnelles sur opérations de gestion (6bis)	HE	119	6
	Charges exceptionnelles sur opérations en capital*	HF	13	
	Dotations exceptionnelles aux amortissements et provisions	HG		
	Total des charges exceptionnelles (7) (VIII)	HH	132	6
4 - RÉSULTAT EXCEPTIONNEL (VII - VIII)		HI	– 79	2
Participation des salariés aux résultats de l'entreprise (IX)		HJ		
Impôts sur les bénéfices* (X)		HK	5	41
	TOTAL DES PRODUITS (I+III+V+VII)	HL	**6 716**	**6 663**
	TOTAL DES CHARGES (II+IV+VI+VIII+IX+X)	HM	**6 684**	**6 495**
5 - BÉNÉFICE OU PERTE (Total des produits - total des charges)		HN	25	78
RENVOIS (1)	Dont produits nets partiels sur opérations à long terme	HO		
(2)	produits de locations immobilières	HY		
	produits d'exploitation afférents à des exercices antérieurs (à détailler au (8) ci-dessous)	1G		
(3)	- crédit-bail mobilier *	HP	51	33
	- crédit-bail immobilier	HQ		
(4)	Dont charges d'exploitation afférentes à des exercices antérieurs (8)	1H		
(5)	Dont produits concernant les entreprises liées	1J		
(6)	Dont intérêts concernant les entreprises liées	IK		
(6bis)	Dont dons faits à des organismes d'intérêt général (art. 238 bis du C.G.I.)	HX		
(9)	Dont transferts de charges	A1		
(10)	Dont cotisations personnelles de l'exploitant (13)	A2	4	22
(11)	Dont redevances pour concessions de brevets, de licences (produits)	A3		
(12)	Dont redevances pour concessions de brevets, de licences (charges)	A4		
(13)	Dont primes et cotisations complémentaires personnelles : facultatives A6 — Obligatoires A9			

(7) Détail des produits et charges exceptionnels (si ce cadre est insuffisant, joindre un état du même modèle) :	Exercice N — Charges exceptionnelles	Exercice N — Produits exceptionnels

(8) Détail des produits et charges sur exercices antérieurs :	Exercice N — Charges antérieures	Exercice N — Produits antérieurs

* Des explications concernant cette rubrique sont données dans la notice n° 2032

cerfa N° 11937*03

Formulaire obligatoire (article 53A du Code général des impôts).

(1)

BILAN - ACTIF

D.G.I. N° 2050 [1]

Désignation de l'entreprise : IndusPME — Durée de l'exercice exprimée en nombre de mois* :

Adresse de l'entreprise : — Durée de l'exercice précédent* :

Numéro SIRET* : — Code APE :

		Déclaration souscrite en €		Exercice N, clos le : 31/12/20N — Brut		Amortissements, provisions	Net	31/12/20N-1 — Net
		Capital souscrit non appelé (I)	AA				0	
ACTIF IMMOBILISÉ*	IMMOBILISATIONS INCORPORELLES	Frais d'établissement*	AB		AC		0	
		Frais de recherche et de développement*	AD		AE		0	
		Concession, brevets et droits similaire	AF		AG		0	
		Fonds commercial (1)	AH	5	AI		5	5
		Autres immobilisations incorporelles	AJ		AK		0	
		Avances et acomptes sur immobilisations incorporelles	AL		AM		0	
	IMMOBILISATIONS CORPORELLES	Terrains	AN		AO		0	
		Constructions	AP		AQ		0	
		Installations techniques, matériels et outillage industriels	AR	1 520	AS	897	623	464
		Autres immobilisations corporelles	AT	565	AU	388	176	194
		Immobilisations en cours	AV	175	AW		175	8
		Avances et acomptes sur immobilisations corporelles	AX		AY		0	
	IMMOBILISATIONS FINANCIÈRES (2)	Participations évalués par mise en équivalence	CS		CT		0	
		Autres participations	CU		CV		0	
		Créances rattachées à des participations	BB		BC		0	
		Autres titres immobilisés	BD		BE		0	
		Prêts	BF		BG		0	
		Autres immobilisations financières*	BH	27	BI		27	26
		TOTAL (II)	BJ	**2 292**	BK	**1 284**	**1 006**	**697**
ACTIF CIRCULANT	STOCKS*	Matières premières, approvisionnements	BL	189	BM		189	255
		En cours de production de biens	BN		BO		0	
		En cours de production de services	BP		BQ		0	
		Produits intermédiaires et finis	BR	379	BS		379	232
		Marchandises	BT		BU		0	
		Avances et acomptes versés sur commandes	BV	2	BW		2	120
	CRÉANCES	Clients et comptes rattachés* (3)	BX	858	BY	74	784	773
		Autres créances (3)	BZ	218	CA		218	242
		Capital souscrit et appelé, non versé	CB		CC		0	
	DIVERS	Valeurs mobilières de placement (dont actions propres)	CD	123	CE		0	184
		Disponibilités	CF	51	CG		123	105
COMPTES DE RÉGULARISATION		Charges constatées d'avance* (3) (E)	CH		CI		51	27
		TOTAL (III)	CJ	**1 820**	CK	**74**	**1 746**	**1 937**
		Charges à répartir sur plusieurs exercices* **(IV)**	CL				0	
		Primes de remboursement des obligations **(V)**	CM				0	
		Ecarts de conversion actif* **(VI)**	CN				0	
		TOTAL GÉNÉRAL (I à VI)	CO	**4 112**	1A	**1 358**	**2 752**	**2 633**

Renvois : (1) Dont droit au bail		(2) Part à moins d'un an	CP	(3) Part à plus d'un an	CR
Clause de réserve de propriété :	immobilisations :	Stocks :		Créances :	

* Des explications concernant cette rubrique sont données dans la notice n° 2032

N° 11937 * 03
Formulaire obligatoire (article 53A du Code général des impôts).

2

BILAN - PASSIF avant répartition

D.G.I. N° 2051 | 1 |

Désignation de l'entreprise :

	(Ne pas reporter le montant des centimes)*		Exercice N	Exercice N-1
CAPITAUX PROPRES	Capital social ou individuel (1)* (dont versé...)	DA	1 000	1 000
	Primes d'émission, de fusion, d'apports, ...	DB		
	Ecarts de réévaluation (2)* (dont écart d'équivalence EK)	DC		
	Réserve légale (3)	DD	100	100
	Réserves statutaires ou contractuelles	DE		
	Réserves réglementées (3)* (Dont réserve spéciale des provisions pour fluctuations des cours) B1	DF		
	Autres réserves (Dont réserve relative à l'achat d'œuvres originales d'artistes vivants)* EJ	DG	365	287
	Report à nouveau	DH		
	RÉSULTAT DE L'EXERCICE (bénéfice ou perte)	DI	25	78
	Subvention d'investissement	DJ		
	Provisions réglementées*	DK		
	TOTAL (I)	DL	**1 490**	**1 465**
Autres fonds propres	Produits des émissions de titres participatifs	DM		
	Avances conditionnées	DN		
	TOTAL (II)	DO	**0**	**0**
Provisions pour risques et charges	Provisions pour risques	DP		
	Provisions pour charges	DQ		
	TOTAL (III)	DR	**0**	**0**
DETTES (4)	Emprunts obligataires convertibles	DS		
	Autres emprunts obligataires	DT		
	Emprunts et dettes auprès des établissements de crédit (5)	DU	353	295
	Emprunts et dettes financières diverses (Dont emprunts participatifs) EI	DV	5	
	Avances et acomptes reçus sur commandes en cours	DW		
	Dettes fournisseurs et comptes rattachés	DX	509	551
	Dettes fiscales et sociales dont IS 19N = IS 19N-1 =	DY	386	321
	Dettes sur immobilisations et comptes rattachés	DZ		
	Autres dettes	EA	9	2
Compte régul.	Produits constatés d'avance (4)	EB		
	TOTAL (IV)	EC	**1262**	**1 169**
	Ecarts de conversion passif* **(V)**	ED		
	TOTAL GÉNÉRAL (I à V)	EE	**2 752**	**2 633**
RENVOIS	(1) Ecart de réévaluation incorporé au capital	1B		
	(2) Dont Réserve spéciale de réévaluation (1959)	1C		
	(2) Dont Ecart de réévaluation libre	1D		
	(2) Dont Réserve de réévaluation (1976)	1E		
	(3) Dont réserve réglementée des plus-values à long terme*	EF		
	(4) Dettes et produits constatés d'avance à moins d'un an	EG	1 042	992
	(5) Dont concours bancaires courants et soldes créditeurs de banques et CCP	EH	29	4

* Des explications concernant cette rubrique sont données dans la notice n° 2032

(En millions d'euros)	**2011**	**2010**
Résultat avant impôt	– 1 238	1 055
Opérations d'exploitation		
Impôts	– 712	– 589
Dotations aux amortissements	1 795	1 740
Plus- et moins-values sur cessions d'actifs	– 155	– 74
Variation des provisions et *impairment*	2 643	771
Dividendes des sociétés mises en équivalence	26	12
Impact des activités abandonnées	217	478
Autofinancement	2 577	3 392
Variation du besoin en fonds de roulement	– 117	– 729
Impact des activités abandonnées	– 111	158
Variation de la trésorerie issue des opérations d'exploitation (hors sociétés financières)	2 348	2 821
Variation des en-cours sur crédit à la consommation	– 229	– 84
Variation de la trésorerie issue des opérations d'exploitation totale	2 118	2 736
Opérations d'investissement		
Acquisitions d'immobilisations corporelles et incorporelles	– 2 330	– 1 832
Acquisitions d'actifs financiers	– 30	– 46
Acquisitions de filiales	– 41	– 97
Cessions de filiales	7	15
Cessions d'immobilisations (3)	495	196
Cessions de titres de participation	21	51
Sous-total investissements nets de désinvestissements	– 1 878	– 1 712
Autres emplois (4)	151	– 274
Impact des activités abandonées (5)	1 329	– 320
Variation de la trésorerie issue des investissements	– 398	– 2 307
Opérations de financement		
Augmentation de capital en numéraire	37	17
Acquisitions et cessions de participations sans changement de contrôle	– 13	218
Dividendes versés par Carrefour (société mère)	– 708	– 740
Dividendes versés par les sociétés consolidées aux intérêts hors groupe	– 103	– 124
Variation des actions propres et autres instruments (6)	– 126	– 943
Variation des actifs financiers courants	853	221

(En millions d'euros)	2011	2010
Émission d'emprunts obligataires	500	1 978
Remboursement d'emprunts obligataires	– 1 442	– 1 000
Autres variations de l'endettement	– 190	– 71
Impact des activités abandonées (5)	23	101
Variation de la trésorerie issue du financement	– 1 170	– 344
Variation nette de la trésorerie avant effet change	551	86
Incidence des variations de change	27	– 115
Variation nette de la trésorerie	578	– 29
Trésorerie à l'ouverture de l'exercice	3 271	3 300
Trésorerie à la clôture de l'exercice	3 849	3 271

Source : Rapport annuel du groupe Carrefour 2011.

(En millions d'euros)	Notes	2011	2010	2009
I – Opérations et investissements d'exploitation				
Résultat opérationnel		5 203	4 172	3 164
Dotations nettes aux amortissements et provisions		1 070	837	863
Autres charges calculées		– 35	– 117	– 41
Dividendes reçus		61	20	21
Autres retraitements		– 29	– 1	– 43
Capacité d'autofinancement générée par l'activité		6 270	4 911	3 964
Coût de la dette financière nette : intérêts payés		– 197	– 195	– 250
Impôts payés		– 1 557	– 905	– 906
Capacité d'autofinancement après intérêts financiers et impôts		4 516	3 811	2 808
Variation des stocks et en-cours		– 783	– 110	115
Variation des créances clients et comptes rattachés		– 71	– 14	216
Variation des fournisseurs et comptes rattachés		339	298	– 373
Variation des autres créances et dettes		– 33	106	191
Variation du besoin en fonds de roulement		– 548	280	149
Variation de la trésorerie issue des opérations d'exploitation		3 968	4 091	2 957
Acquisitions d'immobilisations incorporelles et corporelles		– 1 835	– 1 103	– 783
Cessions d'immobilisations incorporelles et corporelles		31	33	26
Dépôts de garantie versés et autres flux d'investissements d'exploitation		– 16	– 8	– 6

(En millions d'euros)	Notes	2011	2010	2009
Investissements d'exploitation		– 1 820	– 1 078	– 763
Variation de la trésorerie issue des opérations et investissements d'exploitation (*cash flow* disponible)		2 148	3 013	2 194
II – Investissements financiers				
Acquisitions d'investissements financiers		– 518	– 1 724	– 93
Cessions d'investissements financiers	*8*	17	70	49
Incidences des acquisitions et cessions de titres consolidés (a)	*2,4*	– 785	– 61	– 277
Variation de la trésorerie issue des investissements financiers		– 1 286	– 1 715	– 321
III – Opérations en capital				
Augmentations de capital des filiales souscrites par les minoritaires (a)		97	121	42
Acquisitions et cessions d'actions autodétenues et assimilées par le groupe		13	193	21
Dividendes et acomptes versés par la société Christian Dior	*14,3*	– 396	– 375	– 287
Dividendes et acomptes versés aux minoritaires des filiales consolidées		– 805	– 697	– 604
Acquisitions et cessions d'intérêts minoritaires	*2,4*	– 1 413	– 185	0
Variation de la trésorerie issue des opérations en capital		– 2 504	– 943	– 828
IV – Opérations de financement				
Émissions ou souscriptions d'emprunts et dettes financières		3 034	654	2 826
Remboursements d'emprunts et dettes financières		– 1 405	– 1 386	– 2 496
Acquisitions et cessions de placements financiers		6	– 32	321
Variation de la trésorerie issue des opérations de financement		1 635	– 764	651
V – Incident des écarts de conversion		**55**	**170**	**– 114**
Variation nette de la trésorerie (I + II + III + IV + V)		48	– 239	1 582
Trésorerie nette à l'ouverture	*13*	1 996	2 235	653
Trésorerie nette à la clôture	*13*	2 044	1 996	2 235
Opérations comprises dans le tableau ci-dessus, sans incidence sur la variation de la trésorerie :				
– investissements par location financement		3	6	12

Source : Rapport annuel du groupe Christian Dior 2011.

GLOSSAIRE

Lexique anglais/français des termes financiers

ANGLAIS	FRANCAIS
Turnover *Net sales*	Chiffres d'affaires
Earnings before interest, taxes, depreciation and amortization (EBITDA)	Excédent brut d'exploitation (EBE)
Depreciation and write-down of assets	Amortissements et provisions pour dépréciation d'actifs
	Résultat d'exploitation
Operating profit	Résultat opérationnel
Earnings before interest and taxes (EBIT)	Résultat économique
Net operating profit after taxes (NOPLAT)	Résultat d'exploitation fiscalisé
Profit *Earnings before tax*	Résultat courant avant impôt
Net income *Net profit* *Net earnings*	Résultat net
Goodwill depreciation or amortization	Amortissement de la survaleur
Cash flow	Capacité d'autofinancement (CAF)
Shareholders *Stockholders' equity*	Capitaux propres Fonds propres Situation nette Actif net
Net (financial) debt	Dettes financières nettes Endettement net

ANGLAIS	**FRANCAIS**
Capital employed/invested capital = *Fixed assets* (intangible + tangible/*properties plants & equipments* + *investments*) + *Working* capital (inventories + *trade debtors* – *trade creditors*)	Actif économique = Immobilisations (incorporelles + corporelles + financières) + Besoin en fonds de roulement (stocks + clients – fournisseurs)
Capex (*capital expenditure*)	Investissements
Goodwill	Survaleur Écart d'acquisition *Goodwill*
Return on capital employed (ROCE)/*return on invested capital* (ROIC) = $\frac{\text{Operating profit or EBIT} \times (1 - \textit{tax rate})}{\text{Capital employed or invested capital}}$	Rentabilité économique = $\frac{\text{Résultat d'exploitation} \times (1 - \textit{taux IS})}{\text{Actif économique}}$
Return on equity (ROE) = $\frac{\text{Net profit or net earnings}}{\text{Shareholder' equity}}$	Rentabilité des capitaux propres = $\frac{\text{Résultat net}}{\text{Capitaux propres}}$
Gearing/(*financial*) *leverage* = $\frac{\text{Net (financial) debt}}{\text{Shareholders/stockholders' equity}}$	Levier financier = $\frac{\text{Dettes financiers nettes ou endettement net}}{\text{Capitaux propres}}$
Free cash flows = EBITDA – *corporate tax on operating profit*/EBIT – *change in working* capital – *capital expenditures* (Capex)	Flux de trésorerie disponible = Excédent brut d'exploitation – impôt sur le résultat d'exploitation – variation du BFR – investissements
Leverage buy out (LBO)	Opération de LBO – opération à effet de levier
Weighed average cost of capital (Wacc)	CPMC (Coût moyen du capital)
Capital	Ensemble des ressources (banques + actionnaires)

Source : www.vernimmen.fr

Lexique

Actif

Tout ce qui appartient à la société au moment où le bilan est réalisé, au sens économique (ce dont j'ai l'usage exclusif sur une durée longue par rapport à la durée de vie du bien) et non au sens juridique (ce dont je suis propriétaire).

Actif circulant

Actif non immobilisé et représenté par les stocks, les en-cours de production et les créances clients. Il est dit « circulant » car il a un délai de rotation en général inférieur à un exercice.

Actif économique net

Ensemble des actifs de l'entreprise hors trésorerie et après déduction des passifs circulants.

Actif net

Actif de l'entreprise après déduction des amortissements.

Amortissement

Perte de valeur d'un actif immobilisé due à son utilisation sur la période. En général, l'amortissement est défini comme étant la valeur d'origine (le prix d'acquisition) divisée par la durée de vie estimée du bien.

Bilan

Un des trois états financiers qui regroupe les actifs et les passifs de l'entreprise.

Besoin en fonds de roulement – BFR (*working capital* en anglais)

Ensemble des capitaux immobilisés dans le fonctionnement courant de l'entreprise. On distingue le BFR dit « d'exploitation » (stock + en-cours de production + créances clients – dettes fournisseurs) du BFR global qui prend en compte les autres actifs et passifs à court terme (principalement des éléments de nature fiscale et sociale).

Business plan

Prévisions d'activité de l'entreprise sur une période en général de trois à cinq ans, qui est le fondement même d'une opération de LBO. Participer à un LBO revient à s'engager à « délivrer » le BP contractuel.

Capacité d'autofinancement – CAF

Obtenue à partir du résultat net auquel on ajoute les charges calculées (dotations aux amortissements et provisions) et auquel on retranche les produits calculés des reprises sur provisions et amortissements. On retranche les quotes-parts de subventions d'investissement virées au compte de résultat, puis on ajoute la valeur nette comptable des éléments d'actifs cédés et on soustrait les produits de cessions des éléments d'actifs. C'est donc un *cash flow* de « pure exploitation » (pas d'éléments d'investissement/désinvestissement dans le calcul).

Taux de rémunération interne – TRI

Taux d'actualisation qui permet d'égaliser une somme investie aujourd'hui et une ou plusieurs sommes encaissées dans un nombre d'années donné. C'est le taux de placement des sommes investies sur la période d'investissement.

Capex

Abréviation anglaise pour « *capital expenditure* », c'est-à-dire investissements en actifs immobilisés.

Capitaux propres (ou fonds propres)

Sommes apportées (capital + prime d'émissions) ou laissées à disposition de l'entreprise (le bénéfice non distribué, les réserves) par les actionnaires.

Capitaux engagés, capitaux investis, outil de travail

Tous ces mots recouvrent une même question : combien l'entreprise doit-elle figer à son actif en euros pour fonctionner ? Actifs immobilisés + BFR.

Carry back

Imputation des impôts payés les exercices précédents du fait d'un exercice courant déficitaire (donne lieu à un remboursement d'impôt).

Charges d'exploitation

Éléments consommés ou utilisés par l'entreprise dans son cycle de production. Elles comprennent entre autres les achats, les biens et services utilisés ainsi que les frais de personnel et les impôts et taxes (non liés au résultat).

Chiffre d'affaires (CA)

L'ensemble des ventes de biens et de services de l'entreprise sur l'exercice considéré.

Clause de subordination

Principe qui apparaît dans tous les contrats de prêt de type LBO. Les banques organisent entre elles l'affectation de la remontée de cash : en priorité à la dette senior A sept ans, puis à la dette senior B *in fine* huit ans, puis à la dette *in fine* neuf ans… Cette clause permet de bien calibrer le risque et donc d'adapter une juste rémunération au type de risque.

Closing

Mot anglais utilisé pour signifier la mise en place d'une opération financière (acqusition d'une filiale, financement complexe).

Compte de résultat

État financier qui retrace les événements économiques de l'entreprise sur une période. Il calcule le résultat (bénéfice ou perte) sur ladite période.

Comptes consolidés

Comptes d'un groupe de sociétés comme si toutes les sociétés du groupe n'en faisaient qu'une. Ils sont réalisés à partir des comptes sociaux des différentes sociétés en appliquant des normes spécifiques (IFRS pour les sociétés cotées).

Comptes sociaux

Comptes d'une entité juridique.

Covenants

Ratios imposés contractuellement par les banques, que la société doit respecter à dates anniversaires (ou deux fois par an). En cas de défaut, les banques font signer un avenant (*waiver*) qui se traduit par une augmentation du coût de la dette, et par des relations qui deviennent tendues (décalage des investissements imposé…).

Créances clients

Ensemble des montants dus à l'entreprise par ses clients du fait notamment des délais de paiement octroyés mais aussi des retards subis.

Crédit-bail

Financement par un organisme qui est propriétaire du bien à financer. Celui-ci le loue pendant une période et le cède à la fin du contrat de location pour un prix tenant compte des loyers payés. Aussi appelé « location-financement ».

Crédit fournisseur

Ensemble des montants dus par l'entreprise à ses fournisseurs du fait notamment des délais de paiement octroyés.

Croissance externe

Stratégie de *build up development* d'une entreprise *via* des acquisitions successives.

***Discounted cash flow* – DCF**

Méthode d'évaluation qui consiste à actualiser à aujourd'hui les *cash flows* futurs qui vont être générés par une entreprise.

Délai de paiement

Délai accordé au client pour régler sa facture.

Dettes financières nettes/fonds propres

En général, ce ratio doit être inférieur à 1. Pour les entreprises sous LBO, il peut aller jusqu'à 4.

Dettes financières

Ensemble des dettes auprès des établissements de crédit ou de tiers financeurs qui ne sont pas des créanciers commerciaux (les fournisseurs) ou institutionnels (État, salariés). Elles comprennent les crédits, les découverts, les comptes courants, les crédits fournisseurs (longs et en général portant intérêt, les comptes courants d'associé). Elles ne comprennent pas : l'Urssaf, les salariés, la TVA, les sommes à régler aux fournisseurs dans le cours normal des opérations (en général dans un délai court). Toutes les dettes portant intérêt sont considérées comme financières.

Dettes financières nettes – DFN (*Net financial debt* en anglais)

Dette financière (au passif du bilan) moins la trésorerie disponible (à l'actif). Aussi appelé « endettement net ».

Disponibilité

Montant du cash disponible au moment où le bilan est établi. Comprend le cash sur les comptes et les instruments de placements à court terme que l'entreprise peut céder très rapidement pour obtenir du cash (SICAV de trésorerie par exemple).

Dividendes

Sommes mises en distribution aux actionnaires à la fin de l'exercice. Elles sont prélevées sur les résultats et représentent le revenu des sommes investies par l'actionnaire dans l'entreprise. Le gain de l'actionnaire comprend les dividendes et l'éventuelle plus-value réalisée lors de la cession de ses titres.

Dotation aux amortissements

Prise en charge dans le compte de résultat de l'usure d'un bien sur sa durée de vie. Elle est égale au prix d'acquisition du bien divisé par sa durée de vie probable.

Dotation aux provisions

Prise en charge dans le compte de résultat des éléments de risque venant induire une charge future hautement probable (un procès par exemple) ou la perte de valeur d'un actif (une créance impayée sur un client en cessation de paiement).

Excédent brut d'exploitation – EBE (EBITDA en anglais)

Résultat avant amortissements et frais financiers. C'est un solde intermédiaire de gestion important car il est l'élément du compte de résultat « le plus proche » du cash généré par l'activité.

***Earning before interest, taxes, depreciation, amortization and rental* – EBITDAR**

Profit avant amortissements et loyers. Permet de mesurer la performance opérationnelle indépendamment de la structure de propriété des actifs (locataire ou propriétaire).

Engagements hors bilan

Ensemble des engagements donnés ou reçus constituant à terme une somme à décaisser ou à recevoir contractuellement. Les loyers sur un bail ferme sont un engagement hors bilan. Les garanties aussi.

Effet de levier (*levier gearing*)

Principe de base en finance qui dit que, dans certaines conditions (ROCE > Rd), plus la société se finance en ayant recours à l'endettement, plus l'actionnaire s'enrichit.

Excédent net d'exploitation – ENE (EBIT en anglais)

Résultat après amortissement. ENE = EBIT – amortissements. Il est aussi souvent appelé Résultat d'exploitation (REX). C'est en quelque sorte ce qui reste après avoir « payé l'usure des actifs ». Usure représentée par les amortissements.

Fonds de roulement – FDR

Solde entre les ressources à plus d'un an (fonds propres et dettes à long terme) et les immobilisations. S'il est positif, c'est qu'une partie du BFR est financée par des ressources à long terme (ce qui est sain).

***Free cash flow* – FCF**

Cash flow libre après financement de la croissance, à savoir : EBITDA – IS – delta BFR – investissements.

Goodwill

N'apparaît que dans des comptes consolidés. Représente l'écart entre les actifs de la société acquise (éventuellement réévalués) et la valeur à payer pour acquérir la société.

***International financial reporting standards* – IFRS**

Normes internationales applicables en Europe pour toutes les sociétés cotées.

Immobilisation

Actif que la société espère utiliser sur un certain temps (en général plus d'un exercice) et qui n'est donc pas une charge.

Impairment test

Mot anglais utilisé en normes IFRS pour signifier que l'on teste la valeur du *goodwill* afin de vérifier s'il faut ou non le déprécier (on rappelle qu'en normes IFRS, le *goodwill* n'est plus amorti et qu'il convient donc de vérifier sa valeur annuellement).

Intérêt

Coût du financement par emprunt. Représente les rémunérations dues aux prêteurs sur les crédits (aussi appelé « charges financières »).

Intégration globale

Prise en compte, dans les comptes consolidés, de toutes les sociétés d'un groupe comme si elles étaient détenues à 100 %.

Intégration fiscale

Mécanisme qui dans certains pays permet d'imputer les pertes de sociétés d'un groupe sur les bénéfices réalisés par l'ensemble du groupe. Reste en général cantonné aux sociétés d'un même pays contrôlées par une société dite « tête de groupe » dans le pays.

Investisseur financier

Société investissant des fonds dans une entreprise pour en retirer à terme une plus-value. L'investisseur est dit « financier » car il ne gère pas l'entreprise (par opposition à un investisseur industriel).

Liasse fiscale

Document transmis aux services fiscaux pour calculer les impôts. Il comprend les éléments clés du bilan et compte de résultat. Son aspect « normalisé » fait que même s'il ne s'agit pas à proprement parler d'un document comptable, elle est très utilisée en analyse financière des PME.

LBO (*leverage buy-out*)

Opération d'acquisition d'une entreprise en partie financée par la dette et par des investisseurs financiers.

Marge brute d'autofinancement – MBA

Résultat net retraité des charges calculées (prend ainsi en compte les éléments d'investissement et de désinvestissement à la différence de la CAF).

Mise en équivalence

Prise en compte, dans les comptes consolidés, de la quote-part des résultats à due concurrence de la détention.

Main-d'œuvre directe – MOD

Coût des salaires directement affectés à la production d'un bien (ne comprend donc pas les frais de siège, les commerciaux…).

Obligations convertibles – OC

Obligations qui, à terme, et au choix de l'investisseur, peuvent être converties en actions selon des modalités totalement convenues à l'avance.

Obligation remboursable en actions – ORA

C'est une obligation qui rapporte un intérêt fixe (en général supérieur au dividende attendu) et qui, à l'échéance, est transformée en une action (qui rapporte alors un dividende et donne droit à une éventuelle plus-value si la valeur de l'action augmente).

Passif

Ce que la société doit au moment de l'établissement de son bilan. Peut être constitué de sommes mises ou laissées à disposition par des tiers (résultats non distribués, emprunts bancaires, créances des fournisseurs) mais aussi de sommes à décaisser ultérieurement (indemnités de départ en retraite…).

Passifs circulants

Ensemble des dettes non financières de l'entreprise dues à ses fournisseurs, salariés et à l'État (dettes fournisseurs + passif social et fiscal).

Principal

Montant restant dû d'un emprunt.

***Private equity* – Capital investissement**

Sociétés spécialisées dans l'investissement en capital dans les entreprises. « *Private* » (privée) s'oppose à « *Public* » (cotée) et désigne les sociétés investissant dans des entreprises qui ne sont pas cotées en Bourse.

Reporting

Ensemble des documents de suivi de gestion de l'entreprise qui servent aux managers à suivre la performance de l'activité. Il comporte des indicateurs financiers (chiffre d'affaires par exemple) et non financiers (nombre d'unités vendues, retours clients par exemple).

Résultat courant avant impôt – RCAI

C'est le résultat d'exploitation (REX ou EBIT) diminué des charges financières (et augmenté des produits financiers).

Risque financier

Risque que la structure financière fait porter à la société. Il est fonction de l'effet de levier (le risque financier augmente avec l'endettement) et de la durée des financements (financer par un découvert l'achat d'un véhicule augmente le risque financier par rapport à un financement à cinq ans).

Risque opérationnel

Risque de l'activité propre : c'est le risque sanitaire dans l'agroalimentaire ou le risque technologique dans les télécoms.

ROCE (*Return on capital employed*) : rentabilité d'exploitation

EBIT fiscalisé/AE net ou EBIT/AE net ou EBITDA/AE brut.

ROE (*return on equity*) : rentabilité des capitaux propres

RN/capitaux propres – rentabilité (comptable) pour l'actionnaire/rentabilité financière.

Soldes intermédiaires de gestion – SIG

C'est une ligne intermédiaire du compte de résultat (entre le chiffre d'affaires et le résultat net) qui donne des renseignements sur une partie de la perfomance de l'entreprise. La marge brute est par exmple la différence entre les ventes (le CA) et les achats. C'est un élément clé des activités de négoce. Les principaux sont : la marge brute, la valeur ajoutée, l'EBE (EBITDA), le résultat d'exploitation (EBIT), le résultat courant avant impôt (RCAI).

Sous-traitance

Fait de faire fabriquer un composant par un tiers plutôt que de le fabriquer soi-même. A un impact marge (à la baisse puisque le tiers capte une partie de la valeur ajoutée) et un impact cash (à la hausse puisque l'on n'a plus à investir autant).

Stocks

Produits non encore vendus par l'entreprise. Peuvent être constitués de matières premières et de produits finis. Ils sont évalués comme le minimum du coût de production et du prix probable de vente. Sont un élément clé du BFR.

Tableau de financement

Un des trois états financier,s qui reprend l'ensemble des mouvements de trésorerie (de cash donc) dans une période entre deux bilans.

Taux de rentabilité interne – TRI (IRR)

C'est le taux de rendement d'une série de flux qui permet d'apprécier le coût d'un crédit ou le rendement d'un placement.

Par exemple, un placement de 100 qui permet de percevoir 110 dans un an a un TRI de 10 %. Le même placement qui permet de percevoir 110 dans deux ans a lui un TRI de 4,88 % (c'est un placement de 100 qui rapporte 4,88 par an, les 4,48 de l'année 1 étant réinvestis et le total de 104,88 rapportant lui-même 4,88 %).

Trésorerie nette

Trésorerie active (disponibilités + VMP) moins trésorerie passive.

Valeur d'entreprise – VE (*enterprise value* en anglais)

Valeur économique de l'activité « hors dettes financières ». Est fortement liée à la taille de l'activité (le chiffre d'affaires) et à la rentabilité.

Valeur des titres – VT (*share value* en anglais)

Valeur de l'ensemble des titres de la société ou du groupe. Elle est calculée comme VT = VE – DFN. C'est ce que les actionnaires percevraient s'ils cédaient leurs titres. Prix de cession d'une entreprise qui n'a ni cash ni dette financière.

Valeur comptable

Valeur donnée à un élément du bilan (par opposition à sa valeur de marché). Elle correspond le plus souvent au prix d'acquisition.

Valeur nette comptable

Valeur d'origine du bien (acquis) diminué des amortissements cumulés depuis l'acquisition.

Valeurs mobilières de placement – VMP (voir « disponibilité »)

Les disponibilités non constituées par du cash mais par des valeurs mobilières de placement rapportent un intérêt et sont liquides à court terme.

***Window dressing* – Habillage de bilan**

Technique qui consiste à retenir des options comptables permettant d'améliorer la présentation des comptes de l'entreprise. On distingue les habillages du bilan qui consistent à « camoufler » de la dette de ceux du compte de résultat qui consistent à masquer des pertes.

Liste des abréviations

AE : Actif économique
AE net : Actif économique net
BP : Business plan
CDR : Compte de résultat
CA : Chiffre d'affaires
CAR : Charges à répartir
CT : Court terme
CMPC : Coût moyen pondéré du capital
BFR : Besoin en fonds de roulement
BFRE : Besoin en fonds de roulement d'exploitation
BFRHE : Besoin en fonds de roulement hors exploitation
CCA : Comptes courants d'associé
Capex : *Capital expenditure*
CAF : Capacité d'autofinancement
DAP : Dotation aux provisions
DCF : *Discounted cash flow*
DFN : Dette financière nette
DPO (*Days payable outstanding*) : délai de paiement fournisseurs
DSO (*Days sales outsantding*) : délai de paiement clients
DSI (*Days sales of inventories*) : rotation des stocks
DSCR (*Debt service cover ratio*) = FCF/*debt service* (le concept de DPO)
EBE : Excédent brut d'exploitation
ENE : Excédent net d'exploitaiton
EENE : Effets escomptés non échus
EBIT : *Earnings before interest and tax*

EBITDA : *Earnings before interest, taxes, depreciation and amortization*
EBITDAR : *Earnings before interest, taxes, depreciation, amortization and rental*
FCF : *Free cash flow*
FDR : Fonds de roulement
IS : Impôt sur les sociétés
LBO : *Leverage buy-out*
LT : Long terme
MBA : Marge brute d'autofinancement
OC : Obligation convertible
ORA : Obligation remboursable en actions
RAN : Report à nouveau
RCAI : Résultat courant avant impôt
R&C : Risques et charges
REX : Résultat d'exploitation
RN : Résultat net
ROCE : *Return on capital employed*
ROE : *Return on equity*
PE : *Private equity*
SIG : Solde intermédiaire de gestion
TN : Trésorerie nette
TRI : Taux de rendement interne
TVA : Taxe sur la valeur ajoutée
VAN : Valeur actuelle nette
VB : Valeur brute
VE : Valeur d'entreprise
VT : Valeur des titres
VNC : Valeur nette comptable
VMP : Valeurs mobilières de placement
WACC : *Weighted average cost of capital* (CMPC en français)

Index

Mise en pages : Compo-Méca
64990 Mouguerre

Certifié PEFC
Ce produit est issu de forêts gérées durablement et de sources contrôlées.
PEFC 10-31-2568
pefc-france.org

Achevé d'imprimer : EMD S.A.S.
N° d'éditeur : 4693 - N° d'imprimeur : 28950
Dépôt légal : février 2014
Imprimé en France

Cet ouvrage est imprimé - pour l'intérieur - sur papier Ambergraphic 90 g des papeteries Arctic Paper, dont les usines ont obtenu la certification environnementale ISO 14001 et opèrent conformément aux normes ECF et EMAS